Rainer Eich • Anke Eich

HOAI 2021 – Textausga

HOAI 2021

Honorarordnung für Architekten und Ingenieure
Textausgabe

Textausgabe mit
Erläuterung der Neuerungen
und Musterrechnung

6., aktualisierte Auflage

Rainer Eich (†)
Freier Architekt

Anke Eich
Rechtsanwältin

RM Rudolf Müller

Bibliografische Information Der Deutschen Nationalbibliothek
Die Deutsche Nationalbibliothek verzeichnet diese Publikation in der Deutschen Nationalbibliografie; detaillierte bibliografische Daten sind im Internet über https://dnb.de abrufbar.

6., aktualisierte Auflage 2021

Maßgebend für das Anwenden von Normen ist deren Fassung mit dem neuesten Ausgabedatum, die bei der Beuth Verlag GmbH, Burggrafenstraße 6, 10787 Berlin, erhältlich ist. Maßgebend für das Anwenden von Regelwerken, Richtlinien, Merkblättern, Hinweisen, Verordnungen usw. ist deren Fassung mit dem neuesten Ausgabedatum, die bei der jeweiligen herausgebenden Institution erhältlich ist. Zitate aus Normen, Merkblättern usw. wurden, unabhängig von ihrem Ausgabedatum, in neuer deutscher Rechtschreibung abgedruckt.

Das vorliegende Werk wurde mit größter Sorgfalt erstellt. Verlag und Autor können dennoch für die inhaltliche und technische Fehlerfreiheit, Aktualität und Vollständigkeit des Werkes keine Haftung übernehmen.

Wir freuen uns, Ihre Meinung über dieses Fachbuch zu erfahren. Bitte teilen Sie uns Ihre Anregungen, Hinweise oder Fragen per E-Mail: fachmedien.architektur@rudolf-mueller.de oder Telefax: 0221 5497-6114 mit.

Umschlaggestaltung: Hans-Dieter Eich, Bad Breisig
Druck und Bindearbeiten: Westermann Druck Zwickau GmbH, Zwickau
Printed in Germany

ISBN 978-3-481-04202-8

FSC www.fsc.org
MIX
Papier aus verantwortungsvollen Quellen
FSC® C110508

Inhaltsübersicht

A Einführung in die HOAI 2021

Autor und Herausgeber bis zur 5. Auflage
Rainer Eich
Dipl.-Ing., Freier Architekt
Rationalisierungsfachmann im Wohnungsbau
ö. b. u. v. Sachverständiger für
Honorare für Architektenleistungen

6. Auflage
Anke Eich, M. A.
Rechtsanwältin
Sachverständige für Architekten- und Ingenieurhonorare

sachverständige Mitarbeit
Felix Preisenberger
Dipl.-Ing., Architekt
ö. b. u. v. Sachverständiger für
Honorare für Architektenleistungen

1 Vorgänger der HOAI

Da die Entwicklung der deutschen Honorarordnung für Architekten- und Ingenieurleistungen (HOAI) auf eine geschichtliche Entwicklung von über 140 Jahren verweisen kann, soll an dieser Stelle ein kurzer Überblick über die vorausgegangenen Gebührenwerke gegeben werden.

Die erste Veröffentlichung einer Gebührenordnung für Architekten erfolgte auf Initiative von Berufsverbänden im Jahr **1871.** Schon bald zeigte sich, dass dieses private Ordnungswerk eine außerordentlich positive Verhandlungsgrundlage für Bauherren und Architekten darstellte, da es klärend dazu beitrug, im Gegenzug zu dem vom Auftraggeber gewünschten Planungserfolg ein angemessenes Architektenhonorar festlegen zu können. Die Praktikabilität dieses Werks war überzeugend und veranlasste die Ingenieurverbände, eine ähnliche, den Ansprüchen ihrer Mitglieder gerecht werdende Honorarordnung zu schaffen. Diese wurde dann fünf Jahre später, im Jahr **1876,** veröffentlicht und allen Auftraggebern und Ingenieuren als **Verhandlungsgrundlage** für die Bemessung des Planerhonorars empfohlen.
Beide Gebührenordnungen wurden vom Verband der Architekten und Ingenieure im Jahr **1888** zu der **Hamburger Norm** zusammengefasst, welche bis kurz nach der Jahrhundertwende **Empfehlungscharakter** behielt.

Im Jahr **1901** erschien diese Gebührenordnung in einer grundlegenden **Neufassung,** die bis zum Jahr **1919** für die Honorarabrechnungen der Architekten und Ingenieure maßgebend blieb. Im Jahr **1920** wurde sie von den Verbänden mit der Besonderheit neu erarbeitet, dass die Honorar- und Vertragsteile systematisch getrennt dargestellt wurden. Allen bisherigen Gebührenwerken war gemeinsam, dass ihnen **keinerlei bindende Wirkung** zukam.

1935 wurde von der **Reichskammer der bildenden Künste** eine **Gebührenordnung** herausgegeben, die **1937** eine Neuerung auf **öffentlich-rechtlicher** Grundlage erfuhr und ab diesem Zeitpunkt auch für die Auftraggeberseite **verbindlich** wurde. In den Jahren **1942** und **1950** wurden die jeweils bestehenden Fassungen den wirtschaftlichen Gegebenheiten angepasst.

In den folgenden Jahren wurde an einer grundlegenden Erneuerung des Gebühren- und Vertragsrechts gearbeitet, und es setzten breite Diskussionen über eine tiefgreifende Reform des Gebührenwerks ein.

Das im Jahr **1971** in Kraft getretene **Gesetz zur Verbesserung des Mietrechts und zur Begrenzung des Mietanstiegs sowie zur Regelung von Ingenieur- und Architektenleistungen (MRVG)** und darin der Artikel 10, das Gesetz zur Regelung von Ingenieur- und Architektenleistungen (**ArchLG**), schuf eine Ermächtigungsgrundlage, über deren Verfassungsmäßigkeit zwar reger Streit entstand, von der aber auch stärkerer Druck auf den Verordnungsgeber ausging, das Gebührenwerk zu reformieren.

Letztlich war es das Bundesministerium für Wirtschaft, das den entscheidenden Anstoß zur Weiterentwicklung der Gebührenordnung gab, indem es, nach vorausgegangenen nicht ganz tauglichen Versuchen, einen Forschungsauftrag an die Gruppe Pfarr/Arlt/Hobusch in Berlin erteilte, die daraufhin eine Vorformulierung der HOAI erarbeitete.

2 HOAI

Der Verordnungsgeber ist der Ausarbeitung von Pfarr/Arlt/Hobusch nicht wörtlich gefolgt. Er übernahm u. a. eine unmittelbare Koppelung an die Preisentwicklung nicht, griff aber den Gesamtaufbau dieses wissenschaftlichen Gutachtens auf und erarbeitete auf dieser Grundlage die **Honorarordnung für Architekten- und Ingenieurleistungen**, **HOAI.** Hiermit füllte der Verordnungsgeber die geschaffene Ermächtigungsgrundlage des als Artikel 10 des **MRVG** vom **04.11.1971** erlassenen **ArchLG** aus.

Seit dem Inkrafttreten der **HOAI** bis heute wurden **neun Fassungen** vom Verordnungsgeber erarbeitet und in Kraft gesetzt, die im jeweiligen Zeitrahmen, wie nachfolgend dargestellt, Gültigkeit besaßen bzw. besitzen:

vom **01.01.1977** bis zum **31.12.1984** die **Urfassung der HOAI** vom 17.09.1976,
vom **01.01.1985** bis zum **09.06.1985** die **1. Änderungsverordnung** zur HOAI 1976,
vom **10.06.1985** bis zum **31.03.1988** die **2. Änderungsverordnung** zur HOAI 1976,
vom **01.04.1988** bis zum **31.12.1990** die **3. Änderungsverordnung** zur HOAI 1976,
vom **01.01.1991** bis zum **31.12.1995** die **4. Änderungsverordnung** zur HOAI 1976,
vom **01.01.1996** bis zum **17.08.2009** die **5. Änderungsverordnung** zur HOAI 1976,
die seit 2002 nicht mehr auf DM, sondern auf € Bezug nimmt,
vom **18.08.2009** bis zum **16.07.2013** die **HOAI 2009** vom 11.08.2009,
vom **17.07.2013** bis zum **31.12.2020** die **HOAI 2013** vom 10.07.2013
vom **01.01.2021** bis auf Weiteres die **1. Änderungsverordnung** zur HOAI 2013.

Die vom 01.01.1977 bis zum 17.08.2009 geltenden **HOAI-Fassungen** trugen den Namen **„Honorarordnung für Architekten und Ingenieure“**.

Seit dem 18.08.2009 lautet die ausgeschriebene Bezeichnung **„Verordnung über die Honorare für Architekten- und Ingenieurleistungen“.**

In der Koalitionsvereinbarung vom 12.06.2009 vereinbarten die Regierungsparteien der 17. Legislaturperiode, dass auf Grundlage des Bundesratsbeschlusses und Prüfauftrags zur HOAI 2009 vom 12.06.2009 die HOAI „schnellstmöglich weiter modernisiert“ wird.

Das Bundesministerium für Verkehr, Bau und Stadtentwicklung (BMVBS) führte in Absprache mit dem Bundesministerium für Wirtschaft und Technologie (BMWi) in Arbeitsgruppen eine Überprüfung der Leistungsbilder durch. Die aus Vertretern des Bundes, der Länder, der Kommunen, der Deutschen Bahn AG sowie des AHO e. V., der Bundesarchitekten- und der Bundesingenieurkammern gebildeten Arbeitsgruppen legten am 02.09.2011 einen Abschlussbericht zur „Evaluierung der HOAI – Aktualisierung der Leistungsbilder“ vor. Zur Prüfung des Ergebnisses dieses Abschlussberichts und des „Statusbericht 2000plus“, welcher der HOAI 2009 zugrunde lag, wurde im Auftrag des BMWi durch die ArgeHOAI im Dezember 2012 eine Studie zum Aktualisierungsbedarf der HOAI vorgelegt.[1] Diese Studie schlug eine Modernisierung der Leistungsbilder und eine Erhöhung der Honorare von durchschnittlich 17 % vor.[2]

Auf Basis dieser Studie wurde am 25.04.2013 die **HOAI 2013** vorgelegt und erhielt am 07.06.2013 vom Bundesrat mit nur einer Stimme Mehrheit und entgegen der Empfehlung des Finanzausschusses die Zustimmung.

Der Bundesrat kritisierte dabei neben der kurzfristigen Vorlage zum Ende der Legislaturperiode insbesondere, dass trotz des Inhalts des Bundesratsbeschlusses vom 12.06.2009 die Beratungsleistungen der Anlage 1 der HOAI 2009 und die örtliche Bauleitung in den Leistungsbildern Ingenieurbauwerke und Verkehrsanlagen weiterhin nicht verbindlich geregelt sind.

Die HOAI 2013 trat am 17.07.2013 in Kraft.

Mit Urteil vom 04.07.2019 entschied der Europäische Gerichtshof (EuGH) über ein Vertragsverletzungsverfahren, welches die Europäische Kommission gegen die Bundesrepublik Deutschland angestrengt hatte.[3] Mit ihrer Klage hatte die Europäische Kommission die Feststellung beantragt, „dass die Bundesrepublik Deutschland dadurch gegen ihre Verpflichtungen aus Art. 49 AEUV und aus Art. 15 Abs. 1, Abs. 2 Buchst. g und Abs. 3 der Richtlinie 2006/123/EG des Europäischen Parlaments und des Rates vom 12. Dezember 2006 über Dienstleistungen im Binnenmarkt [...] verstoßen hat, dass sie verbindliche Honorare für Architekten und Ingenieure beibehalten hat.“ [4] Der EuGH bejahte dies und entschied, dass durch die Beibehaltung verbindlicher Honorare für Architekten und Ingenieure ein Verstoß gegen die genannten Vorschriften vorliegt.

Während sich in der Folgezeit ein heftiger und noch zum Jahresbeginn 2021 ungeklärter Streit darüber ergab, inwieweit dieses Urteil auch Auswirkungen auf vertragliche Regelungen haben kann, die vor dem Urteil des EuGH auf der Basis der HOAI-Fassungen 2009 und 2013 getroffen

---

1 „Aktualisierungsbedarf zur Honorarstruktur der Honorarordnung für Architekten und Ingenieure (HOAI)“

2 mit Ausnahme einer deutlich stärkeren Erhöhung um bis zu 200 % im nicht verbindlich geregelten Leistungsbild Wärmeschutz und einer Minderung im ebenfalls nicht verbindlich geregelten Leistungsbild der Planungsbegleitenden Vermessung

3 EuGH, Urteil vom 04.07.2019 – C-377/17

4 EuGH, Urteil vom 04.07.2019 – C-377/17

worden sind,[5] war eindeutig, dass eine zügige Anpassung der Regelungen der HOAI erfolgen musste, um zumindest für die Zukunft dem Europarecht Genüge zu tun und wieder Klarheit und Eindeutigkeit zu schaffen.

Der Verordnungsgeber entschied sich dazu, die bestehende HOAI nur minimal zu überarbeiten. Dies mag der Kürze der zur Verfügung stehenden Zeit zur Umsetzung der Forderungen des EuGH geschuldet gewesen sein. Es führte aber letztlich dazu, dass die Gelegenheit versäumt wurde, einige der bestehenden Ungereimtheiten der letzten HOAI-Fassung(en) ebenfalls zu überarbeiten und so einer sinnvolleren Regelung zuzuführen. Als Beispiel sei der Missstand genannt, dass bei den Kriterien der Honorarzonenbewertung, z. B. für die Objektplanung für Gebäude, weiterhin sechs bzw. neun Punkte zu vergeben sind, welche im Anschluss auf fünf Honorarzonen zu verteilen sind. Ein verbindliches Punktebewertungsschema gibt es nicht, was immer wieder zu Diskussionen darüber führt, welches das „richtige" Punktebewertungsschema ist. Gleichzeitig hat sich der Verordnungsgeber aber die Mühe gemacht, für die schon seit 2009 frei zu vereinbarende Vergütung der Ingenieurvermessung ein neues System zur Ermittlung der Verrechnungseinheiten zu entwickeln.

Auf dem Weg zur Überarbeitung der HOAI stand allerdings zunächst noch der Umstand im Weg, dass die Forderung, die HOAI dürfe keine verbindlichen Mindest- und Höchstsätze enthalten, einem in der bereits erwähnten Ermächtigungsgrundlage festgeschriebenen Grundprinzip zuwider sprach. Denn diese sah in §§ 1 und 2 ArchLG ausdrücklich vor, dass in der Honorarordnung Mindest- und Höchstsätze festzusetzen sind.[6] Vor einer Änderung der HOAI musste also zunächst die Ermächtigungsgrundlage geändert werden.

Dies geschah durch das Gesetz zur Änderung des Gesetzes zur Regelung von Ingenieur- und Architektenleistungen und anderer Gesetze vom 12.11.2020. Dessen Artikel 1 lautet:

> **Zitat:**
> **Artikel 1 Änderung des Gesetzes zur Regelung von Ingenieur- und Architektenleistungen**
> Das Gesetz zur Regelung von Ingenieur- und Architektenleistungen vom 4. November 1971 (BGBl. I S. 1745, 1749), das durch Artikel 1 des Gesetzes vom 12. November 1984 (BGBl. I S. 1337) geändert worden ist, wird wie folgt geändert:
> 1. § 1 wird wie folgt gefasst:
> „§ 1 Ermächtigung zum Erlass einer Honorarordnung für Ingenieur- und Architektenleistungen
> (1) Die Bundesregierung wird ermächtigt, durch Rechtsverordnung mit Zustimmung des Bundesrates eine Honorarordnung für Ingenieur- und Architektenleistungen zu erlassen und Folgendes zu regeln:
> 1. die Grundlagen und Maßstäbe zur Berechnung von Honoraren,
> 2. Honorartafeln **zur Honorarorientierung** für Grundleistungen, auch in Abgrenzung zu besonderen Leistungen,
> 3. eine Regelung, wonach bestimmte in den Honorartafeln angegebene Honorarsätze für Grundleistungen für den Fall als vereinbart gelten, dass keine wirksame Honorarvereinbarung getroffen wurde,
> 4. die bei der Honorarvereinbarung einzuhaltende Form und die zu beachtenden Hinweispflichten.

---

[5] Diskutiert wurde dabei vor allem die Frage der sog. „horizontalen Direktwirkung" einer EU-Richtlinie. Hierzu erfolgte ein regelrechter Schlagabtausch zwischen einzelnen Oberlandesgerichten, insbesondere zwischen dem OLG Celle und dem OLG Hamm. Der BGH hat hierüber noch nicht entschieden, sondern mit Beschluss vom 14.07.2020, Az. VII ZR 174/19, dem EuGH Fragen zur Auslegung des Unionsrechts zur Klärung vorgelegt.

[6] Vgl. beispielsweise § 1 Abs. 2 und 3 ArchLG a. F.:
(2) In der Honorarordnung **sind Mindest- und Höchstsätze festzusetzen**. Dabei ist den berechtigten Interessen der Ingenieure und der zur Zahlung der Honorare Verpflichteten Rechnung zu tragen. Die Honorarsätze sind an der Art und dem Umfang der Aufgabe sowie an der Leistung des Ingenieurs auszurichten. […]
(3) In der Honorarordnung ist vorzusehen, dass
1. die Mindestsätze durch schriftliche Vereinbarung in Ausnahmefällen unterschritten werden können;
2. die Höchstsätze nur bei außergewöhnlichen oder ungewöhnlich lange dauernden Leistungen überschritten werden dürfen;
3. die Mindestsätze als vereinbart gelten, sofern nicht bei Erteilung des Ingenieurauftrages etwas anderes schriftlich vereinbart ist.

> Bei der Bestimmung der Honorartafeln zur Honorarorientierung nach Satz 1 Nummer 2 ist zur Ermittlung angemessener Honorare den berechtigten Interessen der Ingenieure und Architekten und der zur Zahlung Verpflichteten Rechnung zu tragen. Diese sind an der Art und dem Umfang der Aufgabe sowie an der Leistung des Ingenieurs oder Architekten auszurichten. [...]"

Die Vorgaben dieser neu gefassten Ermächtigungsgrundlage stellten dann auch die Vorlage für die konkreten Änderungen in der neuen Fassung der HOAI dar. Diese wurden in der **Ersten Verordnung zur Änderung der Honorarordnung für Architekten und Ingenieure** zusammengefasst, welche am 07.12.2020 im Bundesgesetzblatt verkündet wurde. Diese Verordnung trat am **01.01.2021** in Kraft.

3 Rechtscharakter

Nach wie vor gilt, dass die HOAI **nicht** die werkvertraglichen Verpflichtungen des Architekten oder des Ingenieurs und schon gar nicht die Art und Menge der vom Architekten oder Ingenieur geschuldeten Einzeltätigkeiten regelt, denn sie ist lediglich **Preisrecht**. Die Verpflichtung des Architekten und des Ingenieurs bestimmt der Vertrag, den diese mit ihrem Auftraggeber geschlossen haben. Hieran hat sich auch durch die Änderungen der HOAI nichts geändert.

Die vertraglichen Pflichten des Architekten und des Ingenieurs können demnach nicht der HOAI entnommen werden. Diese ergeben sich allein aus der Aufgabenstellung im Vertrag und den Regelungen des Werkvertragsrechts, §§ 631 ff. BGB, sowie des Architekten- und Ingenieurvertragsrechts, §§ 650p ff. BGB.

Noch in der HOAI 2013 legte die HOAI durch Mindest- und Höchstsatzgrenzen den auf das individuelle Bauvorhaben bezogenen Rahmen fest, innerhalb dessen ein Honorar rechtsgültig vereinbart werden konnte.

Mit der Neufassung der HOAI 2021 gibt es diesen verbindlichen Rahmen von Mindest- und Höchstsätzen, an dem sich die Wirksamkeit einer Honorarvereinbarung zu messen hatte, nicht mehr. Die HOAI dient nun im Wesentlichen als Orientierungshilfe und Diskussionsgrundlage, anhand derer die Vertragsparteien das Honorar für ein konkretes Bauvorhaben sachgerecht ermitteln und begründen können, ohne sich dabei allein auf ihr Bauchgefühl verlassen oder ins Blaue hinein ohne jeglichen Bezug zu dem konkreten Bauvorhaben einen Betrag in den Raum stellen zu müssen. Sie dient als prinzipiell bewährtes und bekanntes Berechnungssystem, dessen Anwendung die Parteien abschließend vereinbaren können, das aber noch ausreichend flexibel die zu Projektbeginn noch gar nicht bekannten Umstände und Abhängigkeiten des konkreten Bauvorhabens berücksichtigt.

Verbindlich anzuwenden sind die Vorschriften der HOAI dagegen nur noch dann, wenn die Vertragsparteien keine in Textform[7] gefasste Honorarvereinbarung getroffen haben. Dann ist der nun „Basishonorarsatz" genannte ehemalige Mindestsatz der Abrechnung zugrunde zu legen.

4 Anwendungsbereich der HOAI

Nach der neuen Definition des Anwendungsbereichs in § 1 HOAI 2021 gilt die HOAI für Honorare für Ingenieur- und Architektenleistungen, soweit diese Leistungen durch die HOAI erfasst sind. Wie bereits in den Vorgängerfassungen gilt dabei, dass die Anwendung der HOAI auf die Art der Leistung, nicht aber auf einen bestimmten Berufsstand oder auf bestimmte Personen bezogen ist.

---

[7] Erläuterung zur Textform in Kapitel 5.2.3 der Einführung

§ 1 HOAI 2021 stellt weiter klar, dass die Regelungen der HOAI zum Zweck der Honorarberechnung einer Honorarvereinbarung zugrunde gelegt werden können.

Treffen die Vertragsparteien eine Honorarvereinbarung, so steht es ihnen frei, die HOAI als Ganzes unverändert als anwendbar zu vereinbaren oder auch nur Teile davon oder in abgewandelter Form.

Ist die HOAI aus formalen Gründen verbindlich, weil eine Honorarvereinbarung in Textform nicht getroffen wurde, so beschränkt sich deren Anwendungsbereich nach wie vor auf die Berechnung der Honorare für **Grundleistungen**, die **in der HOAI erfasst** sind und deren ermittelte **anrechenbare Kosten**, **Werte** oder **Verrechnungseinheiten** sich **innerhalb** der jeweiligen **Tafelwerte** bewegen.

Bei Bauvorhaben, deren anrechenbare Kosten über die Honorartafelwerte der HOAI hinausgehen, ist es schon seit Jahren als absolut üblich anzusehen, die von den Landesverwaltungen für solche Fälle geschaffenen erweiterten Tabellen zur angemessenen Honorarfindung heranzuziehen. Es gibt solche Tabellen bisher u. a. von den Landesverwaltungen Bayern, Baden-Württemberg, Nordrhein-Westfalen und Berlin, welche lediglich um Nuancen variieren, im Prinzip aber nach fast identischem Ansatz weiterentwickelt worden sind. Diese Tabellen werden nicht nur bei Bauvorhaben der öffentlichen Hand verwendet, sondern bilden oftmals auch die Grundlage bei Bauten für private Bauherren.

Da die Honorarhöhe durch die HOAI 2021 nicht verändert wurde, kann nach wie vor auf diejenigen erweiterten Honorartafeln zurückgegriffen werden, die in Bezug auf die HOAI 2013 entwickelt worden sind.

5 HOAI 2021 im Überblick

Die Neufassung der HOAI entstand mit der Maßgabe, dass sie verbindliche Mindest- und Höchstsätze nicht mehr vorgeben sollte. Überdies sollte die Überarbeitung schnell vonstattengehen. Hieraus resultiert, dass keine vollständige Überarbeitung vorgenommen wurde. Es wurden nur an vereinzelten Stellen Korrekturen und Änderungen vorgenommen, um das genannte Ziel zu erreichen. Im Umkehrschluss bedeutet dies, dass ein Großteil der Regelungen aus der HOAI 2013 in die neue Fassung übernommen worden ist.

So blieb die Grundstruktur der HOAI erhalten, wonach einige Planungsdisziplinen in den Teilen 2 bis 4 der HOAI und den dazugehörigen Anlagen geregelt sind und andere erst an späterer Stelle in der Anlage 1. Diese Struktur war in den letzten HOAI-Fassungen schon nicht besonders gut gelungen, aber dem Umstand geschuldet, dass die Planungsdisziplinen der Teile 2 bis 4 der HOAI verbindlich von der HOAI geregelt sein sollten, während die Anlage 1 nur unverbindliche Vorschläge machen sollte. Diese strukturelle Trennung hat sich nun inhaltlich endgültig erledigt, wurde aber dennoch beibehalten.

5.1 Unverändertes

Im Einzelnen aufzulisten, welche Regelungen gleich geblieben sind, würde zu einer ausufernden Darstellung führen. Denn die HOAI 2021 entspricht über weite Strecken der HOAI 2013. Weder hat sich die Systematik der HOAI als solche geändert, noch gab es wesentliche Veränderungen hinsichtlich der einzelnen Honorarberechnungsparameter.[8] Auch die Höhe der in den Honorartafeln ausgewiesenen Honorare wurde unverändert aus der HOAI 2013 übernommen. Eine Honorarerhöhung kann sich seit 2013 somit nur aus den mittlerweile gestiegenen Baukosten ergeben. Davon profitieren jedoch die Leistungsbilder der Flächenplanung und der Ingenieurvermessung nicht, da deren Honorar nicht nach den Kosten, sondern nach der Planungsfläche bzw. den Verrechnungseinheiten bemessen wird.

5.2 Änderungen

Die grundlegenden Änderungen durch die HOAI 2021 werden im Folgenden zum Zweck der Einführung nur schlagwortartig zusammengefasst. Ergänzend sei auf die Synopse mit Kurzkommentierungen in Teil C verwiesen.

5.2.1 Freie Vereinbarkeit des Honorars

Die Rechtsnatur der HOAI wurde geändert. War sie bisher zwingendes Preisrecht, so ist sie nun in den meisten Fällen nur noch unverbindliche Orientierungshilfe für die Berechnung und Vereinbarung von Architekten- und Ingenieurhonoraren. Die Möglichkeit eines Abgleiches von vereinbarten Honoraren am Rahmen von gesetzlichen Mindest- und Höchstsätzen mit der Folge, dass Honorarvereinbarungen außerhalb dieses Rahmens rechtsunwirksam sind, entfällt damit ebenfalls.

Im Ergebnis unterliegt das gesamte Architekten- und Ingenieurhonorar der **freien Vereinbarung**, die nachträglich nur noch sehr schwer angegriffen werden kann. Individuelle vertragliche Vereinbarungen werden damit noch wichtiger als bisher und bedürfen erhöhter Sorgfalt.

5.2.2 Wegfall der zeitlichen Einschränkung bei der Honorarvereinbarung

Der erforderlichen Sorgfalt bei der Honorarvereinbarung kommt entgegen, dass die Formvorschrift entfallen ist, wonach eine Honorarvereinbarung nur **bei** Auftragserteilung wirksam getroffen werden konnte. Da es auf den Zeitpunkt der Honorarvereinbarung nun nicht mehr ankommt, kann eine Vereinbarung z. B. eines Honorars oberhalb des Basishonorarsatzes oder einer Nebenkostenpauschale zukünftig auch noch zu einem späteren Zeitpunkt rechtswirksam getroffen werden. Gleichwohl ist selbstverständlich eine möglichst frühzeitige vertragliche Regelung zu empfehlen.

5.2.3 Textform statt Schriftform

Eine weitere ganz wesentliche Lockerung der Formvorschriften ist, dass anstatt der Schriftform nun stets die Textform ausreichend ist. Zur Erläuterung:

---

8 Eine Ausnahme bilden die Beratungsleistungen zur Ingenieurvermessung, für die ein neues System zur Ermittlung der Verrechnungseinheiten entwickelt wurde.

Zur Wahrung der **Schriftform** (§ 126 BGB) bedurfte es der Unterschrift beider Vertragsparteien unter einem Dokument oder der wechselseitigen Unterschrift der Parteien unter jeweils zwei identischen Dokumenten. Die Schriftform wurde regelmäßig nicht eingehalten, weil z. B. der Bauherr in einem von ihm unterschriebenen Auftragsschreiben ein vom Architekten unterschriebenes Angebot akzeptierte oder den Architekten per Mail beauftragte. In solchen Fällen fiel der Architekt im Streitfall auf den Mindestsatz zurück und verlor die Möglichkeit einer pauschalen Nebenkostenabrechnung.

Zur Wahrung der **Textform** (§ 126b BGB) genügt es hingegen, wenn eine „lesbare Erklärung, in der die Person des Erklärenden genannt ist, auf einem dauerhaften Datenträger abgegeben wird." Dauerhaft bedeutet dabei prinzipiell, dass der Empfänger die Erklärung aufbewahren und über einen dem Zweck angemessenen Zeitraum unverändert wiedergeben kann:

Zitat:
§ 126b BGB Textform
Ist durch Gesetz Textform vorgeschrieben, so muss eine lesbare Erklärung, in der die Person des Erklärenden genannt ist, auf einem dauerhaften Datenträger abgegeben werden. Ein dauerhafter Datenträger ist jedes Medium, das

1. es dem Empfänger ermöglicht, eine auf dem Datenträger befindliche, an ihn persönlich gerichtete Erklärung so aufzubewahren oder zu speichern, dass sie ihm während eines für ihren Zweck angemessenen Zeitraums zugänglich ist, und
2. geeignet ist, die Erklärung unverändert wiederzugeben.

Diese Voraussetzung wird sowohl von einem Brief als auch z. B. von einem Fax oder einer Mail technisch erfüllt.

Nur wenn eine Honorarvereinbarung auch die Textform nicht einhält, gilt für Grundleistungen weiterhin der jeweilige Basishonorarsatz als vereinbart. Eine Art von Auffangfunktion im Sinne der Rechtsklarheit soll die HOAI also nach wie vor behalten.

Mündliche Honorarabsprachen, die von den Basishonorarsätzen abweichen, sind dagegen nach wie vor nicht gerichtlich durchsetzbar.

5.2.4 Hinweispflicht gegenüber Verbrauchern

Möchte der Architekt oder Ingenieur rechtswirksam ein Honorar oberhalb des Basishonorars vereinbaren, muss er bei Bauherren, die Verbraucher sind, eine neue **Hinweispflicht** beachten. Bevor der Bauherr eine verbindliche Erklärung zum Vertragsschluss abgibt, muss ihn der Architekt oder Ingenieur darauf hinweisen, dass Honorarvereinbarungen auch ober- oder unterhalb der in der HOAI ausgewiesenen Werte wirksam geschlossen werden können. Unterlässt er dies oder erfolgt der Hinweis nicht rechtzeitig, kann er höchstens das Basishonorar verlangen.

5.2.5 Neue Begriffe

Da die HOAI keinen verbindlichen Rahmen von Mindest- und Höchstsätzen mehr ausweisen soll, wurden diese Begriffe bei der Neufassung der HOAI vermieden. Der bisherige Mindestsatz heißt nun „Basishonorarsatz", der bisherige Höchstsatz wird als „oberer Honorarsatz" bezeichnet. Diese beiden Werte bilden die „Honorarspanne".

Ob es sich hierbei nur um neue Bezeichnungen handelt, wird sich in Zukunft erweisen müssen. Aus Sicht der Autoren manifestiert sich aber bereits in den gewählten Begriffen eine Tendenz zur Konzentration auf den unteren Rand der Honorarspanne. Während ein „Mindestsatz" eindeutig die Untergrenze einer Bandbreite markiert, die nicht oder nur ausnahmsweise unterschritten werden soll, suggeriert der Begriff „Basishonorarsatz“ eher eine Verhandlungsbasis, von der im allgemeinen Sprachgebrauch regelmäßig noch ein Rabatt oder ein Abschlag erwartet wird. Dies steht der vom Verordnungsgeber selbst im EuGH-Verfahren beschworenen Notwendigkeit der Verhinderung eines qualitätsschädigenden Preiskampfes diametral entgegen. In diesem Zusammenhang sei auch daran erinnert, dass die Verfasser der ursprünglichen HOAI davon ausgingen, dass als Regelsatz der Mittelsatz und nicht der Mindestsatz anzusehen ist.

Wo sich das Honorarniveau in Zukunft tatsächlich einpendelt, wird nach dem Wegfall eines festen Honorarrahmens maßgeblich von der Verhandlungsmacht und dem Verhandlungsgeschick der Vertragsparteien geprägt werden.

B HOAI 2021

Im nachfolgenden Verordnungstext sind von den Autoren blau die Veränderungen gegenüber dem Wortlaut der HOAI 2013 dargestellt, um einen schnellen Überblick über neu eingefügte Paragrafen, Passagen, Umformulierungen, neue Nummerierungen und Ähnliches zu ermöglichen. Reine Streichungen ganzer Sätze oder Satzteile können damit selbstverständlich nicht markiert werden.

Verordnung über die Honorare für Architekten- und Ingenieurleistungen

(Honorarordnung für Architekten und Ingenieure – HOAI)[9]

vom 10. Juli 2013[10]

Auf Grund der §§ 1 und 2 des Gesetzes zur Regelung von Ingenieur- und Architektenleistungen vom 4. November 1971 (BGBl. I S. 1745, 1749), die durch Artikel 1 des Gesetzes vom 12. November 1984 (BGBl. I S. 1337) geändert worden sind, verordnet die Bundesregierung:

(Anmerkung: Die in der Verordnung an dieser Stelle enthaltene Inhaltsübersicht zur HOAI 2021 ist bereits auf den Seiten 5 bis 7 dieser Textausgabe abgedruckt und wird daher hier nicht nochmals wiederholt.)

Teil 1 Allgemeine Vorschriften

§ 1 Anwendungsbereich

Diese Verordnung gilt für Honorare für Ingenieur- und Architektenleistungen, soweit diese Leistungen durch diese Verordnung erfasst sind. Die Regelungen dieser Verordnung können zum Zwecke der Honorarberechnung einer Honorarvereinbarung zugrunde gelegt werden.

§ 2 Begriffsbestimmungen

(1) Objekte sind Gebäude, Innenräume, Freianlagen, Ingenieurbauwerke, Verkehrsanlagen. Objekte sind auch Tragwerke und Anlagen der Technischen Ausrüstung.

(2) Neubauten und Neuanlagen sind Objekte, die neu errichtet oder neu hergestellt werden.

(3) Wiederaufbauten sind Objekte, bei denen die zerstörten Teile auf noch vorhandenen Bau- oder Anlagenteilen wiederhergestellt werden. Wiederaufbauten gelten als Neubauten, sofern eine neue Planung erforderlich ist.

---

9 verkündet am 07.12.2020 (BGBl. I S. 2636 ff.)

10 Vollzitat:
„Honorarordnung für Architekten und Ingenieure vom 10. Juli 2013 (BGBl. I S. 2276), die durch Artikel 1 der Verordnung vom 2. Dezember 2020 (BGBl. I S. 2636) geändert worden ist“

(4) Erweiterungsbauten sind Ergänzungen eines vorhandenen Objekts.

(5) Umbauten sind Umgestaltungen eines vorhandenen Objekts mit wesentlichen Eingriffen in Konstruktion oder Bestand.

(6) Modernisierungen sind bauliche Maßnahmen zur nachhaltigen Erhöhung des Gebrauchswertes eines Objekts, soweit diese Maßnahmen nicht unter Absatz 4, 5 oder 8 fallen.

(7) Mitzuverarbeitende Bausubstanz ist der Teil des zu planenden Objekts, der bereits durch Bauleistungen hergestellt ist und durch Planungs- oder Überwachungsleistungen technisch oder gestalterisch mitverarbeitet wird.

(8) Instandsetzungen sind Maßnahmen zur Wiederherstellung des zum bestimmungsgemäßen Gebrauch geeigneten Zustandes (Soll-Zustandes) eines Objekts, soweit diese Maßnahmen nicht unter Absatz 3 fallen.

(9) Instandhaltungen sind Maßnahmen zur Erhaltung des Soll-Zustandes eines Objekts.

(10) Kostenschätzung ist die überschlägige Ermittlung der Kosten auf der Grundlage der Vorplanung. Die Kostenschätzung ist die vorläufige Grundlage für Finanzierungsüberlegungen. Der Kostenschätzung liegen zugrunde:

1. Vorplanungsergebnisse,
2. Mengenschätzungen,
3. erläuternde Angaben zu den planerischen Zusammenhängen, Vorgängen sowie Bedingungen und
4. Angaben zum Baugrundstück und zu dessen Erschließung.

Wird die Kostenschätzung nach § 4 Absatz 1 Satz 3 auf der Grundlage der DIN 276 in der Fassung vom Dezember 2008 (DIN 276-1:2008-12) erstellt, müssen die Gesamtkosten nach Kostengruppen mindestens bis zur ersten Ebene der Kostengliederung ermittelt werden.

(11) Kostenberechnung ist die Ermittlung der Kosten auf der Grundlage der Entwurfsplanung. Der Kostenberechnung liegen zugrunde:

1. durchgearbeitete Entwurfszeichnungen oder Detailzeichnungen wiederkehrender Raumgruppen,
2. Mengenberechnungen und
3. für die Berechnung und Beurteilung der Kosten relevante Erläuterungen.

Wird die Kostenberechnung nach § 4 Absatz 1 Satz 3 auf der Grundlage der DIN 276 erstellt, müssen die Gesamtkosten nach Kostengruppen mindestens bis zur zweiten Ebene der Kostengliederung ermittelt werden.

§ 2a Honorartafeln und Basishonorarsatz

(1) Die Honorartafeln dieser Verordnung weisen Orientierungswerte aus, die an der Art und dem Umfang der Aufgabe sowie an der Leistung ausgerichtet sind. Die Honorartafeln enthalten für jeden Leistungsbereich Honorarspannen vom Basishonorarsatz bis zum oberen Honorarsatz, gegliedert nach den einzelnen Honorarzonen und den zugrunde liegenden Ansätzen für Flächen, anrechenbare Kosten oder Verrechnungseinheiten.

(2) Basishonorarsatz ist der jeweils untere in den Honorartafeln dieser Verordnung enthaltene Honorarsatz.

§ 3 Leistungen und Leistungsbilder

(1) Grundleistungen sind Leistungen, die regelmäßig im Rahmen von Flächen-, Objekt- oder Fachplanungen auszuführen sind. Sie sind zur ordnungsgemäßen Erfüllung eines Auftrags im Allgemeinen erforderlich und in Leistungsbildern erfasst. Die Leistungsbilder gliedern sich in Leistungsphasen nach den Regelungen in den Teilen 2 bis 4 und der Anlage 1.

(2) Neben Grundleistungen können Besondere Leistungen vereinbart werden. Die Aufzählung der Besonderen Leistungen in dieser Verordnung und in den Leistungsbildern ihrer Anlagen ist nicht abschließend. Die Besonderen Leistungen können auch für Leistungsbilder und Leistungsphasen, denen sie nicht zugeordnet sind, vereinbart werden, soweit sie dort keine Grundleistungen darstellen.

(3) Die Wirtschaftlichkeit der Leistung ist stets zu beachten.

§ 4 Anrechenbare Kosten

(1) Anrechenbare Kosten sind Teil der Kosten für die Herstellung, den Umbau, die Modernisierung, Instandhaltung oder Instandsetzung von Objekten sowie für die damit zusammenhängenden Aufwendungen. Sie sind nach allgemein anerkannten Regeln der Technik oder nach Verwaltungsvorschriften (Kostenvorschriften) auf der Grundlage ortsüblicher Preise zu ermitteln. Wird in dieser Verordnung im Zusammenhang mit der Kostenermittlung die DIN 276 in Bezug genommen, so ist die Fassung vom Dezember 2008 (DIN 276-1:2008-12) bei der Ermittlung der anrechenbaren Kosten zugrunde zu legen. Umsatzsteuer, die auf die Kosten von Objekten entfällt, ist nicht Bestandteil der anrechenbaren Kosten.

(2) Die anrechenbaren Kosten richten sich nach den ortsüblichen Preisen, wenn der Auftraggeber
1. selbst Lieferungen oder Leistungen übernimmt,
2. von bauausführenden Unternehmen oder von Lieferanten sonst nicht übliche Vergünstigungen erhält,
3. Lieferungen oder Leistungen in Gegenrechnung ausführt oder
4. vorhandene oder vorbeschaffte Baustoffe oder Bauteile einbauen lässt.

(3) Der Umfang der mitzuverarbeitenden Bausubstanz im Sinne des § 2 Absatz 7 ist bei den anrechenbaren Kosten angemessen zu berücksichtigen. Umfang und Wert der mitzuverarbeitenden Bausubstanz sind zum Zeitpunkt der Kostenberechnung oder, sofern keine Kostenberechnung vorliegt, zum Zeitpunkt der Kostenschätzung objektbezogen zu ermitteln und in Textform zu vereinbaren.

§ 5 Honorarzonen

(1) Die Grundleistungen der Flächen-, Objekt- oder Fachplanungen werden zur Berechnung der Honorare nach den jeweiligen Planungsanforderungen Honorarzonen zugeordnet, die von der Honorarzone I aus ansteigend den Schwierigkeitsgrad der Planung einstufen.

(2) Die Honorarzonen sind anhand der Bewertungsmerkmale in den Honorarregelungen der jeweiligen Leistungsbilder der Teile 2 bis 4 und der Anlage 1 zu ermitteln. Die Zurechnung zu den einzelnen Honorarzonen ist nach Maßgabe der Bewertungsmerkmale und gegebenenfalls der Bewertungspunkte sowie unter Berücksichtigung der Regelbeispiele in den Objektlisten der Anlagen dieser Verordnung vorzunehmen.

§ 6 Grundlagen des Honorars

(1) Bei der Ermittlung des Honorars für Grundleistungen im Sinne des § 3 Absatz 1 sind zugrunde zu legen
1. das Leistungsbild,
2. die Honorarzone und
3. die dazugehörige Honorartafel zur Honorarorientierung.

Zusätzlich zu den Grundlagen nach Satz 1 ermittelt sich das Honorar
1. für die Leistungsbilder des Teils 2 und der Anlage 1 Nummer 1.1 nach der Größe der Fläche,
2. für die Leistungsbilder der Teile 3 und 4 und der Anlage 1 Nummer 1.2, 1.3 und 1.4.5 nach den anrechenbaren Kosten des Objekts auf der Grundlage der Kostenberechnung oder, sofern keine Kostenberechnung vorliegt, auf der Grundlage der Kostenschätzung,
3. für das Leistungsbild der Anlage 1 Nummer 1.4.2 nach Verrechnungseinheiten.

(2) Honorare für Grundleistungen bei Umbauten und Modernisierungen gemäß § 2 Absatz 5 und 6 sind zu ermitteln nach
1. den anrechenbaren Kosten,
2. der Honorarzone, welcher der Umbau oder die Modernisierung in sinngemäßer Anwendung der Bewertungsmerkmale zuzuordnen ist,
3. den Leistungsphasen,
4. der Honorartafel zur Honorarorientierung und
5. dem Umbau- oder Modernisierungszuschlag auf das Honorar.

Der Umbau- oder Modernisierungszuschlag ist unter Berücksichtigung des Schwierigkeitsgrads der Leistungen in Textform zu vereinbaren. Die Höhe des Zuschlags auf das Honorar ist in den jeweiligen Honorarregelungen der Leistungsbilder der Teile 3 und 4 und in Anlage 1 Nummer 1.2 geregelt. Sofern keine Vereinbarung in Textform getroffen wurde, gilt ein Zuschlag von 20 Prozent ab einem durchschnittlichen Schwierigkeitsgrad als vereinbart.

§ 7 Honorarvereinbarung

(1) Das Honorar richtet sich nach der Vereinbarung, die die Vertragsparteien in Textform treffen. Sofern keine Vereinbarung über die Höhe des Honorars in Textform getroffen wurde, gilt für Grundleistungen der jeweilige Basishonorarsatz als vereinbart, der sich bei der Anwendung der Honorargrundlagen des § 6 ergibt.

(2) Der Auftragnehmer hat den Auftraggeber, sofern dieser Verbraucher ist, vor Abgabe von dessen verbindlicher Vertragserklärung zur Honorarvereinbarung in Textform darauf hinzuweisen, dass ein höheres oder niedrigeres Honorar als die in den Honorartafeln dieser Verordnung enthaltenen Werte vereinbart werden kann. Erfolgt der Hinweis nach Satz 1 nicht oder nicht rechtzeitig, gilt für die zwischen den Vertragsparteien vereinbarten Grundleistungen anstelle eines höheren Honorars ein Honorar in Höhe des jeweiligen Basishonorarsatzes als vereinbart.

§ 8 Berechnung des Honorars in besonderen Fällen

(1) Werden dem Auftragnehmer nicht alle Leistungsphasen eines Leistungsbildes übertragen, so dürfen nur die für die übertragenen Phasen vorgesehenen Prozentsätze berechnet und vereinbart werden. Die Vereinbarung hat in Textform zu erfolgen.

(2) Werden dem Auftragnehmer nicht alle Grundleistungen einer Leistungsphase übertragen, so darf für die übertragenen Grundleistungen nur ein Honorar berechnet und vereinbart werden, das dem Anteil der übertragenen Grundleistungen an der gesamten Leistungsphase entspricht. Die Vereinbarung hat in Textform zu erfolgen. Entsprechend ist zu verfahren, wenn dem Auftragnehmer wesentliche Teile von Grundleistungen nicht übertragen werden.

(3) Die gesonderte Vergütung eines zusätzlichen Koordinierungs- oder Einarbeitungsaufwands ist in Textform zu vereinbaren.

§ 9 Berechnung des Honorars bei Beauftragung von Einzelleistungen

(1) Wird die Vorplanung oder Entwurfsplanung bei Gebäuden und Innenräumen, Freianlagen, Ingenieurbauwerken, Verkehrsanlagen, der Tragwerksplanung und der Technischen Ausrüstung als Einzelleistung in Auftrag gegeben, können für die Leistungsbewertung der jeweiligen Leistungsphase

1. für die Vorplanung höchstens der Prozentsatz der Vorplanung und der Prozentsatz der Grundlagenermittlung und
2. für die Entwurfsplanung höchstens der Prozentsatz der Entwurfsplanung und der Prozentsatz der Vorplanung

zum Zweck der Honorarberechnung herangezogen werden. Die Vereinbarung hat in Textform zu erfolgen.

(2) Zur Bauleitplanung ist Absatz 1 Satz 1 Nummer 2 für den Entwurf der öffentlichen Auslegung entsprechend anzuwenden. Bei der Landschaftsplanung ist Absatz 1 Satz 1 Nummer 1 für die vorläufige Fassung sowie Absatz 1 Satz 1 Nummer 2 für die abgestimmte Fassung entsprechend anzuwenden. Die Vereinbarung hat in Textform zu erfolgen.

(3) Wird die Objektüberwachung bei der Technischen Ausrüstung oder bei Gebäuden als Einzelleistung in Auftrag gegeben, können für die Leistungsbewertung der Objektüberwachung zum Zweck der Honorarberechnung höchstens der Prozentsatz der Objektüberwachung und die Prozentsätze der Grundlagenermittlung und Vorplanung herangezogen werden. Die Vereinbarung hat in Textform zu erfolgen.

§ 10 Berechnung des Honorars bei vertraglichen Änderungen des Leistungsumfangs

(1) Einigen sich Auftraggeber und Auftragnehmer während der Laufzeit des Vertrags darauf, dass der Umfang der beauftragten Leistung geändert wird, und ändern sich dadurch die anrechenbaren Kosten, Flächen oder Verrechnungseinheiten, so ist die Honorarberechnungsgrundlage für die Grundleistungen, die infolge des veränderten Leistungsumfangs zu erbringen sind, durch Vereinbarung in Textform anzupassen.

(2) Einigen sich Auftraggeber und Auftragnehmer über die Wiederholung von Grundleistungen, ohne dass sich dadurch die anrechenbaren Kosten, Flächen oder Verrechnungseinheiten ändern, ist das Honorar für diese Grundleistungen entsprechend ihrem Anteil an der jeweiligen Leistungsphase in Textform zu vereinbaren.

§ 11 Auftrag für mehrere Objekte

(1) Umfasst ein Auftrag mehrere Objekte, so sind die Honorare vorbehaltlich der folgenden Absätze für jedes Objekt getrennt zu berechnen.

(2) Umfasst ein Auftrag mehrere vergleichbare Gebäude, Ingenieurbauwerke, Verkehrsanlagen oder Tragwerke mit weitgehend gleichartigen Planungsbedingungen, die derselben Honorarzone zuzuordnen sind und die im zeitlichen und örtlichen Zusammenhang als Teil einer Gesamtmaßnahme geplant und errichtet werden sollen, ist das Honorar nach der Summe der anrechenbaren Kosten zu berechnen.

(3) Umfasst ein Auftrag mehrere im Wesentlichen gleiche Gebäude, Ingenieurbauwerke, Verkehrsanlagen oder Tragwerke, die im zeitlichen oder örtlichen Zusammenhang unter gleichen baulichen Verhältnissen geplant und errichtet werden sollen, oder mehrere Objekte nach Typenplanung oder Serienbauten, so sind die Prozentsätze der Leistungsphasen 1 bis 6 für die erste bis vierte Wiederholung um 50 Prozent, für die fünfte bis siebte Wiederholung um 60 Prozent und ab der achten Wiederholung um 90 Prozent zu mindern.

(4) Umfasst ein Auftrag Grundleistungen, die bereits Gegenstand eines anderen Auftrags über ein gleiches Gebäude, Ingenieurbauwerk oder Tragwerk zwischen den Vertragsparteien waren, so ist Absatz 3 für die Prozentsätze der beauftragten Leistungsphasen in Bezug auf den neuen Auftrag auch dann anzuwenden, wenn die Grundleistungen nicht im zeitlichen oder örtlichen Zusammenhang erbracht werden sollen.

§ 12 Instandsetzungen und Instandhaltungen

(1) Honorare für Grundleistungen bei Instandsetzungen und Instandhaltungen von Objekten sind nach den anrechenbaren Kosten, der Honorarzone, den Leistungsphasen und der Honorartafel zur Honorarorientierung, der die Instandhaltungs- oder Instandsetzungsmaßnahme zuzuordnen ist, zu ermitteln.

(2) Für Grundleistungen bei Instandsetzungen und Instandhaltungen von Objekten kann in Textform vereinbart werden, dass der Prozentsatz für die Objektüberwachung oder Bauoberleitung um bis zu 50 Prozent der Bewertung dieser Leistungsphase erhöht wird.

§ 13 Interpolation

Zwischenstufen der in den Honorartafeln angegebenen anrechenbaren Kosten und Flächen oder Verrechnungseinheiten sind durch lineare Interpolation zu ermitteln.

§ 14 Nebenkosten

(1) Der Auftragnehmer kann neben den Honoraren dieser Verordnung auch die für die Ausführung des Auftrags erforderlichen Nebenkosten in Rechnung stellen; ausgenommen sind die abziehbaren Vorsteuern gemäß § 15 Absatz 1 des Umsatzsteuergesetzes in der jeweils geltenden Fassung. Die Vertragsparteien können in Textform vereinbaren, dass abweichend von Satz 1 eine Erstattung ganz oder teilweise ausgeschlossen ist.

(2) Zu den Nebenkosten gehören insbesondere:
1. Versandkosten, Kosten für Datenübertragungen,
2. Kosten für Vervielfältigungen von Zeichnungen und schriftlichen Unterlagen sowie für die Anfertigung von Filmen und Fotos,
3. Kosten für ein Baustellenbüro einschließlich der Einrichtung, Beleuchtung und Beheizung,

4. Fahrtkosten für Reisen, die über einen Umkreis von 15 Kilometern um den Geschäftssitz des Auftragnehmers hinausgehen, in Höhe der steuerlich zulässigen Pauschalsätze, sofern nicht höhere Aufwendungen nachgewiesen werden,
5. Trennungsentschädigungen und Kosten für Familienheimfahrten in Höhe der steuerlich zulässigen Pauschalsätze, sofern nicht höhere Aufwendungen an Mitarbeiter oder Mitarbeiterinnen des Auftragnehmers auf Grund von tariflichen Vereinbarungen bezahlt werden,
6. Entschädigungen für den sonstigen Aufwand bei längeren Reisen nach Nummer 4, sofern die Entschädigungen vor der Geschäftsreise in Textform vereinbart worden sind,
7. Entgelte für nicht dem Auftragnehmer obliegende Leistungen, die von ihm im Einvernehmen mit dem Auftraggeber Dritten übertragen worden sind.

(3) Nebenkosten können pauschal oder nach Einzelnachweis abgerechnet werden. Sie sind nach Einzelnachweis abzurechnen, sofern keine pauschale Abrechnung in Textform vereinbart worden ist.

§ 15 Fälligkeit des Honorars, Abschlagszahlungen

Für die Fälligkeit der Honorare für die von dieser Verordnung erfassten Leistungen gilt § 650g Absatz 4 des Bürgerlichen Gesetzbuchs entsprechend. Für das Recht, Abschlagszahlungen zu verlangen, gilt § 632a des Bürgerlichen Gesetzbuchs entsprechend.

§ 16 Umsatzsteuer

(1) Der Auftragnehmer hat Anspruch auf Ersatz der gesetzlich geschuldeten Umsatzsteuer für nach dieser Verordnung abrechenbare Leistungen, sofern nicht die Kleinunternehmerregelung nach § 19 des Umsatzsteuergesetzes angewendet wird. Satz 1 ist auch hinsichtlich der um die nach § 15 des Umsatzsteuergesetzes abziehbaren Vorsteuer gekürzten Nebenkosten anzuwenden, die nach § 14 dieser Verordnung weiterberechenbar sind.

(2) Auslagen gehören nicht zum Entgelt für die Leistung des Auftragnehmers. Sie sind als durchlaufende Posten im umsatzsteuerrechtlichen Sinn einschließlich einer gegebenenfalls enthaltenen Umsatzsteuer weiter zu berechnen.

Teil 2 Flächenplanung

Abschnitt 1 Bauleitplanung

§ 17 Anwendungsbereich

(1) Leistungen der Bauleitplanung umfassen die Vorbereitung der Aufstellung von Flächennutzungs- und Bebauungsplänen im Sinne des § 1 Absatz 2 des Baugesetzbuches in der jeweils geltenden Fassung, die erforderlichen Ausarbeitungen und Planfassungen sowie die Mitwirkung beim Verfahren.
(2) Leistungen beim Städtebaulichen Entwurf sind Besondere Leistungen.

§ 18 Leistungsbild Flächennutzungsplan

(1) Die Grundleistungen bei Flächennutzungsplänen sind in drei Leistungsphasen unterteilt und werden wie folgt in Prozentsätzen der Honorare des § 20 bewertet:[11]

für die Leistungsphase		Bewertung der Grundleistungen in Prozentsätzen der Honorare
1	Vorentwurf für die frühzeitigen Beteiligungen Vorentwurf für die frühzeitigen Beteiligungen nach den Bestimmungen des Baugesetzbuches	60
2	Entwurf zur öffentlichen Auslegung Entwurf für die öffentliche Auslegung nach den Bestimmungen des Baugesetzbuches	30
3	Plan zur Beschlussfassung Plan für den Beschluss durch die Gemeinde	10

Der Vorentwurf, Entwurf oder Plan ist jeweils in der vorgeschriebenen Fassung mit Begründung anzufertigen.
(2) Anlage 2 regelt, welche Grundleistungen jede Leistungsphase umfasst. Anlage 9 enthält Beispiele für Besondere Leistungen.

§ 19 Leistungsbild Bebauungsplan

(1) Die Grundleistungen bei Bebauungsplänen sind in drei Leistungsphasen unterteilt und werden wie folgt in Prozentsätzen der Honorare des § 21 bewertet:[12]

[11] Die nachfolgende tabellarische Darstellung der Leistungsbewertung entspricht in formaler Hinsicht (Anpassungen aufgrund des gewählten Layouts) nicht dem Verordnungstext. Sie wurde von den Autoren aus Gründen der Übersichtlichkeit und besseren Lesbarkeit gewählt.

[12] Es gelten die Hinweise in der Fußnote 11 entsprechend.

für die Leistungsphase		Bewertung der Grundleistungen in Prozentsätzen der Honorare
1	Vorentwurf für die frühzeitigen Beteiligungen Vorentwurf für die frühzeitigen Beteiligungen nach den Bestimmungen des Baugesetzbuches	60
2	Entwurf zur öffentlichen Auslegung Entwurf für die öffentliche Auslegung nach den Bestimmungen des Baugesetzbuches	30
3	Plan zur Beschlussfassung Plan für den Beschluss durch die Gemeinde	10

Der Vorentwurf, Entwurf oder Plan ist jeweils in der vorgeschriebenen Fassung mit Begründung anzufertigen.

(2) Anlage 3 regelt, welche Grundleistungen jede Leistungsphase umfasst. Anlage 9 enthält Beispiele für Besondere Leistungen.

§ 20 Honorare für Grundleistungen bei Flächennutzungsplänen

(1) Für die in § 18 und Anlage 2 genannten Grundleistungen bei Flächennutzungsplänen sind die in der nachstehenden Honorartafel aufgeführten Honorarspannen Orientierungswerte:[13]

Honorartafel zu § 20 Abs. 1 – Flächennutzungsplan als Orientierungswerte

Fläche in Hektar	Honorarzone I geringe Anforderungen von Euro	bis	Honorarzone II durchschnittliche Anforderungen von Euro	bis	Honorarzone III hohe Anforderungen von Euro	bis
1.000	70.439	85.269	85.269	100.098	100.098	114.927
1.250	78.957	95.579	95.579	112.202	112.202	128.824
1.500	86.492	104.700	104.700	122.909	122.909	141.118
1.750	93.260	112.894	112.894	132.527	132.527	152.161
2.000	99.407	120.334	120.334	141.262	141.262	162.190
2.500	111.311	134.745	134.745	158.178	158.178	181.612
3.000	121.868	147.525	147.525	173.181	173.181	198.838
3.500	131.387	159.047	159.047	186.707	186.707	214.367
4.000	140.069	169.557	169.557	199.045	199.045	228.533
5.000	155.461	188.190	188.190	220.918	220.918	253.647
6.000	168.813	204.352	204.352	239.892	239.892	275.431
7.000	180.589	218.607	218.607	256.626	256.626	294.645
8.000	191.097	231.328	231.328	271.559	271.559	311.790
9.000	200.556	242.779	242.779	285.001	285.001	327.224
10.000	209.126	253.153	253.153	297.179	297.179	341.206

13 Die nachfolgende tabellarische Darstellung der Honorartafel entspricht in formaler Hinsicht (Anpassungen aufgrund des gewählten Layouts) nicht dem Verordnungstext (hier hinsichtlich der Überschriftenzeile in der Tabelle). Sie wurde von den Autoren aus Gründen der Übersichtlichkeit und besseren Lesbarkeit gewählt.

Honorartafel zu § 20 Abs. 1 – Flächennutzungsplan als Orientierungswerte						
Fläche in Hektar	Honorarzone I geringe Anforderungen		Honorarzone II durchschnittliche Anforderungen		Honorarzone III hohe Anforderungen	
	von	bis	von	bis	von	bis
	Euro		Euro		Euro	
11.000	216.893	262.555	262.555	308.217	308.217	353.878
12.000	223.912	271.052	271.052	318.191	318.191	365.331
13.000	230.331	278.822	278.822	327.313	327.313	375.804
14.000	236.214	285.944	285.944	335.673	335.673	385.402
15.000	241.614	292.480	292.480	343.346	343.346	394.213

(2) Das Honorar für die Aufstellung von Flächennutzungsplänen ist nach der Fläche des Plangebiets in Hektar und nach der Honorarzone zu berechnen.

(3) Welchen Honorarzonen die Grundleistungen zugeordnet werden, richtet sich nach folgenden Bewertungsmerkmalen:
1. zentralörtliche Bedeutung und Gemeindestruktur,
2. Nutzungsvielfalt und Nutzungsdichte,
3. Einwohnerstruktur, Einwohnerentwicklung und Gemeinbedarfsstandorte,
4. Verkehr und Infrastruktur,
5. Topografie, Geologie und Kulturlandschaft,
6. Klima-, Natur- und Umweltschutz.

(4) Sind auf einen Flächennutzungsplan Bewertungsmerkmale aus mehreren Honorarzonen anwendbar und bestehen deswegen Zweifel, welcher Honorarzone der Flächennutzungsplan zugeordnet werden kann, so ist zunächst die Anzahl der Bewertungspunkte zu ermitteln. Zur Ermittlung der Bewertungspunkte werden die Bewertungsmerkmale wie folgt gewichtet:
1. geringe Anforderungen: 1 Punkt,
2. durchschnittliche Anforderungen: 2 Punkte,
3. hohe Anforderungen: 3 Punkte.

(5) Der Flächennutzungsplan ist anhand der nach Absatz 4 ermittelten Bewertungspunkte einer der Honorarzonen zuzuordnen:
1. Honorarzone I: bis zu 9 Punkte,
2. Honorarzone II: 10 bis 14 Punkte,
3. Honorarzone III: 15 bis 18 Punkte.

(6) Werden Teilflächen bereits aufgestellter Flächennutzungspläne (Planausschnitte) geändert oder überarbeitet, kann das Honorar auch abweichend von den Grundsätzen des Absatzes 2 vereinbart werden.

§ 21 Honorare für Grundleistungen bei Bebauungsplänen

(1) Für die in § 19 und Anlage 3 genannten Grundleistungen bei Bebauungsplänen sind die in der nachstehenden Honorartafel aufgeführten Honorarspannen Orientierungswerte:[14]

[14] Es gelten die Hinweise in der Fußnote 13 entsprechend.

Honorartafel zu § 21 Abs. 1 – Bebauungsplan als Orientierungswerte						
Fläche in Hektar	Honorarzone I geringe Anforderungen		Honorarzone II durchschnittliche Anforderungen		Honorarzone III hohe Anforderungen	
	von	bis	von	bis	von	bis
	Euro		Euro		Euro	
0,5	5.000	5.335	5.335	7.838	7.838	10.341
1	5.000	8.799	8.799	12.926	12.926	17.054
2	7.699	14.502	14.502	21.305	21.305	28.109
3	10.306	19.413	19.413	28.521	28.521	37.628
4	12.669	23.866	23.866	35.062	35.062	46.258
5	14.864	28.000	28.000	41.135	41.135	54.271
6	16.931	31.893	31.893	46.856	46.856	61.818
7	18.896	35.595	35.595	52.294	52.294	68.992
8	20.776	39.137	39.137	57.497	57.497	75.857
9	22.584	42.542	42.542	62.501	62.501	82.459
10	24.330	45.830	45.830	67.331	67.331	88.831
15	32.325	60.892	60.892	89.458	89.458	118.025
20	39.427	74.270	74.270	109.113	109.113	143.956
25	46.385	87.376	87.376	128.366	128.366	169.357
30	52.975	99.791	99.791	146.606	146.606	193.422
40	65.342	123.086	123.086	180.830	180.830	238.574
50	76.901	144.860	144.860	212.819	212.819	280.778
60	87.599	165.012	165.012	242.425	242.425	319.838
80	107.471	202.445	202.445	297.419	297.419	392.393
100	125.791	236.955	236.955	348.119	348.119	459.282

(2) Das Honorar für die Aufstellung von Bebauungsplänen ist nach der Fläche des Plangebiets in Hektar und nach der Honorarzone zu berechnen.

(3) Welchen Honorarzonen die Grundleistungen zugeordnet werden, richtet sich nach folgenden Bewertungsmerkmalen:

1. Nutzungsvielfalt und Nutzungsdichte,
2. Baustruktur und Baudichte,
3. Gestaltung und Denkmalschutz,
4. Verkehr und Infrastruktur,
5. Topografie und Landschaft,
6. Klima-, Natur- und Umweltschutz.

(4) Für die Ermittlung der Honorarzone bei Bebauungsplänen ist § 20 Absatz 4 und 5 entsprechend anzuwenden.

(5) Wird die Größe des Plangebiets im förmlichen Verfahren während der Leistungserbringung geändert, so ist das Honorar für die Leistungsphasen, die bis zur Änderung noch nicht erbracht sind, nach der geänderten Größe des Plangebiets zu berechnen.

Abschnitt 2 Landschaftsplanung

§ 22 Anwendungsbereich

(1) Landschaftsplanerische Leistungen umfassen das Vorbereiten und das Erstellen der für die Pläne nach Absatz 2 erforderlichen Ausarbeitungen.

(2) Die Bestimmungen dieses Abschnitts sind für folgende Pläne anzuwenden:
1. Landschaftspläne,
2. Grünordnungspläne und Landschaftsplanerische Fachbeiträge,
3. Landschaftsrahmenpläne,
4. Landschaftspflegerische Begleitpläne,
5. Pflege- und Entwicklungspläne.

§ 23 Leistungsbild Landschaftsplan

(1) Die Grundleistungen bei Landschaftsplänen sind in vier Leistungsphasen unterteilt und werden wie folgt in Prozentsätzen der Honorare des § 28 bewertet:[15]

für die Leistungsphase		Bewertung der Grundleistungen in Prozentsätzen der Honorare
1	Klären der Aufgabenstellung und Ermitteln des Leistungsumfangs	3
2	Ermitteln der Planungsgrundlagen	37
3	Vorläufige Fassung	50
4	Abgestimmte Fassung	10

(2) Anlage 4 regelt die Grundleistungen jeder Leistungsphase. Anlage 9 enthält Beispiele für Besondere Leistungen.

§ 24 Leistungsbild Grünordnungsplan

(1) Die Grundleistungen bei Grünordnungsplänen und Landschaftsplanerischen Fachbeiträgen sind in vier Leistungsphasen zusammengefasst und werden wie folgt in Prozentsätzen der Honorare des § 29 bewertet:[16]

für die Leistungsphase		Bewertung der Grundleistungen in Prozentsätzen der Honorare
1	Klären der Aufgabenstellung und Ermitteln des Leistungsumfangs	3
2	Ermitteln der Planungsgrundlagen	37
3	Vorläufige Fassung	50
4	Abgestimmte Fassung	10

---

15 Die nachfolgende tabellarische Darstellung der Leistungsbewertung entspricht in formaler Hinsicht (Anpassungen aufgrund des gewählten Layouts) nicht dem Verordnungstext. Sie wurde von den Autoren aus Gründen der Übersichtlichkeit und besseren Lesbarkeit gewählt.

16 Es gelten die Hinweise in der Fußnote 15 entsprechend.

(2) Anlage 5 regelt die Grundleistungen jeder Leistungsphase. Anlage 9 enthält Beispiele für Besondere Leistungen.

§ 25 Leistungsbild Landschaftsrahmenplan

(1) Die Grundleistungen bei Landschaftsrahmenplänen sind in vier Leistungsphasen unterteilt und werden wie folgt in Prozentsätzen der Honorare des § 30 bewertet:[17]

für die Leistungsphase		Bewertung der Grundleistungen in Prozentsätzen der Honorare
1	Klären der Aufgabenstellung und Ermitteln des Leistungsumfangs	3
2	Ermitteln der Planungsgrundlagen	37
3	Vorläufige Fassung	50
4	Abgestimmte Fassung	10

(2) Anlage 6 regelt die Grundleistungen jeder Leistungsphase. Anlage 9 enthält Beispiele für Besondere Leistungen.

§ 26 Leistungsbild Landschaftspflegerischer Begleitplan

(1) Die Grundleistungen bei Landschaftspflegerischen Begleitplänen sind in vier Leistungsphasen unterteilt und werden wie folgt in Prozentsätzen der Honorare des § 31 bewertet:[18]

für die Leistungsphase		Bewertung der Grundleistungen in Prozentsätzen der Honorare
1	Klären der Aufgabenstellung und Ermitteln des Leistungsumfangs	3
2	Ermitteln und Bewerten der Planungsgrundlagen	37
3	Vorläufige Fassung	50
4	Abgestimmte Fassung	10

(2) Anlage 7 regelt die Grundleistungen jeder Leistungsphase. Anlage 9 enthält Beispiele für Besondere Leistungen.

§ 27 Leistungsbild Pflege- und Entwicklungsplan

(1) Die Grundleistungen bei Pflege- und Entwicklungsplänen sind in vier Leistungsphasen zusammengefasst und werden wie folgt in Prozentsätzen der Honorare des § 32 bewertet:[19]

---

17 Es gelten die Hinweise in der Fußnote 15 entsprechend.

18 Es gelten die Hinweise in der Fußnote 15 entsprechend.

19 Es gelten die Hinweise in der Fußnote 15 entsprechend.

für die Leistungsphase		Bewertung der Grundleistungen in Prozentsätzen der Honorare
1	Zusammenstellen der Ausgangsbedingungen	3
2	Ermitteln der Planungsgrundlagen	37
3	Vorläufige Fassung	50
4	Abgestimmte Fassung	10

(2) Anlage 8 regelt die Grundleistungen jeder Leistungsphase. Anlage 9 enthält Beispiele für Besondere Leistungen.

§ 28 Honorare für Grundleistungen bei Landschaftsplänen

(1) Für die in § 23 und Anlage 4 genannten Grundleistungen bei Landschaftsplänen sind die in der nachstehenden Honorartafel aufgeführten Honorarspannen Orientierungswerte:[20]

Honorartafel zu § 28 Abs. 1 – Landschaftsplan als Orientierungswerte						
Fläche in Hektar	Honorarzone I geringe Anforderungen		Honorarzone II durchschnittliche Anforderungen		Honorarzone III hohe Anforderungen	
	von Euro	bis Euro	von Euro	bis Euro	von Euro	bis Euro
1.000	23.403	27.963	27.963	32.826	32.826	37.385
1.250	26.560	31.735	31.735	37.254	37.254	42.428
1.500	29.445	35.182	35.182	41.300	41.300	47.036
1.750	32.119	38.375	38.375	45.049	45.049	51.306
2.000	34.620	41.364	41.364	48.558	48.558	55.302
2.500	39.212	46.851	46.851	54.999	54.999	62.638
3.000	43.374	51.824	51.824	60.837	60.837	69.286
3.500	47.199	56.393	56.393	66.201	66.201	75.396
4.000	50.747	60.633	60.633	71.178	71.178	81.064
5.000	57.180	68.319	68.319	80.200	80.200	91.339
6.000	63.562	75.944	75.944	89.151	89.151	101.533
7.000	69.505	83.045	83.045	97.487	97.487	111.027
8.000	75.095	89.724	89.724	105.329	105.329	119.958
9.000	80.394	96.055	96.055	112.761	112.761	128.422
10.000	85.445	102.090	102.090	119.845	119.845	136.490
11.000	89.986	107.516	107.516	126.214	126.214	143.744
12.000	94.309	112.681	112.681	132.278	132.278	150.650
13.000	98.438	117.615	117.615	138.069	138.069	157.246
14.000	102.392	122.339	122.339	143.615	143.615	163.562
15.000	106.187	126.873	126.873	148.938	148.938	169.623

(2) Das Honorar für die Aufstellung von Landschaftsplänen ist nach der Fläche des Planungsgebiets in Hektar und nach der Honorarzone zu berechnen.

---

20 Die nachfolgende tabellarische Darstellung der Honorartafel entspricht in formaler Hinsicht (Anpassungen aufgrund des gewählten Layouts) nicht dem Verordnungstext (hier hinsichtlich der Überschriftenzeile in der Tabelle). Sie wurde von den Autoren aus Gründen der Übersichtlichkeit und besseren Lesbarkeit gewählt.

(3) Welchen Honorarzonen die Grundleistungen zugeordnet werden, richtet sich nach folgenden Bewertungsmerkmalen:
1. topografische Verhältnisse,
2. Flächennutzung,
3. Landschaftsbild,
4. Anforderungen an Umweltsicherung und Umweltschutz,
5. ökologische Verhältnisse,
6. Bevölkerungsdichte.

(4) Sind auf einen Landschaftsplan Bewertungsmerkmale aus mehreren Honorarzonen anwendbar und bestehen deswegen Zweifel, welcher Honorarzone der Landschaftsplan zugeordnet werden kann, so ist zunächst die Anzahl der Bewertungspunkte zu ermitteln. Zur Ermittlung der Bewertungspunkte werden die Bewertungsmerkmale wie folgt gewichtet:
1. die Bewertungsmerkmale gemäß Absatz 3 Nummer 1, 2, 3 und 6 mit je bis zu 6 Punkten und
2. die Bewertungsmerkmale gemäß Absatz 3 Nummer 4 und 5 mit je bis zu 9 Punkten.

(5) Der Landschaftsplan ist anhand der nach Absatz 4 ermittelten Bewertungspunkte einer der Honorarzonen zuzuordnen:
1. Honorarzone I: bis zu 16 Punkte,
2. Honorarzone II: 17 bis 30 Punkte,
3. Honorarzone III: 31 bis 42 Punkte.

(6) Werden Teilflächen bereits aufgestellter Landschaftspläne (Planausschnitte) geändert oder überarbeitet, kann das Honorar abweichend von den Grundsätzen des Absatzes 2 vereinbart werden.

§ 29 Honorare für Grundleistungen bei Grünordnungsplänen

(1) Für die in § 24 und Anlage 5 genannten Grundleistungen bei Grünordnungsplänen und Landschaftsplanerischen Fachbeiträgen sind die in der nachstehenden Honorartafel aufgeführten Honorarspannen Orientierungswerte:[21]

Honorartafel zu § 29 Abs. 1 – Grünordnungsplan und Landschaftsplanerischer Fachbeitrag als Orientierungswerte

Fläche in Hektar	Honorarzone I geringe Anforderungen von	bis	Honorarzone II durchschnittliche Anforderungen von	bis	Honorarzone III hohe Anforderungen von	bis
	Euro		Euro		Euro	
1,5	5.219	6.067	6.067	6.980	6.980	7.828
2	6.008	6.985	6.985	8.036	8.036	9.013
3	7.450	8.661	8.661	9.965	9.965	11.175
4	8.770	10.195	10.195	11.730	11.730	13.155
5	10.006	11.632	11.632	13.383	13.383	15.009
10	15.445	17.955	17.955	20.658	20.658	23.167
15	20.183	23.462	23.462	26.994	26.994	30.274
20	24.513	28.496	28.496	32.785	32.785	36.769
25	28.560	33.201	33.201	38.199	38.199	42.840
30	32.394	37.658	37.658	43.326	43.326	48.590

21 Es gelten die Hinweise in der Fußnote 20 entsprechend.

Honorartafel zu § 29 Abs. 1 – Grünordnungsplan und Landschaftsplanerischer Fachbeitrag als Orientierungswerte						
Fläche in Hektar	Honorarzone I geringe Anforderungen		Honorarzone II durchschnittliche Anforderungen		Honorarzone III hohe Anforderungen	
	von	bis	von	bis	von	bis
	Euro		Euro		Euro	
40	39.580	46.011	46.011	52.938	52.938	59.370
50	46.282	53.803	53.803	61.902	61.902	69.423
75	61.579	71.586	71.586	82.362	82.362	92.369
100	75.430	87.687	87.687	100.887	100.887	113.145
125	88.255	102.597	102.597	118.042	118.042	132.383
150	100.288	116.585	116.585	134.136	134.136	150.433
175	111.675	129.822	129.822	149.366	149.366	167.513
200	122.516	142.425	142.425	163.866	163.866	183.774
225	133.555	155.258	155.258	178.630	178.630	200.333
250	144.284	167.730	167.730	192.980	192.980	216.426

(2) Das Honorar für Grundleistungen bei Grünordnungsplänen ist nach der Fläche des Planungsgebiets in Hektar und nach der Honorarzone zu berechnen.

(3) Welchen Honorarzonen die Grundleistungen zugeordnet werden, richtet sich nach folgenden Bewertungsmerkmalen:

1. Topografie,
2. ökologische Verhältnisse,
3. Flächennutzungen und Schutzgebiete,
4. Umwelt-, Klima-, Denkmal- und Naturschutz,
5. Erholungsvorsorge,
6. Anforderung an die Freiraumgestaltung.

(4) Sind auf einen Grünordnungsplan Bewertungsmerkmale aus mehreren Honorarzonen anwendbar und bestehen deswegen Zweifel, welcher Honorarzone der Grünordnungsplan zugeordnet werden kann, so ist zunächst die Anzahl der Bewertungspunkte zu ermitteln. Zur Ermittlung der Bewertungspunkte werden die Bewertungsmerkmale wie folgt gewichtet:

1. die Bewertungsmerkmale gemäß Absatz 3 Nummer 1, 2, 3 und 5 mit je bis zu 6 Punkten und
2. die Bewertungsmerkmale gemäß Absatz 3 Nummer 4 und 6 mit je bis zu 9 Punkten.

(5) Der Grünordnungsplan ist anhand der nach Absatz 4 ermittelten Bewertungspunkte einer der Honorarzonen zuzuordnen:

1. Honorarzone I: bis zu 16 Punkte,
2. Honorarzone II: 17 bis 30 Punkte,
3. Honorarzone III: 31 bis 42 Punkte.

(6) Wird die Größe des Planungsgebiets während der Leistungserbringung geändert, so ist das Honorar für die Leistungsphasen, die bis zur Änderung noch nicht erbracht sind, nach der geänderten Größe des Planungsgebiets zu berechnen.

§ 30 Honorare für Grundleistungen bei Landschaftsrahmenplänen

(1) Für die in § 25 und Anlage 6 genannten Grundleistungen bei Landschaftsrahmenplänen sind die in der nachstehenden Honorartafel aufgeführten Honorarspannen Orientierungswerte:[22]

Honorartafel zu § 30 Abs. 1 – Landschaftsrahmenplan als Orientierungswerte

Fläche in Hektar	Honorarzone I geringe Anforderungen von (Euro)	bis (Euro)	Honorarzone II durchschnittliche Anforderungen von (Euro)	bis (Euro)	Honorarzone III hohe Anforderungen von (Euro)	bis (Euro)
5.000	61.880	71.935	71.935	82.764	82.764	92.820
6.000	67.933	78.973	78.973	90.861	90.861	101.900
7.000	73.473	85.413	85.413	98.270	98.270	110.210
8.000	78.600	91.373	91.373	105.128	105.128	117.901
9.000	83.385	96.936	96.936	111.528	111.528	125.078
10.000	87.880	102.161	102.161	117.540	117.540	131.820
12.000	96.149	111.773	111.773	128.599	128.599	144.223
14.000	103.631	120.471	120.471	138.607	138.607	155.447
16.000	110.477	128.430	128.430	147.763	147.763	165.716
18.000	116.791	135.769	135.769	156.208	156.208	175.186
20.000	122.649	142.580	142.580	164.043	164.043	183.974
25.000	138.047	160.480	160.480	184.638	184.638	207.070
30.000	152.052	176.761	176.761	203.370	203.370	228.078
40.000	177.097	205.875	205.875	236.867	236.867	265.645
50.000	199.330	231.721	231.721	266.604	266.604	298.995
60.000	219.553	255.230	255.230	293.652	293.652	329.329
70.000	238.243	276.958	276.958	318.650	318.650	357.365
80.000	253.946	295.212	295.212	339.652	339.652	380.918
90.000	268.420	312.038	312.038	359.011	359.011	402.630
100.000	281.843	327.643	327.643	376.965	376.965	422.765

(2) Das Honorar für Grundleistungen bei Landschaftsrahmenplänen ist nach der Fläche des Planungsgebiets in Hektar und nach der Honorarzone zu berechnen.

(3) Welchen Honorarzonen die Grundleistungen zugeordnet werden, richtet sich nach folgenden Bewertungsmerkmalen:

1. topografische Verhältnisse,
2. Raumnutzung und Bevölkerungsdichte,
3. Landschaftsbild,
4. Anforderungen an Umweltsicherung, Klima- und Naturschutz,
5. ökologische Verhältnisse,
6. Freiraumsicherung und Erholung.

(4) Sind für einen Landschaftsrahmenplan Bewertungsmerkmale aus mehreren Honorarzonen anwendbar und bestehen deswegen Zweifel, welcher Honorarzone der Landschaftsrahmenplan zugeordnet werden kann, so ist zunächst die Anzahl der Bewertungspunkte zu ermitteln. Zur Ermittlung der Bewertungspunkte werden die Bewertungsmerkmale wie folgt gewichtet:

---

22 Es gelten die Hinweise in der Fußnote 20 entsprechend.

1. die Bewertungsmerkmale gemäß Absatz 3 Nummer 1, 2, 3 und 6 mit je bis zu 6 Punkten und
2. die Bewertungsmerkmale gemäß Absatz 3 Nummer 4 und 5 mit je bis zu 9 Punkten.

(5) Der Landschaftsrahmenplan ist anhand der nach Absatz 4 ermittelten Bewertungspunkte einer der Honorarzonen zuzuordnen:

1. Honorarzone I: bis zu 16 Punkte,
2. Honorarzone II: 17 bis 30 Punkte,
3. Honorarzone III: 31 bis 42 Punkte.

(6) Wird die Größe des Planungsgebiets während der Leistungserbringung geändert, so ist das Honorar für die Leistungsphasen, die bis zur Änderung noch nicht erbracht sind, nach der geänderten Größe des Planungsgebiets zu berechnen.

§ 31 Honorare für Grundleistungen bei Landschaftspflegerischen Begleitplänen

(1) Für die in § 26 und Anlage 7 genannten Grundleistungen bei Landschaftspflegerischen Begleitplänen sind die in der nachstehenden Honorartafel aufgeführten Honorarspannen Orientierungswerte:[23]

Honorartafel zu § 31 Abs. 1 – Landschaftspflegerischer Begleitplan als Orientierungswerte

Fläche in Hektar	Honorarzone I geringe Anforderungen von	bis	Honorarzone II durchschnittliche Anforderungen von	bis	Honorarzone III hohe Anforderungen von	bis
	Euro		Euro		Euro	
6	5.324	6.189	6.189	7.121	7.121	7.986
8	6.130	7.126	7.126	8.199	8.199	9.195
12	7.600	8.836	8.836	10.166	10.166	11.401
16	8.947	10.401	10.401	11.966	11.966	13.420
20	10.207	11.866	11.866	13.652	13.652	15.311
40	15.755	18.315	18.315	21.072	21.072	23.632
100	29.126	33.859	33.859	38.956	38.956	43.689
200	47.180	54.846	54.846	63.103	63.103	70.769
300	62.748	72.944	72.944	83.925	83.925	94.121
400	76.829	89.314	89.314	102.759	102.759	115.244
500	89.855	104.456	104.456	120.181	120.181	134.782
600	102.062	118.647	118.647	136.508	136.508	153.093
700	113.602	132.062	132.062	151.942	151.942	170.402
800	124.575	144.819	144.819	166.620	166.620	186.863
1.200	167.729	194.985	194.985	224.338	224.338	251.594
1.600	207.279	240.961	240.961	277.235	277.235	310.918
2.000	244.349	284.056	284.056	326.817	326.817	366.524
2.400	279.559	324.987	324.987	373.910	373.910	419.338
3.200	343.814	399.683	399.683	459.851	459.851	515.720
4.000	400.847	465.985	465.985	536.133	536.133	601.270

(2) Das Honorar für Grundleistungen bei Landschaftspflegerischen Begleitplänen ist nach der Fläche des Planungsgebiets in Hektar und nach der Honorarzone zu berechnen.

---

23 Es gelten die Hinweise in der Fußnote 20 entsprechend.

(3) Welchen Honorarzonen die Grundleistungen zugeordnet werden, richtet sich nach folgenden Bewertungsmerkmalen:
1. ökologisch bedeutsame Strukturen und Schutzgebiete,
2. Landschaftsbild und Erholungsnutzung,
3. Nutzungsansprüche,
4. Anforderungen an die Gestaltung von Landschaft und Freiraum,
5. Empfindlichkeit gegenüber Umweltbelastungen und Beeinträchtigungen von Natur und Landschaft,
6. potenzielle Beeinträchtigungsintensität der Maßnahme.

(4) Sind für einen Landschaftspflegerischen Begleitplan Bewertungsmerkmale aus mehreren Honorarzonen anwendbar und bestehen deswegen Zweifel, welcher Honorarzone der Landschaftspflegerische Begleitplan zugeordnet werden kann, so ist zunächst die Anzahl der Bewertungspunkte zu ermitteln. Zur Ermittlung der Bewertungspunkte werden die Bewertungsmerkmale wie folgt gewichtet:
1. die Bewertungsmerkmale gemäß Absatz 3 Nummer 1, 2, 3 und 4 mit je bis zu 6 Punkten und
2. die Bewertungsmerkmale gemäß Absatz 3 Nummer 5 und 6 mit je bis zu 9 Punkten.

(5) Der Landschaftspflegerische Begleitplan ist anhand der nach Absatz 4 ermittelten Bewertungspunkte einer der Honorarzonen zuzuordnen:
1. Honorarzone I: bis zu 16 Punkte,
2. Honorarzone II: 17 bis 30 Punkte,
3. Honorarzone III: 31 bis 42 Punkte.

(6) Wird die Größe des Planungsgebiets während der Leistungserbringung geändert, so ist das Honorar für die Leistungsphasen, die bis zur Änderung noch nicht erbracht sind, nach der geänderten Größe des Planungsgebiets zu berechnen.

§ 32 Honorare für Grundleistungen bei Pflege- und Entwicklungsplänen

(1) Für die in § 27 und Anlage 8 genannten Grundleistungen bei Pflege- und Entwicklungsplänen sind die in der nachstehenden Honorartafel aufgeführten Honorarspannen Orientierungswerte:[24]

Honorartafel zu § 32 Abs. 1 – Pflege- und Entwicklungsplan als Orientierungswerte						
Fläche in Hektar	Honorarzone I geringe Anforderungen von (Euro)	bis (Euro)	Honorarzone II durchschnittliche Anforderungen von (Euro)	bis (Euro)	Honorarzone III hohe Anforderungen von (Euro)	bis (Euro)
5	3.852	7.704	7.704	11.556	11.556	15.408
10	4.802	9.603	9.603	14.405	14.405	19.207
15	5.481	10.963	10.963	16.444	16.444	21.925
20	6.029	12.058	12.058	18.087	18.087	24.116
30	6.906	13.813	13.813	20.719	20.719	27.626

[24] Es gelten die Hinweise in der Fußnote 20 entsprechend.

Honorartafel zu § 32 Abs. 1 – Pflege- und Entwicklungsplan als Orientierungswerte						
Fläche in Hektar	Honorarzone I geringe Anforderungen		Honorarzone II durchschnittliche Anforderungen		Honorarzone III hohe Anforderungen	
	von	bis	von	bis	von	bis
	Euro		Euro		Euro	
40	7.612	15.225	15.225	22.837	22.837	30.450
50	8.213	16.425	16.425	24.638	24.638	32.851
75	9.433	18.866	18.866	28.298	28.298	37.731
100	10.408	20.816	20.816	31.224	31.224	41.633
150	11.949	23.899	23.899	35.848	35.848	47.798
200	13.165	26.330	26.330	39.495	39.495	52.660
300	15.318	30.636	30.636	45.954	45.954	61.272
400	17.087	34.174	34.174	51.262	51.262	68.349
500	18.621	37.242	37.242	55.863	55.863	74.484
750	21.833	43.666	43.666	65.500	65.500	87.333
1.000	24.507	49.014	49.014	73.522	73.522	98.029
1.500	28.966	57.932	57.932	86.898	86.898	115.864
2.500	36.065	72.131	72.131	108.196	108.196	144.261
5.000	49.288	98.575	98.575	147.863	147.863	197.150
10.000	69.015	138.029	138.029	207.044	207.044	276.058

(2) Das Honorar für Grundleistungen bei Pflege- und Entwicklungsplänen ist nach der Fläche des Planungsgebiets in Hektar und nach der Honorarzone zu berechnen.

(3) Welchen Honorarzonen die Grundleistungen zugeordnet werden, richtet sich nach folgenden Bewertungsmerkmalen:
1. fachliche Vorgaben,
2. Differenziertheit des floristischen Inventars oder der Pflanzengesellschaften,
3. Differenziertheit des faunistischen Inventars,
4. Beeinträchtigungen oder Schädigungen von Naturhaushalt und Landschaftsbild,
5. Aufwand für die Festlegung von Zielaussagen sowie für Pflege- und Entwicklungsmaßnahmen.

(4) Sind für einen Pflege- und Entwicklungsplan Bewertungsmerkmale aus mehreren Honorarzonen anwendbar und bestehen deswegen Zweifel, welcher Honorarzone der Pflege- und Entwicklungsplan zugeordnet werden kann, so ist zunächst die Anzahl der Bewertungspunkte zu ermitteln. Zur Ermittlung der Bewertungspunkte werden die Bewertungsmerkmale wie folgt gewichtet:
1. das Bewertungsmerkmal gemäß Absatz 3 Nummer 1 mit bis zu 4 Punkten,
2. die Bewertungsmerkmale gemäß Absatz 3 Nummer 4 und 5 mit je bis zu 6 Punkten und
3. die Bewertungsmerkmale gemäß Absatz 3 Nummer 2 und 3 mit je bis zu 9 Punkten.

(5) Der Pflege- und Entwicklungsplan ist anhand der nach Absatz 4 ermittelten Bewertungspunkte einer der Honorarzonen zuzuordnen:
1. Honorarzone I: bis zu 13 Punkte,
2. Honorarzone II: 14 bis 24 Punkte,
3. Honorarzone III: 25 bis 34 Punkte.

(6) Wird die Größe des Planungsgebiets während der Leistungserbringung geändert, so ist das Honorar für die Leistungsphasen, die bis zur Änderung noch nicht erbracht sind, nach der geänderten Größe des Planungsgebiets zu berechnen.

Teil 3 Objektplanung

Abschnitt 1 Gebäude und Innenräume

§ 33 Besondere Grundlagen des Honorars

(1) Für Grundleistungen bei Gebäuden und Innenräumen sind die Kosten der Baukonstruktion anrechenbar.

(2) Für Grundleistungen bei Gebäuden und Innenräumen sind auch die Kosten für Technische Anlagen, die der Auftragnehmer nicht fachlich plant oder deren Ausführung er nicht fachlich überwacht,

1. vollständig anrechenbar bis zu einem Betrag von 25 Prozent der sonstigen anrechenbaren Kosten und
2. zur Hälfte anrechenbar mit dem Betrag, der 25 Prozent der sonstigen anrechenbaren Kosten übersteigt.

(3) Nicht anrechenbar sind insbesondere die Kosten für das Herrichten, für die nichtöffentliche Erschließung sowie für Leistungen zur Ausstattung und zu Kunstwerken, soweit der Auftragnehmer die Leistungen weder plant noch bei der Beschaffung mitwirkt oder ihre Ausführung oder ihren Einbau fachlich überwacht.

§ 34 Leistungsbild Gebäude und Innenräume

(1) Das Leistungsbild Gebäude und Innenräume umfasst Leistungen für Neubauten, Neuanlagen, Wiederaufbauten, Erweiterungsbauten, Umbauten, Modernisierungen, Instandsetzungen und Instandhaltungen.

(2) Leistungen für Innenräume sind die Gestaltung oder Erstellung von Innenräumen ohne wesentliche Eingriffe in Bestand oder Konstruktion.

(3) Die Grundleistungen sind in neun Leistungsphasen unterteilt und werden wie folgt in Prozentsätzen der Honorare des § 35 bewertet:[25]

für die Leistungsphase		Bewertung der Grundleistungen in Prozentsätzen der Honorare	
		Gebäude	Innenräume
1	Grundlagenermittlung	2	2
2	Vorplanung	7	7
3	Entwurfsplanung	15	15
4	Genehmigungsplanung	3	2
5	Ausführungsplanung	25	30
6	Vorbereitung der Vergabe	10	7
7	Mitwirkung bei der Vergabe	4	3
8	Objektüberwachung – Bauüberwachung und Dokumentation	32	32
9	Objektbetreuung	2	2

25 Die nachfolgende tabellarische Darstellung der Leistungsbewertung entspricht in formaler Hinsicht (Anpassungen aufgrund des gewählten Layouts) nicht dem Verordnungstext. Sie wurde von den Autoren aus Gründen der Übersichtlichkeit und besseren Lesbarkeit gewählt.

(4) Anlage 10 Nummer 10.1 regelt die Grundleistungen jeder Leistungsphase und enthält Beispiele für Besondere Leistungen.

§ 35 Honorare für Grundleistungen bei Gebäuden und Innenräumen

(1) Für die in § 34 und der Anlage 10 Nummer 10.1 genannten Grundleistungen für Gebäude und Innenräume sind die in der nachstehenden Honorartafel aufgeführten Honorarspannen Orientierungswerte:[26]

Honorartafel zu § 35 Abs. 1 – Gebäude und Innenräume als Orientierungswerte

Anrechenbare Kosten in Euro	Honorarzone I sehr geringe Anforderungen von Euro	Honorarzone I bis / Honorarzone II geringe Anforderungen von Euro	Honorarzone II bis / Honorarzone III durchschnittliche Anforderungen von Euro	Honorarzone III bis / Honorarzone IV hohe Anforderungen von Euro	Honorarzone IV bis / Honorarzone V sehr hohe Anforderungen von Euro	Honorarzone V bis Euro
25.000	3.120	3.657	4.339	5.412	6.094	6.631
35.000	4.217	4.942	5.865	7.315	8.237	8.962
50.000	5.804	6.801	8.071	10.066	11.336	12.333
75.000	8.342	9.776	11.601	14.469	16.293	17.727
100.000	10.790	12.644	15.005	18.713	21.074	22.928
150.000	15.500	18.164	21.555	26.883	30.274	32.938
200.000	20.037	23.480	27.863	34.751	39.134	42.578
300.000	28.750	33.692	39.981	49.864	56.153	61.095
500.000	45.232	53.006	62.900	78.449	88.343	96.118
750.000	64.666	75.781	89.927	112.156	126.301	137.416
1.000.000	83.182	97.479	115.675	144.268	162.464	176.761
1.500.000	119.307	139.813	165.911	206.923	233.022	253.527
2.000.000	153.965	180.428	214.108	267.034	300.714	327.177
3.000.000	220.161	258.002	306.162	381.843	430.003	467.843
5.000.000	343.879	402.984	478.207	596.416	671.640	730.744
7.500.000	493.923	578.816	686.862	856.648	964.694	1.049.587
10.000.000	638.277	747.981	887.604	1.107.012	1.246.635	1.356.339
15.000.000	915.129	1.072.416	1.272.601	1.587.176	1.787.360	1.944.648
20.000.000	1.180.414	1.383.298	1.641.513	2.047.281	2.305.496	2.508.380
25.000.000	1.436.874	1.683.837	1.998.153	2.492.079	2.806.395	3.053.358

(2) Welchen Honorarzonen die Grundleistungen für Gebäude zugeordnet werden, richtet sich nach folgenden Bewertungsmerkmalen:

1. Anforderungen an die Einbindung in die Umgebung,
2. Anzahl der Funktionsbereiche,
3. gestalterische Anforderungen,
4. konstruktive Anforderungen,
5. technische Ausrüstung,
6. Ausbau.

---

[26] Die nachfolgende tabellarische Darstellung der Honorartafel entspricht in formaler Hinsicht (Anpassungen aufgrund des gewählten Layouts) nicht dem Verordnungstext (hier hinsichtlich der Überschriftenzeile in der Tabelle und der Überschneidung der Tafelwerte in den einzelnen Honorarzonen). Sie wurde von den Autoren aus Gründen der Übersichtlichkeit und besseren Lesbarkeit gewählt.

(3) Welchen Honorarzonen die Grundleistungen für Innenräume zugeordnet werden, richtet sich nach folgenden Bewertungsmerkmalen:
   1. Anzahl der Funktionsbereiche,
   2. Anforderungen an die Lichtgestaltung,
   3. Anforderungen an die Raumzuordnung und Raumproportion,
   4. technische Ausrüstung,
   5. Farb- und Materialgestaltung,
   6. konstruktive Detailgestaltung.

(4) Sind für ein Gebäude Bewertungsmerkmale aus mehreren Honorarzonen anwendbar und bestehen deswegen Zweifel, welcher Honorarzone das Gebäude oder der Innenraum zugeordnet werden kann, so ist zunächst die Anzahl der Bewertungspunkte zu ermitteln. Zur Ermittlung der Bewertungspunkte werden die Bewertungsmerkmale wie folgt gewichtet:
   1. die Bewertungsmerkmale gemäß Absatz 2 Nummer 1, 4 bis 6 mit je bis zu 6 Punkten und
   2. die Bewertungsmerkmale gemäß Absatz 2 Nummer 2 und 3 mit je bis zu 9 Punkten.

(5) Sind für Innenräume Bewertungsmerkmale aus mehreren Honorarzonen anwendbar und bestehen deswegen Zweifel, welcher Honorarzone das Gebäude oder der Innenraum zugeordnet werden kann, so ist zunächst die Anzahl der Bewertungspunkte zu ermitteln. Zur Ermittlung der Bewertungspunkte werden die Bewertungsmerkmale wie folgt gewichtet:
   1. die Bewertungsmerkmale gemäß Absatz 3 Nummer 1 bis 4 mit je bis zu 6 Punkten und
   2. die Bewertungsmerkmale gemäß Absatz 3 Nummer 5 und 6 mit je bis zu 9 Punkten.

(6) Das Gebäude oder der Innenraum ist anhand der nach Absatz 5[27] ermittelten Bewertungspunkte einer der Honorarzonen zuzuordnen:
   1. Honorarzone I: bis zu 10 Punkte,
   2. Honorarzone II: 11 bis 18 Punkte,
   3. Honorarzone III: 19 bis 26 Punkte,
   4. Honorarzone IV: 27 bis 34 Punkte,
   5. Honorarzone V: 35 bis 42 Punkte.

(7) Für die Zuordnung zu den Honorarzonen ist die Objektliste der Anlage 10 Nummer 10.2 und Nummer 10.3 zu berücksichtigen.

§ 36 Umbauten und Modernisierungen von Gebäuden und Innenräumen

(1) Für Umbauten und Modernisierungen von Gebäuden kann bei einem durchschnittlichen Schwierigkeitsgrad ein Zuschlag gemäß § 6 Absatz 2 Satz 3 bis 33 Prozent auf das ermittelte Honorar in Textform vereinbart werden.

(2) Für Umbauten und Modernisierungen von Innenräumen in Gebäuden kann bei einem durchschnittlichen Schwierigkeitsgrad ein Zuschlag gemäß § 6 Absatz 2 Satz 3 bis 50 Prozent auf das ermittelte Honorar in Textform vereinbart werden.

---

[27] Hierbei handelt es sich nach Auffassung der Autoren um einen redaktionellen Fehler des Verordnungsgebers. Logisch wäre ein Bezug auf die Absätze 4 und 5.

§ 37 Aufträge für Gebäude und Freianlagen oder für Gebäude und Innenräume

(1) § 11 Absatz 1 ist nicht anzuwenden, wenn die getrennte Berechnung der Honorare für Freianlagen weniger als 7.500 Euro anrechenbare Kosten ergeben würde.

(2) Werden Grundleistungen für Innenräume in Gebäuden, die neu gebaut, wiederaufgebaut, erweitert oder umgebaut werden, einem Auftragnehmer übertragen, dem auch Grundleistungen für dieses Gebäude nach § 34 übertragen werden, so sind die Grundleistungen für Innenräume bei der Vereinbarung des Honorars für die Grundleistungen am Gebäude zu berücksichtigen. Ein gesondertes Honorar nach § 11 Absatz 1 darf für die Grundleistungen für Innenräume nicht berechnet werden.

Abschnitt 2 Freianlagen

§ 38 Besondere Grundlagen des Honorars

(1) Für Grundleistungen bei Freianlagen sind die Kosten für Außenanlagen anrechenbar, insbesondere für folgende Bauwerke und Anlagen, soweit diese durch den Auftragnehmer geplant oder überwacht werden:
1. Einzelgewässer mit überwiegend ökologischen und landschaftsgestalterischen Elementen,
2. Teiche ohne Dämme,
3. flächenhafter Erdbau zur Geländegestaltung,
4. einfache Durchlässe und Uferbefestigungen als Mittel zur Geländegestaltung, soweit keine Grundleistungen nach Teil 4 Abschnitt 1 erforderlich sind,
5. Lärmschutzwälle als Mittel zur Geländegestaltung,
6. Stützbauwerke und Geländeabstützungen ohne Verkehrsbelastung als Mittel zur Geländegestaltung, soweit keine Tragwerke mit durchschnittlichem Schwierigkeitsgrad erforderlich sind,
7. Stege und Brücken, soweit keine Grundleistungen nach Teil 4 Abschnitt 1 erforderlich sind,
8. Wege ohne Eignung für den regelmäßigen Fahrverkehr mit einfachen Entwässerungsverhältnissen sowie andere Wege und befestigte Flächen, die als Gestaltungselement der Freianlagen geplant werden und für die keine Grundleistungen nach Teil 3 Abschnitt 3 und 4 erforderlich sind.

(2) Nicht anrechenbar sind für Grundleistungen bei Freianlagen die Kosten für
1. das Gebäude sowie die in § 33 Absatz 3 genannten Kosten und
2. den Unter- und Oberbau von Fußgängerbereichen ausgenommen die Kosten für die Oberflächenbefestigung.

§ 39 Leistungsbild Freianlagen

(1) Freianlagen sind planerisch gestaltete Freiflächen und Freiräume sowie entsprechend gestaltete Anlagen in Verbindung mit Bauwerken oder in Bauwerken und landschaftspflegerische Freianlagenplanungen in Verbindung mit Objekten.

(2) § 34 Absatz 1 gilt entsprechend.

(3) Die Grundleistungen bei Freianlagen sind in neun Leistungsphasen unterteilt und werden wie folgt in Prozentsätzen der Honorare des § 40 bewertet: [28]

---

[28] Die nachfolgende tabellarische Darstellung der Leistungsbewertung entspricht in formaler Hinsicht (Anpassungen aufgrund des gewählten Layouts) nicht dem Verordnungstext. Sie wurde von den Autoren aus Gründen der Übersichtlichkeit und besseren Lesbarkeit gewählt.

für die Leistungsphase		Bewertung der Grundleistungen in Prozentsätzen der Honorare
1	Grundlagenermittlung	3
2	Vorplanung	10
3	Entwurfsplanung	16
4	Genehmigungsplanung	4
5	Ausführungsplanung	25
6	Vorbereitung der Vergabe	7
7	Mitwirkung bei der Vergabe	3
8	Objektüberwachung – Bauüberwachung und Dokumentation	30
9	Objektbetreuung	2

(4) Anlage 11 Nummer 11.1 regelt die Grundleistungen jeder Leistungsphase und enthält Beispiele für Besondere Leistungen.

§ 40 Honorare für Grundleistungen bei Freianlagen

(1) Für die in § 39 und der Anlage 11 Nummer 11.1 genannten Grundleistungen für Freianlagen sind die in der nachstehenden Honorartafel aufgeführten Honorarspannen Orientierungswerte:[29]

Honorartafel zu § 40 Abs. 1 – Freianlagen als Orientierungswerte

Anrechenbare Kosten in Euro	Honorarzone I sehr geringe Anforderungen von	Honorarzone I bis	Honorarzone III durchschnittliche Anforderungen von	Honorarzone III bis	Honorarzone V sehr hohe Anforderungen von	Honorarzone V bis
		Honorarzone II geringe Anforderungen von	Honorarzone II bis	Honorarzone IV hohe Anforderungen von	Honorarzone IV bis	
	Euro	Euro	Euro	Euro	Euro	Euro
20.000	3.643	4.348	5.229	6.521	7.403	8.108
25.000	4.406	5.259	6.325	7.888	8.954	9.807
30.000	5.147	6.143	7.388	9.215	10.460	11.456
35.000	5.870	7.006	8.426	10.508	11.928	13.064
40.000	6.577	7.850	9.441	11.774	13.365	14.638
50.000	7.953	9.492	11.416	14.238	16.162	17.701
60.000	9.287	11.085	13.332	16.627	18.874	20.672
75.000	11.227	13.400	16.116	20.100	22.816	24.989
100.000	14.332	17.106	20.574	25.659	29.127	31.901
125.000	17.315	20.666	24.855	30.999	35.188	38.539

29 Die nachfolgende tabellarische Darstellung der Honorartafel entspricht in formaler Hinsicht (Anpassungen aufgrund des gewählten Layouts) nicht dem Verordnungstext (hier hinsichtlich der Überschriftenzeile in der Tabelle und der Überschneidung der Tafelwerte in den einzelnen Honorarzonen). Sie wurde von den Autoren aus Gründen der Übersichtlichkeit und besseren Lesbarkeit gewählt.

Honorartafel zu § 40 Abs. 1 – Freianlagen als Orientierungswerte						
Anrechenbare Kosten in Euro	Honorarzone I sehr geringe Anforderungen von Euro	Honorarzone I bis / Honorarzone II geringe Anforderungen von Euro	Honorarzone II bis / Honorarzone III durchschnittliche Anforderungen von Euro	Honorarzone III bis / Honorarzone IV hohe Anforderungen von Euro	Honorarzone IV bis / Honorarzone V sehr hohe Anforderungen von Euro	Honorarzone V bis Euro
150.000	20.201	24.111	28.998	36.166	41.053	44.963
200.000	25.746	30.729	36.958	46.094	52.323	57.306
250.000	31.053	37.063	44.576	55.594	63.107	69.117
350.000	41.147	49.111	59.066	73.667	83.622	91.586
500.000	55.300	66.004	79.383	99.006	112.385	123.088
650.000	69.114	82.491	99.212	123.736	140.457	153.834
800.000	82.430	98.384	118.326	147.576	167.518	183.472
1.000.000	99.578	118.851	142.942	178.276	202.368	221.641
1.250.000	120.238	143.510	172.600	215.265	244.355	267.627
1.500.000	140.204	167.340	201.261	251.011	284.931	312.067

(2) Welchen Honorarzonen die Grundleistungen zugeordnet werden, richtet sich nach folgenden Bewertungsmerkmalen:
1. Anforderungen an die Einbindung in die Umgebung,
2. Anforderungen an Schutz, Pflege und Entwicklung von Natur und Landschaft,
3. Anzahl der Funktionsbereiche,
4. gestalterische Anforderungen,
5. Ver- und Entsorgungseinrichtungen.

(3) Sind für eine Freianlage Bewertungsmerkmale aus mehreren Honorarzonen anwendbar und bestehen deswegen Zweifel, welcher Honorarzone die Freianlage zugeordnet werden kann, so ist zunächst die Anzahl der Bewertungspunkte zu ermitteln. Zur Ermittlung der Bewertungspunkte werden die Bewertungsmerkmale wie folgt gewichtet:
1. die Bewertungsmerkmale gemäß Absatz 2 Nummer 1, 2 und 4 mit je bis zu 8 Punkten,
2. die Bewertungsmerkmale gemäß Absatz 2 Nummer 3 und 5 mit je bis zu 6 Punkten.

(4) Die Freianlage ist anhand der nach Absatz 3 ermittelten Bewertungspunkte einer der Honorarzonen zuzuordnen:
1. Honorarzone I: bis zu 8 Punkte,
2. Honorarzone II: 9 bis 15 Punkte,
3. Honorarzone III: 16 bis 22 Punkte,
4. Honorarzone IV: 23 bis 29 Punkte,
5. Honorarzone V: 30 bis 36 Punkte.

(5) Für die Zuordnung zu den Honorarzonen ist die Objektliste der Anlage 11 Nummer 11.2 zu berücksichtigen.

(6) § 36 Absatz 1 ist für Freianlagen entsprechend anzuwenden.

Abschnitt 3 Ingenieurbauwerke

§ 41 Anwendungsbereich

Ingenieurbauwerke umfassen:

1. Bauwerke und Anlagen der Wasserversorgung,
2. Bauwerke und Anlagen der Abwasserentsorgung,
3. Bauwerke und Anlagen des Wasserbaus, ausgenommen Freianlagen nach § 39 Absatz 1,
4. Bauwerke und Anlagen für Ver- und Entsorgung mit Gasen, Feststoffen und wassergefährdenden Flüssigkeiten, ausgenommen Anlagen der Technischen Ausrüstung nach § 53 Absatz 2,
5. Bauwerke und Anlagen der Abfallentsorgung,
6. konstruktive Ingenieurbauwerke für Verkehrsanlagen,
7. sonstige Einzelbauwerke, ausgenommen Gebäude und Freileitungsmaste.

§ 42 Besondere Grundlagen des Honorars

(1) Für Grundleistungen bei Ingenieurbauwerken sind die Kosten der Baukonstruktion anrechenbar. Die Kosten für die Anlagen der Maschinentechnik, die der Zweckbestimmung des Ingenieurbauwerks dienen, sind anrechenbar, soweit der Auftragnehmer diese plant oder deren Ausführung überwacht.

(2) Für Grundleistungen bei Ingenieurbauwerken sind auch die Kosten für Technische Anlagen, die der Auftragnehmer nicht fachlich plant oder deren Ausführung der Auftragnehmer nicht fachlich überwacht,

1. vollständig anrechenbar bis zum Betrag von 25 Prozent der sonstigen anrechenbaren Kosten und
2. zur Hälfte anrechenbar mit dem Betrag, der 25 Prozent der sonstigen anrechenbaren Kosten übersteigt.

(3) Nicht anrechenbar sind, soweit der Auftragnehmer die Anlagen weder plant noch ihre Ausführung überwacht, die Kosten für

1. das Herrichten des Grundstücks,
2. die öffentliche und die nichtöffentliche Erschließung, die Außenanlagen, das Umlegen und Verlegen von Leitungen,
3. verkehrsregelnde Maßnahmen während der Bauzeit,
4. die Ausstattung und Nebenanlagen von Ingenieurbauwerken.

§ 43 Leistungsbild Ingenieurbauwerke

(1) § 34 Absatz 1 gilt entsprechend. Die Grundleistungen für Ingenieurbauwerke sind in neun Leistungsphasen unterteilt und werden wie folgt in Prozentsätzen der Honorare des § 44 bewertet:[30]

für die Leistungsphase		Bewertung der Grundleistungen in Prozentsätzen der Honorare
1	Grundlagenermittlung	2
2	Vorplanung	20
3	Entwurfsplanung	25
4	Genehmigungsplanung	5
5	Ausführungsplanung	15
6	Vorbereitung der Vergabe	13
7	Mitwirkung bei der Vergabe	4
8	Bauoberleitung	15
9	Objektbetreuung	1

(2) Abweichend von Absatz 1 Nummer 2 wird die Leistungsphase 2 bei Objekten nach § 41 Nummer 6 und 7, die eine Tragwerksplanung erfordern, mit 10 Prozent bewertet.

(3) Die Vertragsparteien können abweichend von Absatz 1 in Textform vereinbaren, dass

1. die Leistungsphase 4 mit 5 bis 8 Prozent bewertet wird, wenn dafür ein eigenständiges Planfeststellungsverfahren erforderlich ist,
2. die Leistungsphase 5 mit 15 bis 35 Prozent bewertet wird, wenn ein überdurchschnittlicher Aufwand an Ausführungszeichnungen erforderlich wird.

(4) Anlage 12 Nummer 12.1 regelt die Grundleistungen jeder Leistungsphase und enthält Beispiele für Besondere Leistungen.

§ 44 Honorare für Grundleistungen bei Ingenieurbauwerken

(1) Für die in § 43 und der Anlage 12 Nummer 12.1 genannten Grundleistungen bei Ingenieurbauwerken sind die in der nachstehenden Honorartafel aufgeführten Honorarspannen Orientierungswerte:[31]

---

[30] Die nachfolgende tabellarische Darstellung der Leistungsbewertung bei Ingenieurbauwerken entspricht in formaler Hinsicht (Anpassungen aufgrund des gewählten Layouts) nicht dem Verordnungstext. Sie wurde von den Autoren aus Gründen der Übersichtlichkeit und besseren Lesbarkeit gewählt.

[31] Die nachfolgende tabellarische Darstellung der Honorartafel entspricht in formaler Hinsicht (Anpassungen aufgrund des gewählten Layouts) nicht dem Verordnungstext (hier hinsichtlich der Überschriftenzeile in der Tabelle und der Überschneidung der Tafelwerte in den einzelnen Honorarzonen). Sie wurde von den Autoren aus Gründen der Übersichtlichkeit und besseren Lesbarkeit gewählt.

Honorartafel zu § 44 Abs. 1 – Ingenieurbauwerke als Orientierungswerte						
Anrechenbare Kosten in Euro	Honorarzone I sehr geringe Anforderungen von	Honorarzone II geringe Anforderungen von	Honorarzone I bis / Honorarzone III durchschnittliche Anforderungen von	Honorarzone II bis / Honorarzone IV hohe Anforderungen von	Honorarzone III bis / Honorarzone V sehr hohe Anforderungen von	Honorarzone IV bis / Honorarzone V bis
	Euro	Euro	Euro	Euro	Euro	Euro
25.000	3.449	4.109	4.768	5.428	6.036	6.696
35.000	4.475	5.331	6.186	7.042	7.831	8.687
50.000	5.897	7.024	8.152	9.279	10.320	11.447
75.000	8.069	9.611	11.154	12.697	14.121	15.663
100.000	10.079	12.005	13.932	15.859	17.637	19.564
150.000	13.786	16.422	19.058	21.693	24.126	26.762
200.000	17.215	20.506	23.797	27.088	30.126	33.417
300.000	23.534	28.033	32.532	37.031	41.185	45.684
500.000	34.865	41.530	48.195	54.861	61.013	67.679
750.000	47.576	56.672	65.767	74.863	83.258	92.354
1.000.000	59.264	70.594	81.924	93.254	103.712	115.042
1.500.000	80.998	96.482	111.967	127.452	141.746	157.230
2.000.000	101.054	120.373	139.692	159.011	176.844	196.163
3.000.000	137.907	164.272	190.636	217.001	241.338	267.702
5.000.000	203.584	242.504	281.425	320.345	356.272	395.192
7.500.000	278.415	331.642	384.868	438.095	487.227	540.453
10.000.000	347.568	414.014	480.461	546.908	608.244	674.690
15.000.000	474.901	565.691	656.480	747.270	831.076	921.866
20.000.000	592.324	705.563	818.801	932.040	1.036.568	1.149.806
25.000.000	702.770	837.123	971.476	1.105.829	1.229.848	1.364.201

(2) Welchen Honorarzonen die Grundleistungen zugeordnet werden, richtet sich nach folgenden Bewertungsmerkmalen:
1. geologische und baugrundtechnische Gegebenheiten,
2. technische Ausrüstung und Ausstattung,
3. Einbindung in die Umgebung oder in das Objektumfeld,
4. Umfang der Funktionsbereiche oder der konstruktiven oder technischen Anforderungen,
5. fachspezifische Bedingungen.

(3) Sind für Ingenieurbauwerke Bewertungsmerkmale aus mehreren Honorarzonen anwendbar und bestehen deswegen Zweifel, welcher Honorarzone das Objekt zugeordnet werden kann, so ist zunächst die Anzahl der Bewertungspunkte zu ermitteln. Zur Ermittlung der Bewertungspunkte werden die Bewertungsmerkmale wie folgt gewichtet:
1. die Bewertungsmerkmale gemäß Absatz 2 Nummer 1, 2 und 3 mit bis zu 5 Punkten,
2. das Bewertungsmerkmal gemäß Absatz 2 Nummer 4 mit bis zu 10 Punkten,
3. das Bewertungsmerkmal gemäß Absatz 2 Nummer 5 mit bis zu 15 Punkten.

(4) Das Ingenieurbauwerk ist anhand der nach Absatz 3 ermittelten Bewertungspunkte einer der Honorarzonen zuzuordnen:

1. Honorarzone I: bis zu 10 Punkte,
2. Honorarzone II: 11 bis 17 Punkte,
3. Honorarzone III: 18 bis 25 Punkte,
4. Honorarzone IV: 26 bis 33 Punkte,
5. Honorarzone V: 34 bis 40 Punkte.

(5) Für die Zuordnung zu den Honorarzonen ist die Objektliste der Anlage 12 Nummer 12.2 zu berücksichtigen.

(6) Für Umbauten und Modernisierungen von Ingenieurbauwerken kann bei einem durchschnittlichen Schwierigkeitsgrad ein Zuschlag gemäß § 6 Absatz 2 Satz 3 bis 33 Prozent in Textform vereinbart werden.

Abschnitt 4 Verkehrsanlagen

§ 45 Anwendungsbereich

Verkehrsanlagen sind

1. Anlagen des Straßenverkehrs, ausgenommen selbstständige Rad-, Geh- und Wirtschaftswege und Freianlagen nach § 39 Absatz 1,
2. Anlagen des Schienenverkehrs,
3. Anlagen des Flugverkehrs.

§ 46 Besondere Grundlagen des Honorars

(1) Für Grundleistungen bei Verkehrsanlagen sind die Kosten der Baukonstruktion anrechenbar. Soweit der Auftragnehmer die Ausstattung von Anlagen des Straßen-, Schienen- und Flugverkehrs einschließlich der darin enthaltenen Entwässerungsanlagen, die der Zweckbestimmung der Verkehrsanlagen dienen, plant oder deren Ausführung überwacht, sind die dadurch entstehenden Kosten anrechenbar.

(2) Für Grundleistungen bei Verkehrsanlagen sind auch die Kosten für Technische Anlagen, die der Auftragnehmer nicht fachlich plant oder deren Ausführung der Auftragnehmer nicht fachlich überwacht,

1. vollständig anrechenbar bis zu einem Betrag von 25 Prozent der sonstigen anrechenbaren Kosten und
2. zur Hälfte anrechenbar mit dem Betrag, der 25 Prozent der sonstigen anrechenbaren Kosten übersteigt.

(3) Nicht anrechenbar sind, soweit der Auftragnehmer die Anlagen weder plant noch ihre Ausführung überwacht, die Kosten für

1. das Herrichten des Grundstücks,
2. die öffentliche und die nichtöffentliche Erschließung, die Außenanlagen, das Umlegen und Verlegen von Leitungen,
3. die Nebenanlagen von Anlagen des Straßen-, Schienen- und Flugverkehrs,
4. verkehrsregelnde Maßnahmen während der Bauzeit.

(4) Für Grundleistungen der Leistungsphasen 1 bis 7 und 9 bei Verkehrsanlagen sind

1. die Kosten für Erdarbeiten einschließlich Felsarbeiten anrechenbar bis zu einem Betrag von 40 Prozent der sonstigen anrechenbaren Kosten nach Absatz 1 und
2. 10 Prozent der Kosten für Ingenieurbauwerke anrechenbar, wenn dem Auftragnehmer für diese Ingenieurbauwerke nicht gleichzeitig Grundleistungen nach § 43 übertragen werden.

(5) Die nach den Absätzen 1 bis 4 ermittelten Kosten sind für Grundleistungen des § 47 Absatz 1 Satz 2 Nummer 1 bis 7 und 9

1. bei Straßen, die mehrere durchgehende Fahrspuren mit einer gemeinsamen Entwurfsachse und einer gemeinsamen Entwurfsgradiente haben, wie folgt anteilig anrechenbar:
   a) bei dreistreifigen Straßen zu 85 Prozent,
   b) bei vierstreifigen Straßen zu 70 Prozent und
   c) bei mehr als vierstreifigen Straßen zu 60 Prozent,
2. bei Gleis- und Bahnsteiganlagen, die zwei Gleise mit einem gemeinsamen Planum haben, zu 90 Prozent anrechenbar. Das Honorar für Gleis- und Bahnsteiganlagen mit mehr als zwei Gleisen oder Bahnsteigen kann abweichend von den Grundsätzen des Satzes 1, der Absätze 1 bis 4 und der §§ 47 und 48 vereinbart werden.

§ 47 Leistungsbild Verkehrsanlagen

(1) § 34 Absatz 1 gilt entsprechend. Die Grundleistungen für Verkehrsanlagen sind in neun Leistungsphasen unterteilt und werden wie folgt in Prozentsätzen der Honorare des § 48 bewertet:[32]

für die Leistungsphase		Bewertung der Grundleistungen in Prozentsätzen der Honorare
1	Grundlagenermittlung	2
2	Vorplanung	20
3	Entwurfsplanung	25
4	Genehmigungsplanung	8
5	Ausführungsplanung	15
6	Vorbereitung der Vergabe	10
7	Mitwirkung bei der Vergabe	4
8	Bauoberleitung	15
9	Objektbetreuung	1

(2) Anlage 13 Nummer 13.1 regelt die Grundleistungen jeder Leistungsphase und enthält Beispiele für Besondere Leistungen.

§ 48 Honorare für Grundleistungen bei Verkehrsanlagen

(1) Für die in § 47 und der Anlage 13 Nummer 13.1 genannten Grundleistungen bei Verkehrsanlagen sind die in der nachstehenden Honorartafel aufgeführten Honorarspannen Orientierungswerte:[33]

---

32 Die nachfolgende tabellarische Darstellung der Leistungsbewertung entspricht in formaler Hinsicht (Anpassungen aufgrund des gewählten Layouts) nicht dem Verordnungstext. Sie wurde von den Autoren aus Gründen der Übersichtlichkeit und besseren Lesbarkeit gewählt.

33 Die nachfolgende tabellarische Darstellung der Honorartafel entspricht in formaler Hinsicht (Anpassungen aufgrund des gewählten Layouts) nicht dem Verordnungstext (hier hinsichtlich der Überschriftenzeile in der Tabelle und der Überschneidung der Tafelwerte in den einzelnen Honorarzonen). Sie wurde von den Autoren aus Gründen der Übersichtlichkeit und besseren Lesbarkeit gewählt.

Honorartafel zu § 48 Abs. 1 – Verkehrsanlagen als Orientierungswerte						
Anrechenbare Kosten in Euro	Honorarzone I sehr geringe Anforderungen von Euro	Honorarzone I bis / Honorarzone II geringe Anforderungen von Euro	Honorarzone II bis / Honorarzone III durchschnittliche Anforderungen von Euro	Honorarzone III bis / Honorarzone IV hohe Anforderungen von Euro	Honorarzone IV bis / Honorarzone V sehr hohe Anforderungen von Euro	Honorarzone V bis Euro
25.000	3.882	4.624	5.366	6.108	6.793	7.535
35.000	4.981	5.933	6.885	7.837	8.716	9.668
50.000	6.487	7.727	8.967	10.207	11.352	12.592
75.000	8.759	10.434	12.108	13.783	15.328	17.003
100.000	10.839	12.911	14.983	17.056	18.968	21.041
150.000	14.634	17.432	20.229	23.027	25.610	28.407
200.000	18.106	21.567	25.029	28.490	31.685	35.147
300.000	24.435	29.106	33.778	38.449	42.761	47.433
500.000	35.622	42.433	49.243	56.053	62.339	69.149
750.000	48.001	57.178	66.355	75.532	84.002	93.179
1.000.000	59.267	70.597	81.928	93.258	103.717	115.047
1.500.000	80.009	95.305	110.600	125.896	140.015	155.311
2.000.000	98.962	117.881	136.800	155.719	173.183	192.102
3.000.000	133.441	158.951	184.462	209.973	233.521	259.032
5.000.000	194.094	231.200	268.306	305.412	339.664	376.770
7.500.000	262.407	312.573	362.739	412.905	459.212	509.378
10.000.000	324.978	387.107	449.235	511.363	568.712	630.840
15.000.000	439.179	523.140	607.101	691.062	768.564	852.525
20.000.000	543.619	647.546	751.473	855.401	951.333	1.055.260
25.000.000	641.265	763.860	886.454	1.009.049	1.122.213	1.244.808

(2) Welchen Honorarzonen die Grundleistungen zugeordnet werden, richtet sich nach folgenden Bewertungsmerkmalen:

1. geologische und baugrundtechnische Gegebenheiten,
2. technische Ausrüstung und Ausstattung,
3. Einbindung in die Umgebung oder das Objektumfeld,
4. Umfang der Funktionsbereiche oder der konstruktiven oder technischen Anforderungen,
5. fachspezifische Bedingungen.

(3) Sind für Verkehrsanlagen Bewertungsmerkmale aus mehreren Honorarzonen anwendbar und bestehen deswegen Zweifel, welcher Honorarzone das Objekt zugeordnet werden kann, so ist zunächst die Anzahl der Bewertungspunkte zu ermitteln. Zur Ermittlung der Bewertungspunkte werden die Bewertungsmerkmale wie folgt gewichtet:

1. die Bewertungsmerkmale gemäß Absatz 2 Nummer 1, 2 mit bis zu 5 Punkten,
2. das Bewertungsmerkmal gemäß Absatz 2 Nummer 3 mit bis zu 15 Punkten,
3. das Bewertungsmerkmal gemäß Absatz 2 Nummer 4 mit bis zu 10 Punkten,
4. das Bewertungsmerkmal gemäß Absatz 2 Nummer 5 mit bis zu 5 Punkten.

(4) Die Verkehrsanlage ist anhand der nach Absatz 3 ermittelten Bewertungspunkte einer der Honorarzonen zuzuordnen:
1. Honorarzone I: bis zu 10 Punkte,
2. Honorarzone II: 11 bis 17 Punkte,
3. Honorarzone III: 18 bis 25 Punkte,
4. Honorarzone IV: 26 bis 33 Punkte,
5. Honorarzone V: 34 bis 40 Punkte.

(5) Für die Zuordnung zu den Honorarzonen ist die Objektliste der Anlage 13 Nummer 13.2 zu berücksichtigen.

(6) Für Umbauten und Modernisierungen von Verkehrsanlagen kann bei einem durchschnittlichen Schwierigkeitsgrad ein Zuschlag gemäß § 6 Absatz 2 Satz 3 bis 33 Prozent in Textform vereinbart werden.

Teil 4 Fachplanung

Abschnitt 1 Tragwerksplanung

§ 49 Anwendungsbereich

(1) Leistungen der Tragwerksplanung sind die statische Fachplanung für die Objektplanung Gebäude und Ingenieurbauwerke.

(2) Das Tragwerk bezeichnet das statische Gesamtsystem der miteinander verbundenen, lastabtragenden Konstruktionen, die für die Standsicherheit von Gebäuden, Ingenieurbauwerken und Traggerüsten bei Ingenieurbauwerken maßgeblich sind.

§ 50 Besondere Grundlagen des Honorars

(1) Bei Gebäuden und zugehörigen baulichen Anlagen sind 55 Prozent der Baukonstruktionskosten und 10 Prozent der Kosten der Technischen Anlagen anrechenbar.

(2) Die Vertragsparteien können bei Gebäuden mit einem hohen Anteil an Kosten der Gründung und der Tragkonstruktionen in Textform vereinbaren, dass die anrechenbaren Kosten abweichend von Absatz 1 nach Absatz 3 ermittelt werden.

(3) Bei Ingenieurbauwerken sind 90 Prozent der Baukonstruktionskosten und 15 Prozent der Kosten der Technischen Anlagen anrechenbar.

(4) Für Traggerüste bei Ingenieurbauwerken sind die Herstellkosten einschließlich der zugehörigen Kosten für Baustelleneinrichtungen anrechenbar. Bei mehrfach verwendeten Bauteilen ist der Neuwert anrechenbar.

(5) Die Vertragsparteien können vereinbaren, dass Kosten von Arbeiten, die nicht in den Absätzen 1 bis 3 erfasst sind, ganz oder teilweise anrechenbar sind, wenn der Auftragnehmer wegen dieser Arbeiten Mehrleistungen für das Tragwerk nach § 51 erbringt.

§ 51 Leistungsbild Tragwerksplanung

(1) Die Grundleistungen der Tragwerksplanung sind für Gebäude und zugehörige bauliche Anlagen sowie für Ingenieurbauwerke nach § 41 Nummer 1 bis 5 in den Leistungsphasen 1 bis 6 sowie für Ingenieurbauwerke nach § 41 Nummer 6 und 7 in den Leistungsphasen 2 bis 6 zusammengefasst und werden wie folgt in Prozentsätzen der Honorare des § 52 bewertet:[34]

[34] Die nachfolgende tabellarische Darstellung der Leistungsbewertung bei der Tragwerksplanung entspricht in formaler Hinsicht (Anpassungen aufgrund des gewählten Layouts) nicht dem Verordnungstext. Sie wurde von den Autoren aus Gründen der Übersichtlichkeit und besseren Lesbarkeit gewählt.

für die Leistungsphase		Bewertung der Grundleistungen in Prozentsätzen der Honorare
1	Grundlagenermittlung	3
2	Vorplanung	10
3	Entwurfsplanung	15
4	Genehmigungsplanung	30
5	Ausführungsplanung	40
6	Vorbereitung der Vergabe	2

(2) Die Leistungsphase 5 ist abweichend von Absatz 1 mit 30 Prozent der Honorare des § 52 zu bewerten
1. im Stahlbetonbau, sofern keine Schalpläne in Auftrag gegeben werden,
2. im Holzbau mit unterdurchschnittlichem Schwierigkeitsgrad.

(3) Die Leistungsphase 5 ist abweichend von Absatz 1 mit 20 Prozent der Honorare des § 52 zu bewerten, sofern nur Schalpläne in Auftrag gegeben werden.

(4) Bei sehr enger Bewehrung kann die Bewertung der Leistungsphase 5 um bis zu 4 Prozent erhöht werden.

(5) Anlage 14 Nummer 14.1 regelt die Grundleistungen jeder Leistungsphase und enthält Beispiele für Besondere Leistungen. Für Ingenieurbauwerke nach § 41 Nummer 6 und 7 sind die Grundleistungen der Tragwerksplanung zur Leistungsphase 1 im Leistungsbild der Ingenieurbauwerke gemäß § 43 enthalten.

§ 52 Honorare für Grundleistungen bei Tragwerksplanungen

(1) Für die in § 51 und der Anlage 14 Nummer 14.1 genannten Grundleistungen der Tragwerksplanungen sind die in der nachstehenden Honorartafel aufgeführten Honorarspannen Orientierungswerte:[35]

Honorartafel zu § 52 Abs. 1 – Tragwerksplanung als Orientierungswerte

Anrechenbare Kosten in Euro	Honorarzone I sehr geringe Anforderungen von Euro	Honorarzone I bis / Honorarzone II geringe Anforderungen von Euro	Honorarzone II bis / Honorarzone III durchschnittliche Anforderungen von Euro	Honorarzone III bis / Honorarzone IV hohe Anforderungen von Euro	Honorarzone IV bis / Honorarzone V sehr hohe Anforderungen von Euro	Honorarzone V bis Euro
10.000	1.461	1.624	2.064	2.575	3.015	3.178
15.000	2.011	2.234	2.841	3.543	4.149	4.373
25.000	3.006	3.340	4.247	5.296	6.203	6.537
50.000	5.187	5.763	7.327	9.139	10.703	11.279
75.000	7.135	7.928	10.080	12.572	14.724	15.517

35 Die nachfolgende tabellarische Darstellung der Honorartafel entspricht in formaler Hinsicht (Anpassungen aufgrund des gewählten Layouts) nicht dem Verordnungstext (hier hinsichtlich der Überschriftenzeile in der Tabelle und der Überschneidung der Tafelwerte in den einzelnen Honorarzonen). Sie wurde von den Autoren aus Gründen der Übersichtlichkeit und besseren Lesbarkeit gewählt.

Honorartafel zu § 52 Abs. 1 – Tragwerksplanung als Orientierungswerte						
Anrechenbare Kosten in Euro	Honorarzone I sehr geringe Anforderungen von	bis	Honorarzone III durchschnittliche Anforderungen von	bis	Honorarzone V sehr hohe Anforderungen von	bis
		Honorarzone II geringe Anforderungen von	bis	Honorarzone IV hohe Anforderungen von	bis	
	Euro	Euro	Euro	Euro	Euro	Euro
100.000	8.946	9.940	12.639	15.763	18.461	19.455
150.000	12.303	13.670	17.380	21.677	25.387	26.754
250.000	18.370	20.411	25.951	32.365	37.906	39.947
350.000	23.909	26.565	33.776	42.125	49.335	51.992
500.000	31.594	35.105	44.633	55.666	65.194	68.705
750.000	43.463	48.293	61.401	76.578	89.686	94.515
1.000.000	54.495	60.550	76.984	96.014	112.449	118.504
1.250.000	64.940	72.155	91.740	114.418	134.003	141.218
1.500.000	74.938	83.265	105.865	132.034	154.635	162.961
2.000.000	93.923	104.358	132.684	165.483	193.808	204.244
3.000.000	129.059	143.398	182.321	227.389	266.311	280.651
5.000.000	192.384	213.760	271.781	338.962	396.983	418.359
7.500.000	264.487	293.874	373.640	466.001	545.767	575.154
10.000.000	331.398	368.220	468.166	583.892	683.838	720.660
15.000.000	455.117	505.686	642.943	801.873	939.131	989.699

(2) Die Honorarzone wird nach dem statisch-konstruktiven Schwierigkeitsgrad anhand der in Anlage 14 Nummer 14.2 dargestellten Bewertungsmerkmale ermittelt.

(3) Sind für ein Tragwerk Bewertungsmerkmale aus mehreren Honorarzonen anwendbar und bestehen deswegen Zweifel, welcher Honorarzone das Tragwerk zugeordnet werden kann, so ist für die Zuordnung die Mehrzahl der in den jeweiligen Honorarzonen nach Absatz 2 aufgeführten Bewertungsmerkmale und ihre Bedeutung im Einzelfall maßgebend.

(4) Für Umbauten und Modernisierungen kann bei einem durchschnittlichen Schwierigkeitsgrad ein Zuschlag gemäß § 6 Absatz 2 Satz 3 bis 50 Prozent in Textform vereinbart werden.

Abschnitt 2 Technische Ausrüstung

§ 53 Anwendungsbereich

(1) Die Leistungen der Technischen Ausrüstung umfassen die Fachplanungen für Objekte.

(2) Zur Technischen Ausrüstung gehören folgende Anlagengruppen:
1. Abwasser-, Wasser- und Gasanlagen,
2. Wärmeversorgungsanlagen,
3. Lufttechnische Anlagen,
4. Starkstromanlagen,
5. Fernmelde- und informationstechnische Anlagen,
6. Förderanlagen,
7. nutzungsspezifische Anlagen und verfahrenstechnische Anlagen,
8. Gebäudeautomation und Automation von Ingenieurbauwerken.

§ 54 Besondere Grundlagen des Honorars

(1) Das Honorar für Grundleistungen bei der Technischen Ausrüstung richtet sich für das jeweilige Objekt im Sinne des § 2 Absatz 1 Satz 1 nach der Summe der anrechenbaren Kosten der Anlagen jeder Anlagengruppe. Dies gilt für nutzungsspezifische Anlagen nur, wenn die Anlagen funktional gleichartig sind. Anrechenbar sind auch sonstige Maßnahmen für Technische Anlagen.

(2) Umfasst ein Auftrag für unterschiedliche Objekte im Sinne des § 2 Absatz 1 Satz 1 mehrere Anlagen, die unter funktionalen und technischen Kriterien eine Einheit bilden, werden die anrechenbaren Kosten der Anlagen jeder Anlagengruppe zusammengefasst. Dies gilt für nutzungsspezifische Anlagen nur, wenn diese Anlagen funktional gleichartig sind. § 11 Absatz 1 ist nicht anzuwenden.

(3) Umfasst ein Auftrag im Wesentlichen gleiche Anlagen, die unter weitgehend vergleichbaren Bedingungen für im Wesentlichen gleiche Objekte geplant werden, ist die Rechtsfolge des § 11 Absatz 3 anzuwenden. Umfasst ein Auftrag im Wesentlichen gleiche Anlagen, die bereits Gegenstand eines anderen Vertrags zwischen den Vertragsparteien waren, ist die Rechtsfolge des § 11 Absatz 4 anzuwenden.

(4) Nicht anrechenbar sind die Kosten für die nichtöffentliche Erschließung und die Technischen Anlagen in Außenanlagen, soweit der Auftragnehmer diese nicht plant oder ihre Ausführung nicht überwacht.

(5) Werden Teile der Technischen Ausrüstung in Baukonstruktionen ausgeführt, so können die Vertragsparteien in Textform vereinbaren, dass die Kosten hierfür ganz oder teilweise zu den anrechenbaren Kosten gehören. Satz 1 ist entsprechend für Bauteile der Kostengruppe Baukonstruktionen anzuwenden, deren Abmessung oder Konstruktion durch die Leistung der Technischen Ausrüstung wesentlich beeinflusst wird.

§ 55 Leistungsbild Technische Ausrüstung

(1) Das Leistungsbild Technische Ausrüstung umfasst Grundleistungen für Neuanlagen, Wiederaufbauten, Erweiterungsbauten, Umbauten, Modernisierungen, Instandhaltungen und Instandsetzungen. Die Grundleistungen bei der Technischen Ausrüstung

sind in neun Leistungsphasen zusammengefasst und werden wie folgt in Prozentsätzen der Honorare des § 56 bewertet:[36]

für die Leistungsphase		Bewertung der Grundleistungen in Prozentsätzen der Honorare
1	Grundlagenermittlung	2
2	Vorplanung	9
3	Entwurfsplanung	17
4	Genehmigungsplanung	2
5	Ausführungsplanung	22
6	Vorbereitung der Vergabe	7
7	Mitwirkung bei der Vergabe	5
8	Objektüberwachung - Bauüberwachung	35
9	Objektbetreuung	1

(2) Die Leistungsphase 5 ist abweichend von Absatz 1 Satz 2 mit einem Abschlag von jeweils 4 Prozent zu bewerten, sofern das Anfertigen von Schlitz- und Durchbruchsplänen oder das Prüfen der Montage- und Werkstattpläne der ausführenden Firmen nicht in Auftrag gegeben wird.

(3) Anlage 15 Nummer 15.1 regelt die Grundleistungen jeder Leistungsphase und enthält Beispiele für Besondere Leistungen.

§ 56 Honorare für Grundleistungen der Technischen Ausrüstung

(1) Für die in § 55 und der Anlage 15 Nummer 15.1 genannten Grundleistungen bei einzelnen Anlagen sind die in der nachstehenden Honorartafel aufgeführten Honorarspannen Orientierungswerte:[37]

Honorartafel zu § 56 Abs. 1 – Technische Ausrüstung als Orientierungswerte

Anrechenbare Kosten in Euro	Honorarzone I geringe Anforderungen von Euro	bis Euro	Honorarzone II durchschnittliche Anforderungen von Euro	bis Euro	Honorarzone III hohe Anforderungen von Euro	bis Euro
5.000	2.132	2.547	2.547	2.990	2.990	3.405
10.000	3.689	4.408	4.408	5.174	5.174	5.893
15.000	5.084	6.075	6.075	7.131	7.131	8.122
25.000	7.615	9.098	9.098	10.681	10.681	12.164
35.000	9.934	11.869	11.869	13.934	13.934	15.869

36 Die nachfolgende tabellarische Darstellung der Leistungsbewertung entspricht in formaler Hinsicht (Anpassungen aufgrund des gewählten Layouts) nicht dem Verordnungstext. Sie wurde von den Autoren aus Gründen der Übersichtlichkeit und besseren Lesbarkeit gewählt.

37 Die nachfolgende tabellarische Darstellung der Honorartafel entspricht in formaler Hinsicht (Anpassungen aufgrund des gewählten Layouts) nicht dem Verordnungstext (hier hinsichtlich der Überschriftenzeile in der Tabelle). Sie wurde von den Autoren aus Gründen der Übersichtlichkeit und besseren Lesbarkeit gewählt.

Honorartafel zu § 56 Abs. 1 – Technische Ausrüstung als Orientierungswerte						
Anrechenbare Kosten in Euro	Honorarzone I geringe Anforderungen		Honorarzone II durchschnittliche Anforderungen		Honorarzone III hohe Anforderungen	
	von	bis	von	bis	von	bis
	Euro		Euro		Euro	
50.000	13.165	15.729	15.729	18.465	18.465	21.029
75.000	18.122	21.652	21.652	25.418	25.418	28.948
100.000	22.723	27.150	27.150	31.872	31.872	36.299
150.000	31.228	37.311	37.311	43.800	43.800	49.883
250.000	46.640	55.726	55.726	65.418	65.418	74.504
500.000	80.684	96.402	96.402	113.168	113.168	128.886
750.000	111.105	132.749	132.749	155.836	155.836	177.480
1.000.000	139.347	166.493	166.493	195.448	195.448	222.594
1.250.000	166.043	198.389	198.389	232.891	232.891	265.237
1.500.000	191.545	228.859	228.859	268.660	268.660	305.974
2.000.000	239.792	286.504	286.504	336.331	336.331	383.044
2.500.000	285.649	341.295	341.295	400.650	400.650	456.296
3.000.000	329.420	393.593	393.593	462.044	462.044	526.217
3.500.000	371.491	443.859	443.859	521.052	521.052	593.420
4.000.000	412.126	492.410	492.410	578.046	578.046	658.331

(2) Welchen Honorarzonen die Grundleistungen zugeordnet werden, richtet sich nach folgenden Bewertungsmerkmalen:
   1. Anzahl der Funktionsbereiche,
   2. Integrationsansprüche,
   3. technische Ausgestaltung,
   4. Anforderungen an die Technik,
   5. konstruktive Anforderungen.

(3) Für die Zuordnung zu den Honorarzonen ist die Objektliste der Anlage 15 Nummer 15.2 zu berücksichtigen.

(4) Werden Anlagen einer Gruppe verschiedenen Honorarzonen zugeordnet, so ergibt sich das Honorar nach Absatz 1 aus der Summe der Einzelhonorare. Ein Einzelhonorar wird dabei für alle Anlagen ermittelt, die einer Honorarzone zugeordnet werden. Für die Ermittlung des Einzelhonorars ist zunächst das Honorar für die Anlagen jeder Honorarzone zu berechnen, das sich ergeben würde, wenn die gesamten anrechenbaren Kosten der Anlagengruppe nur der Honorarzone zugeordnet würden, für die das Einzelhonorar berechnet wird. Das Einzelhonorar ist dann nach dem Verhältnis der Summe der anrechenbaren Kosten der Anlagen einer Honorarzone zu den gesamten anrechenbaren Kosten der Anlagengruppe zu ermitteln.

(5) Für Umbauten und Modernisierungen kann bei einem durchschnittlichen Schwierigkeitsgrad ein Zuschlag gemäß § 6 Absatz 2 Satz 3 bis 50 Prozent in Textform vereinbart werden.

Teil 5 Übergangs- und Schlussvorschriften

§ 57 Übergangsvorschrift

(1) Diese Verordnung ist nicht auf Grundleistungen anzuwenden, die vor dem 17. Juli 2013 vertraglich vereinbart wurden; insoweit bleiben die bisherigen Vorschriften anwendbar.

(2) Die durch die Erste Verordnung zur Änderung der Honorarordnung für Architekten und Ingenieure vom 2. Dezember 2020 (BGBl. I S. 2636) geänderten Vorschriften sind erst auf diejenigen Vertragsverhältnisse anzuwenden, die nach Ablauf des 31. Dezember 2020 begründet worden sind.

§ 58 Inkrafttreten, Außerkrafttreten

Diese Verordnung tritt am Tag nach der Verkündung in Kraft. Gleichzeitig tritt die Honorarordnung für Architekten und Ingenieure vom 11. August 2009 (BGBl. I S. 2732) außer Kraft.

Anlagen[38]

Anlage 1 (zu § 3 Absatz 1) Weitere Fachplanungs- und Beratungsleistungen

1.1 Umweltverträglichkeitsstudie

1.1.1 Leistungsbild Umweltverträglichkeitsstudie

(1) Die Grundleistungen bei Umweltverträglichkeitsstudien sind in vier Leistungsphasen unterteilt und werden wie folgt in Prozentsätzen der Honorare in Nummer 1.1.2 bewertet:[39]

für die Leistungsphase		Bewertung der Grundleistungen in Prozentsätzen der Honorare
1	Klären der Aufgabenstellung und Ermitteln des Leistungsumfangs	3
2	Grundlagenermittlung	37
3	Vorläufige Fassung	50
4	Abgestimmte Fassung	10

(2) Das Leistungsbild setzt sich wie folgt zusammen:

Leistungsphase 1:
Klären der Aufgabenstellung und Ermitteln des Leistungsumfangs

- Zusammenstellen und Prüfen der vom Auftraggeber zur Verfügung gestellten untersuchungsrelevanten Unterlagen,
- Ortsbesichtigungen,
- Abgrenzen der Untersuchungsräume,
- Ermitteln der Untersuchungsinhalte,
- Konkretisieren weiteren Bedarfs an Daten und Unterlagen,
- Beraten zum Leistungsumfang für ergänzende Untersuchungen und Fachleistungen,
- Aufstellen eines verbindlichen Arbeitsplans unter Berücksichtigung der sonstigen Fachbeiträge.

Leistungsphase 2:
Grundlagenermittlung

- Ermitteln und Beschreiben der untersuchungsrelevanten Sachverhalte auf Grund vorhandener Unterlagen,
- Beschreiben der Umwelt einschließlich des rechtlichen Schutzstatus, der fachplanerischen Vorgaben und Ziele sowie der für die Bewertung relevanten Funktionselemente für jedes Schutzgut einschließlich der Wechselwirkungen,
- Beschreiben der vorhandenen Beeinträchtigungen der Umwelt,

---

38 Diese Zwischenüberschrift ist im Verordnungstext nicht enthalten.

39 Die nachfolgende tabellarische Darstellung der Leistungsbewertung entspricht in formaler Hinsicht (Anpassungen aufgrund des gewählten Layouts) nicht dem Verordnungstext. Sie wurde von den Autoren aus Gründen der Übersichtlichkeit und besseren Lesbarkeit gewählt.

- Bewerten der Funktionselemente und der Leistungsfähigkeit der einzelnen Schutzgüter hinsichtlich ihrer Bedeutung und Empfindlichkeit,
- Raumwiderstandsanalyse, soweit nach Art des Vorhabens erforderlich, einschließlich des Ermittelns konfliktarmer Bereiche,
- Darstellen von Entwicklungstendenzen des Untersuchungsraums für den Prognose-Null-Fall,
- Überprüfen der Abgrenzung des Untersuchungsraums und der Untersuchungsinhalte,
- Zusammenfassendes Darstellen der Erfassung und Bewertung als Grundlage für die Erörterung mit dem Auftraggeber.

Leistungsphase 3:
Vorläufige Fassung

- Ermitteln und Beschreiben der Umweltauswirkungen und Erstellen der vorläufigen Fassung,
- Mitwirken bei der Entwicklung und der Auswahl vertieft zu untersuchender planerischer Lösungen,
- Mitwirken bei der Optimierung von bis zu drei planerischen Lösungen (Hauptvarianten) zur Vermeidung von Beeinträchtigungen,
- Ermitteln, Beschreiben und Bewerten der unmittelbaren und mittelbaren Auswirkungen von bis zu drei planerischen Lösungen (Hauptvarianten) auf die Schutzgüter im Sinne des Gesetzes über die Umweltverträglichkeitsprüfung vom 24. Februar 2010 (BGBl. I S. 94) einschließlich der Wechselwirkungen,
- Einarbeiten der Ergebnisse vorhandener Untersuchungen zum Gebiets- und Artenschutz sowie zum Boden- und Wasserschutz,
- Vergleichendes Darstellen und Bewerten der Auswirkungen von bis zu drei planerischen Lösungen,
- Zusammenfassendes vergleichendes Bewerten des Projekts mit dem Prognose-Null-Fall,
- Erstellen von Hinweisen auf Maßnahmen zur Vermeidung und Verminderung von Beeinträchtigungen sowie zur Ausgleichbarkeit der unvermeidbaren Beeinträchtigungen,
- Erstellen von Hinweisen auf Schwierigkeiten bei der Zusammenstellung der Angaben,
- Zusammenführen und Darstellen der Ergebnisse als vorläufige Fassung in Text und Karten einschließlich des Herausarbeitens der grundsätzlichen Lösung der wesentlichen Teile der Aufgabe,
- Abstimmen der Vorläufigen Fassung mit dem Auftraggeber.

Leistungsphase 4:
Abgestimmte Fassung

- Darstellen der mit dem Auftraggeber abgestimmten Fassung der Umweltverträglichkeitsstudie in Text und Karte einschließlich einer Zusammenfassung.

(3) Im Leistungsbild Umweltverträglichkeitsstudie können insbesondere die Besonderen Leistungen der Anlage 9 Anwendung finden.

1.1.2 Honorare für Grundleistungen bei Umweltverträglichkeitsstudien

(1) Für die in Nummer 1.1.1 genannten Grundleistungen bei Umweltverträglichkeitsstudien sind die in der nachstehenden Honorartafel aufgeführten Honorarspannen Orientierungswerte:[40]

Honorartafel zu Grundleistungen bei Umweltverträglichkeitsstudien als Orientierungswerte						
Fläche in Hektar	Honorarzone I geringe Anforderungen		Honorarzone II durchschnittliche Anforderungen		Honorarzone III hohe Anforderungen	
	von	bis	von	bis	von	bis
	Euro		Euro		Euro	
50	10.176	12.862	12.862	15.406	15.406	18.091
100	14.972	18.923	18.923	22.666	22.666	26.617
150	18.942	23.940	23.940	28.676	28.676	33.674
200	22.454	28.380	28.380	33.994	33.994	39.919
300	28.644	36.203	36.203	43.364	43.364	50.923
400	34.117	43.120	43.120	51.649	51.649	60.653
500	39.110	49.431	49.431	59.209	59.209	69.530
750	50.211	63.461	63.461	76.014	76.014	89.264
1.000	60.004	75.838	75.838	90.839	90.839	106.674
1.500	77.182	97.550	97.550	116.846	116.846	137.213
2.000	92.278	116.629	116.629	139.698	139.698	164.049
2.500	105.963	133.925	133.925	160.416	160.416	188.378
3.000	118.598	149.895	149.895	179.544	179.544	210.841
4.000	141.533	178.883	178.883	214.266	214.266	251.615
5.000	162.148	204.937	204.937	245.474	245.474	288.263
6.000	182.186	230.263	230.263	275.810	275.810	323.887
7.000	201.072	254.133	254.133	304.401	304.401	357.461
8.000	218.466	276.117	276.117	330.734	330.734	388.384
9.000	234.394	296.247	296.247	354.846	354.846	416.700
10.000	249.492	315.330	315.330	377.704	377.704	443.542

(2) Das Honorar für die Erstellung von Umweltverträglichkeitsstudien berechnet sich nach der Gesamtfläche des Untersuchungsraums in Hektar und nach der Honorarzone.

(3) Umweltverträglichkeitsstudien sind folgenden Honorarzonen zuzuordnen:
1. Honorarzone I (geringe Anforderungen),
2. Honorarzone II (durchschnittliche Anforderungen),
3. Honorarzone III (hohe Anforderungen).

(4) Die Zuordnung zu den Honorarzonen ist anhand folgender Bewertungsmerkmale für zu erwartende nachteilige Auswirkungen auf die Umwelt zu ermitteln:
1. Bedeutung des Untersuchungsraums für die Schutzgüter im Sinne des Gesetzes über die Umweltverträglichkeitsprüfung (UVPG),
2. Ausstattung des Untersuchungsraums mit Schutzgebieten,
3. Landschaftsbild und -struktur,
4. Nutzungsansprüche,

[40] Die nachfolgende tabellarische Darstellung der Honorartafel entspricht in formaler Hinsicht (Anpassungen aufgrund des gewählten Layouts) nicht dem Verordnungstext (hier hinsichtlich der Überschriftenzeile in der Tabelle). Sie wurde von den Autoren aus Gründen der Übersichtlichkeit und besseren Lesbarkeit gewählt.

5. Empfindlichkeit des Untersuchungsraums gegenüber Umweltbelastungen und -beeinträchtigungen,
6. Intensität und Komplexität potenzieller nachteiliger Wirkfaktoren auf die Umwelt.

(5) Sind für eine Umweltverträglichkeitsstudie Bewertungsmerkmale aus mehreren Honorarzonen anwendbar und bestehen deswegen Zweifel, welcher Honorarzone die Umweltverträglichkeitsstudie zugeordnet werden kann, ist die Anzahl der Bewertungspunkte nach Absatz 4 zu ermitteln; die Umweltverträglichkeitsstudie ist nach der Summe der Bewertungspunkte folgenden Honorarzonen zuzuordnen:

1. Honorarzone I: Umweltverträglichkeitsstudien mit bis zu 16 Punkten,
2. Honorarzone II: Umweltverträglichkeitsstudien mit 17 bis 30 Punkten,
3. Honorarzone III: Umweltverträglichkeitsstudien mit 31 bis 42 Punkten.

(6) Bei der Zuordnung einer Umweltverträglichkeitsstudie zu den Honorarzonen werden nach dem Schwierigkeitsgrad der Anforderungen die Bewertungsmerkmale wie folgt gewichtet:

1. die Bewertungsmerkmale gemäß Absatz 4 Nummer 1 bis 4 mit je bis zu 6 Punkten und
2. die Bewertungsmerkmale gemäß Absatz 4 Nummer 5 und 6 mit je bis zu 9 Punkten.

(7) Wird die Größe des Untersuchungsraums während der Leistungserbringung geändert, so ist das Honorar für die Leistungsphasen, die bis zur Änderung noch nicht erbracht sind, nach der geänderten Größe des Untersuchungsraums zu berechnen.

1.2 Bauphysik

1.2.1 Anwendungsbereich

(1) Zu den Grundleistungen für Bauphysik gehören:

- Wärmeschutz und Energiebilanzierung,
- Bauakustik (Schallschutz),
- Raumakustik.

(2) Wärmeschutz und Energiebilanzierung umfassen den Wärmeschutz von Gebäuden und Ingenieurbauwerken und die fachübergreifende Energiebilanzierung.

(3) Die Bauakustik umfasst den Schallschutz von Objekten zur Erreichung eines regelgerechten Luft- und Trittschallschutzes und zur Begrenzung der von außen einwirkenden Geräusche sowie der Geräusche von Anlagen der Technischen Ausrüstung. Dazu gehört auch der Schutz der Umgebung vor schädlichen Umwelteinwirkungen durch Lärm (Schallimmissionsschutz).

(4) Die Raumakustik umfasst die Beratung zu Räumen mit besonderen raumakustischen Anforderungen.

(5) Die Besonderen Grundlagen der Honorare werden gesondert in den Teilgebieten Wärmeschutz und Energiebilanzierung, Bauakustik, Raumakustik aufgeführt.

1.2.2 Leistungsbild Bauphysik

(1) Die Grundleistungen für Bauphysik sind in sieben Leistungsphasen unterteilt und werden wie folgt in Prozentsätzen der Honorare in Nummer 1.2.3 bewertet:[41]

---

[41] Die nachfolgende tabellarische Darstellung der Leistungsbewertung entspricht in formaler Hinsicht (Anpassungen aufgrund des gewählten Layouts) nicht dem Verordnungstext. Sie wurde von den Autoren aus Gründen der Übersichtlichkeit und besseren Lesbarkeit gewählt.

für die Leistungsphase		Bewertung der Grundleistungen in Prozentsätzen der Honorare
1	Grundlagenermittlung	3
2	Mitwirken bei der Vorplanung	20
3	Mitwirken bei der Entwurfsplanung	40
4	Mitwirken bei der Genehmigungsplanung	6
5	Mitwirken bei der Ausführungsplanung	27
6	Mitwirken bei der Vorbereitung der Vergabe	2
7	Mitwirken bei der Vergabe	2

(2) Das Leistungsbild setzt sich wie folgt zusammen:

Grundleistungen	Besondere Leistungen
LPH 1 Grundlagenermittlung a) Klären der Aufgabenstellung b) Festlegen der Grundlagen, Vorgaben und Ziele	▪ Mitwirken bei der Ausarbeitung von Auslobungen und bei Vorprüfungen für Wettbewerbe ▪ Bestandsaufnahme bestehender Gebäude, Ermitteln und Bewerten von Kennwerten ▪ Schadensanalyse bestehender Gebäude ▪ Mitwirken bei Vorgaben für Zertifizierungen
LPH 2 Mitwirkung bei der Vorplanung a) Analyse der Grundlagen b) Klären der wesentlichen Zusammenhänge von Gebäuden und technischen Anlagen einschließlich Betrachtung von Alternativen c) Vordimensionieren der relevanten Bauteile des Gebäudes d) Mitwirken beim Abstimmen der fachspezifischen Planungskonzepte der Objektplanung und der Fachplanungen e) Erstellen eines Gesamtkonzeptes in Abstimmung mit der Objektplanung und den Fachplanungen f) Erstellen von Rechenmodellen, Auflisten der wesentlichen Kennwerte als Arbeitsgrundlage für Objektplanung und Fachplanungen	▪ Mitwirken beim Klären von Vorgaben für Fördermaßnahmen und bei deren Umsetzung ▪ Mitwirken an Projekt-, Käufer- oder Mieterbaubeschreibungen ▪ Erstellen eines fachübergreifenden Bauteilkatalogs

Grundleistungen	Besondere Leistungen
LPH 3 Mitwirkung bei der Entwurfsplanung	
a) Fortschreiben der Rechenmodelle und der wesentlichen Kennwerte für das Gebäude b) Mitwirken beim Fortschreiben der Planungskonzepte der Objektplanung und Fachplanung bis zum vollständigen Entwurf c) Bemessen der Bauteile des Gebäudes d) Erarbeiten von Übersichtsplänen und des Erläuterungsberichtes mit Vorgaben, Grundlagen und Auslegungsdaten	▪ Simulationen zur Prognose des Verhaltens von Bauteilen, Räumen, Gebäuden und Freiräumen
LPH 4 Mitwirkung bei der Genehmigungsplanung	
a) Mitwirken beim Aufstellen der Genehmigungsplanung und bei Vorgesprächen mit Behörden b) Aufstellen der förmlichen Nachweise c) Vervollständigen und Anpassen der Unterlagen	▪ Mitwirken bei Vorkontrollen in Zertifizierungsprozessen ▪ Mitwirken beim Einholen von Zustimmungen im Einzelfall
LPH 5 Mitwirkung bei der Ausführungsplanung	
a) Durcharbeiten der Ergebnisse der Leistungsphasen 3 und 4 unter Beachtung der durch die Objektplanung integrierten Fachplanungen b) Mitwirken bei der Ausführungsplanung durch ergänzende Angaben für die Objektplanung und Fachplanungen	▪ Mitwirken beim Prüfen und Anerkennen der Montage- und Werkstattplanung der ausführenden Unternehmen auf Übereinstimmung mit der Ausführungsplanung
LPH 6 Mitwirkung bei der Vorbereitung der Vergabe	
Beiträge zu Ausschreibungsunterlagen	
LPH 7 Mitwirkung bei der Vergabe	
Mitwirken beim Prüfen und Bewerten der Angebote auf Erfüllung der Anforderungen	▪ Prüfen von Nebenangeboten

Grundleistungen	Besondere Leistungen
LPH 8 Objektüberwachung und Dokumentation	
	▪ Mitwirken bei der Baustellenkontrolle ▪ Messtechnisches Überprüfen der Qualität der Bauausführung und von Bauteil- oder Raumeigenschaften
LPH 9 Objektbetreuung	
	▪ Mitwirken bei Audits in Zertifizierungsprozessen

1.2.3 Honorare für Grundleistungen für Wärmeschutz und Energiebilanzierung

(1) Das Honorar für die Grundleistungen nach Nummer 1.2.2 Absatz 2 richtet sich nach den anrechenbaren Kosten des Gebäudes gemäß § 33 nach der Honorarzone nach § 35, der das Gebäude zuzuordnen ist, und nach der Honorartafel in Absatz 2.

(2) Für die in Nummer 1.2.2 Absatz 2 genannten Grundleistungen für Wärmeschutz und Energiebilanzierung sind die in der nachstehenden Honorartafel aufgeführten Honorarspannen Orientierungswerte:[42]

Honorartafel zu Grundleistungen für Wärmeschutz und Energiebilanzierung als Orientierungswerte

Anrechenbare Kosten in Euro	Honorarzone I sehr geringe Anforderungen von Euro	Honorarzone I bis / Honorarzone II geringe Anforderungen von Euro	Honorarzone II bis / Honorarzone III durchschnittliche Anforderungen von Euro	Honorarzone III bis / Honorarzone IV hohe Anforderungen von Euro	Honorarzone IV bis / Honorarzone V sehr hohe Anforderungen von Euro	Honorarzone V bis Euro
250.000	1.757	2.023	2.395	2.928	3.300	3.566
275.000	1.789	2.061	2.440	2.982	3.362	3.633
300.000	1.821	2.097	2.484	3.036	3.422	3.698
350.000	1.883	2.168	2.567	3.138	3.537	3.822
400.000	1.941	2.235	2.647	3.235	3.646	3.941
500.000	2.049	2.359	2.793	3.414	3.849	4.159
600.000	2.146	2.471	2.926	3.576	4.031	4.356
750.000	2.273	2.617	3.099	3.788	4.270	4.614
1.000.000	2.440	2.809	3.327	4.066	4.583	4.953
1.250.000	2.748	3.164	3.747	4.579	5.162	5.579

[42] Die nachfolgende tabellarische Darstellung der Honorartafel entspricht in formaler Hinsicht (Anpassungen aufgrund des gewählten Layouts) nicht dem Verordnungstext (hier hinsichtlich der Überschriftenzeile in der Tabelle und der Überschneidung der Tafelwerte in den einzelnen Honorarzonen). Sie wurde von den Autoren aus Gründen der Übersichtlichkeit und besseren Lesbarkeit gewählt.

Honorartafel zu Grundleistungen für Wärmeschutz und Energiebilanzierung als Orientierungswerte						
Anrechenbare Kosten in Euro	Honorarzone I sehr geringe Anforderungen von	Honorarzone I bis / Honorarzone II geringe Anforderungen von	Honorarzone II bis / Honorarzone III durchschnittliche Anforderungen von	Honorarzone III bis / Honorarzone IV hohe Anforderungen von	Honorarzone IV bis / Honorarzone V sehr hohe Anforderungen von	Honorarzone V bis
	Euro	Euro	Euro	Euro	Euro	Euro
1.500.000	3.050	3.512	4.159	5.083	5.730	6.192
2.000.000	3.639	4.190	4.962	6.065	6.837	7.388
2.500.000	4.213	4.851	5.745	7.022	7.916	8.554
3.500.000	5.329	6.136	7.266	8.881	10.012	10.819
5.000.000	6.944	7.996	9.469	11.573	13.046	14.098
7.500.000	9.532	10.977	12.999	15.887	17.909	19.354
10.000.000	12.033	13.856	16.408	20.055	22.607	24.430
15.000.000	16.856	19.410	22.986	28.094	31.670	34.224
20.000.000	21.516	24.776	29.339	35.859	40.423	43.683
25.000.000	26.056	30.004	35.531	43.427	48.954	52.902

(3) Für Umbauten und Modernisierungen kann bei einem durchschnittlichen Schwierigkeitsgrad ein Zuschlag gemäß § 6 Absatz 2 Satz 3 bis 33 Prozent auf das Honorar in Textform vereinbart werden.

1.2.4 Honorare für Grundleistungen der Bauakustik

(1) Für Grundleistungen der Bauakustik sind die Kosten für Baukonstruktionen und Anlagen der Technischen Ausrüstung anrechenbar. Der Umfang der mitzuverarbeitenden Bausubstanz kann angemessen berücksichtigt werden.

(2) Die Vertragsparteien können vereinbaren, dass die Kosten für besondere Bauausführungen ganz oder teilweise zu den anrechenbaren Kosten gehören, wenn hierdurch dem Auftragnehmer ein erhöhter Arbeitsaufwand entsteht.

(3) Für die in Nummer 1.2.2 Absatz 2 genannten Grundleistungen der Bauakustik sind die in der nachstehenden Honorartafel aufgeführten Honorarspannen Orientierungswerte:[43]

[43] Die nachfolgende tabellarische Darstellung der Honorartafel entspricht in formaler Hinsicht (Anpassungen aufgrund des gewählten Layouts) nicht dem Verordnungstext (hier hinsichtlich der Überschriftenzeile in der Tabelle). Sie wurde von den Autoren aus Gründen der Übersichtlichkeit und besseren Lesbarkeit gewählt.

Honorartafel zu Grundleistungen der Bauakustik als Orientierungswerte						
Anrechenbare Kosten in Euro	Honorarzone I geringe Anforderungen		Honorarzone II durchschnittliche Anforderungen		Honorarzone III hohe Anforderungen	
	von	bis	von	bis	von	bis
	Euro		Euro		Euro	
250.000	1.729	1.985	1.985	2.284	2.284	2.625
275.000	1.840	2.113	2.113	2.431	2.431	2.794
300.000	1.948	2.237	2.237	2.574	2.574	2.959
350.000	2.156	2.475	2.475	2.847	2.847	3.273
400.000	2.353	2.701	2.701	3.108	3.108	3.573
500.000	2.724	3.127	3.127	3.598	3.598	4.136
600.000	3.069	3.524	3.524	4.055	4.055	4.661
750.000	3.553	4.080	4.080	4.694	4.694	5.396
1.000.000	4.291	4.927	4.927	5.669	5.669	6.516
1.250.000	4.968	5.704	5.704	6.563	6.563	7.544
1.500.000	5.599	6.429	6.429	7.397	7.397	8.503
2.000.000	6.763	7.765	7.765	8.934	8.934	10.270
2.500.000	7.830	8.990	8.990	10.343	10.343	11.890
3.500.000	9.766	11.213	11.213	12.901	12.901	14.830
5.000.000	12.345	14.174	14.174	16.307	16.307	18.746
7.500.000	16.114	18.502	18.502	21.287	21.287	24.470
10.000.000	19.470	22.354	22.354	25.719	25.719	29.565
15.000.000	25.422	29.188	29.188	33.582	33.582	38.604
20.000.000	30.722	35.273	35.273	40.583	40.583	46.652
25.000.000	35.585	40.857	40.857	47.008	47.008	54.037

(4) Für Umbauten und Modernisierungen kann bei einem durchschnittlichen Schwierigkeitsgrad ein Zuschlag gemäß § 6 Absatz 2 Satz 3 bis 33 Prozent auf das Honorar in Textform vereinbart werden.

(5) Die Leistungen der Bauakustik werden den Honorarzonen anhand folgender Bewertungsmerkmale zugeordnet:
1. Art der Nutzung,
2. Anforderungen des Immissionsschutzes,
3. Anforderungen des Emissionsschutzes,
4. Art der Hüllkonstruktion, Anzahl der Konstruktionstypen,
5. Art und Intensität der Außenlärmbelastung,
6. Art und Umfang der Technischen Ausrüstung.

(6) § 52 Absatz 3 ist sinngemäß anzuwenden.

(7) Objektliste für die Bauakustik
Die nachstehend aufgeführten Innenräume werden in der Regel den Honorarzonen wie folgt zugeordnet:

Objektliste – Bauakustik	Honorarzone		
	I	**II**	**III**
Wohnhäuser, Heime, Schulen, Verwaltungsgebäude oder Banken mit jeweils durchschnittlicher Technischer Ausrüstung oder entsprechendem Ausbau	X		
Heime, Schulen, Verwaltungsgebäude mit jeweils überdurchschnittlicher Technischer Ausrüstung oder entsprechendem Ausbau		X	
Wohnhäuser mit versetzten Grundrissen		X	
Wohnhäuser mit Außenlärmbelastungen		X	
Hotels, soweit nicht in Honorarzone III erwähnt		X	
Universitäten oder Hochschulen		X	
Krankenhäuser, soweit nicht in Honorarzone III erwähnt		X	
Gebäude für Erholung, Kur oder Genesung		X	
Versammlungsstätten, soweit nicht in Honorarzone III erwähnt		X	
Werkstätten mit schutzbedürftigen Räumen		X	
Hotels mit umfangreichen gastronomischen Einrichtungen			X
Gebäude mit gewerblicher Nutzung oder[44] Wohnnutzung			X
Krankenhäuser in bauakustisch besonders ungünstigen Lagen oder mit ungünstiger Anordnung der Versorgungseinrichtungen			X
Theater-, Konzert- oder Kongressgebäude			X
Tonstudios oder akustische Messräume			X

1.2.5 Honorare für Grundleistungen der Raumakustik

(1) Das Honorar für jeden Innenraum, für den Grundleistungen zur Raumakustik erbracht werden, richtet sich nach den anrechenbaren Kosten nach Absatz 2, nach der Honorarzone, der der Innenraum zuzuordnen ist, sowie nach der Honorartafel in Absatz 3.

(2) Für Grundleistungen der Raumakustik sind die Kosten für Baukonstruktionen und Technische Ausrüstung sowie die Kosten für die Ausstattung (DIN 276-1:2008-12, Kostengruppe 610) des Innenraums anrechenbar. Die Kosten für die Baukonstruktionen und Technische Ausrüstung werden für die Anrechnung durch den Bruttorauminhalt des Gebäudes geteilt und mit dem Rauminhalt des Innenraums multipliziert. Der Umfang der mitzuverarbeitenden Bausubstanz kann angemessen berücksichtigt werden.

(3) Für die in Nummer 1.2.2 Absatz 2 genannten Grundleistungen der Raumakustik sind die in der nachstehenden Honorartafel aufgeführten Honorarspannen Orientierungswerte:[45]

[44] Das Wort „oder" könnte ein redaktioneller Fehler im Verordnungstext sein. Da Wohnhäuser bereits oben in der Honorarzone I aufgeführt sind, wäre die Zuordnung zur Honorarzone III an dieser Stelle plausibler, wenn es um „Gebäude mit gewerblicher Nutzung und Wohnnutzung" ginge.

[45] Die nachfolgende tabellarische Darstellung der Honorartafel entspricht in formaler Hinsicht (Anpassungen aufgrund des gewählten Layouts) nicht dem Verordnungstext (hier hinsichtlich der Überschriftenzeile in der Tabelle und der Überschneidung der Tafelwerte in den einzelnen Honorarzonen). Sie wurde von den Autoren aus Gründen der Übersichtlichkeit und besseren Lesbarkeit gewählt.

Honorartafel zu Grundleistungen der Raumakustik als Orientierungswerte

Anrechenbare Kosten in Euro	Honorarzone I sehr geringe Anforderungen von Euro	Honorarzone I bis / Honorarzone II geringe Anforderungen von Euro	Honorarzone II bis / Honorarzone III durchschnittliche Anforderungen von Euro	Honorarzone III bis / Honorarzone IV hohe Anforderungen von Euro	Honorarzone IV bis / Honorarzone V sehr hohe Anforderungen von Euro	Honorarzone V bis Euro
50.000	1.714	2.226	2.737	3.279	3.790	4.301
75.000	1.805	2.343	2.882	3.452	3.990	4.528
100.000	1.892	2.457	3.021	3.619	4.183	4.748
150.000	2.061	2.676	3.291	3.942	4.557	5.171
200.000	2.225	2.888	3.551	4.254	4.917	5.581
250.000	2.384	3.095	3.806	4.558	5.269	5.980
300.000	2.540	3.297	4.055	4.857	5.614	6.371
400.000	2.844	3.693	4.541	5.439	6.287	7.136
500.000	3.141	4.078	5.015	6.007	6.944	7.881
750.000	3.860	5.011	6.163	7.382	8.533	9.684
1.000.000	4.555	5.913	7.272	8.710	10.069	11.427
1.500.000	5.896	7.655	9.413	11.275	13.034	14.792
2.000.000	7.193	9.338	11.483	13.755	15.900	18.045
2.500.000	8.457	10.979	13.501	16.172	18.694	21.217
3.000.000	9.696	12.588	15.479	18.541	21.433	24.325
4.000.000	12.115	15.729	19.342	23.168	26.781	30.395
5.000.000	14.474	18.791	23.108	27.679	31.996	36.313
6.000.000	16.786	21.793	26.799	32.100	37.107	42.113
7.000.000	19.060	24.744	30.429	36.448	42.133	47.817
7.500.000	20.184	26.204	32.224	38.598	44.618	50.638

(4) Für Umbauten und Modernisierungen kann bei einem durchschnittlichen Schwierigkeitsgrad ein Zuschlag gemäß § 6 Absatz 2 Satz 3 bis 33 Prozent auf das Honorar in Textform vereinbart werden.

(5) Innenräume werden nach den in Absatz 6 genannten Bewertungsmerkmalen folgenden Honorarzonen zugeordnet:
1. Honorarzone I: Innenräume mit sehr geringen Anforderungen,
2. Honorarzone II: Innenräume mit geringen Anforderungen,
3. Honorarzone III: Innenräume mit durchschnittlichen Anforderungen,
4. Honorarzone IV: Innenräume mit hohen Anforderungen,
5. Honorarzone V: Innenräume mit sehr hohen Anforderungen.

(6) Die Leistungen der Raumakustik werden den Honorarzonen anhand folgender Bewertungsmerkmale zugeordnet:
1. Anforderungen an die Einhaltung der Nachhallzeit,
2. Einhalten eines bestimmten Frequenzganges der Nachhallzeit,
3. Anforderungen an die räumliche und zeitliche Schallverteilung,
4. akustische Nutzungsart des Innenraums,
5. Veränderbarkeit der akustischen Eigenschaften des Innenraums.

(7) Objektliste für die Raumakustik
Die nachstehend aufgeführten Innenräume werden in der Regel den Honorarzonen wie folgt zugeordnet:

Objektliste – Raumakustik	Honorarzone				
	I	**II**	**III**	**IV**	**V**
Pausenhallen, Spielhallen, Liege- und Wandelhallen	X				
Großraumbüros		X			
Unterrichts-, Vortrags- und Sitzungsräume					
▪ bis 500 m³		X			
▪ 500 bis 1 500 m³			X		
▪ über 1 500 m³				X	
Filmtheater					
▪ bis 1 000 m³		X			
▪ 1 000 bis 3 000 m³			X		
▪ über 3 000 m³				X	
Kirchen					
▪ bis 1 000 m³		X			
▪ 1 000 bis 3 000 m³			X		
▪ über 3 000 m³				X	
Sporthallen, Turnhallen					
▪ nicht teilbar, bis 1 000 m³		X			
▪ teilbar, bis 3 000 m³			X		
Mehrzweckhallen					
▪ bis 3 000 m³				X	
▪ über 3 000 m³					X
Konzertsäle, Theater, Opernhäuser					X
Tonaufnahmeräume, akustische Messräume					X
Innenräume mit veränderlichen akustischen Eigenschaften					X

(8) § 52 Absatz 3 kann sinngemäß angewendet werden.

1.3 Geotechnik

1.3.1 Anwendungsbereich

(1) Die Leistungen für Geotechnik umfassen die Beschreibung und Beurteilung der Baugrund- und Grundwasserverhältnisse für Gebäude und Ingenieurbauwerke im Hinblick auf das Objekt und die Erarbeitung einer Gründungsempfehlung. Dazu gehört auch die Beschreibung der Wechselwirkung zwischen Baugrund und Bauwerk sowie die Wechselwirkung mit der Umgebung.

(2) Die Leistungen umfassen insbesondere das Festlegen von Baugrundkennwerten und von Kennwerten für rechnerische Nachweise zur Standsicherheit und Gebrauchstauglichkeit des Objektes, die Abschätzung zum Schwankungsbereich des Grundwassers sowie die Einordnung des Baugrunds nach bautechnischen Klassifikationsmerkmalen.

1.3.2 Besondere Grundlagen des Honorars

(1) Das Honorar der Grundleistungen richtet sich nach den anrechenbaren Kosten der Tragwerksplanung nach § 50 Absatz 1 bis 3 für das gesamte Objekt aus Bauwerk und Baugrube.

1.3.3 Leistungsbild Geotechnik

(1) Grundleistungen umfassen die Beschreibung und Beurteilung der Baugrund- und Grundwasserverhältnisse sowie die daraus abzuleitenden Empfehlungen für die Gründung einschließlich der Angabe der Bemessungsgrößen für eine Flächen- oder Pfahlgründung, Hinweise zur Herstellung und Trockenhaltung der Baugrube und des Bauwerks, Angaben zur Auswirkung des Bauwerks auf die Umgebung und auf Nachbarbauwerke sowie Hinweise zur Bauausführung. Die Darstellung der Inhalte erfolgt im Geotechnischen Bericht.

(2) Die Grundleistungen werden in folgenden Teilleistungen zusammengefasst und wie folgt in Prozentsätzen der Honorare der Nummer 1.3.4 bewertet:[46]

Grundleistungen in Teilleistungen	Bewertung der Teilleistungen in Prozentsätzen der Honorare
1. Teilleistung a (Grundlagenermittlung und Erkundungskonzept)	15
2. Teilleistung b (Beschreiben der Baugrund- und Grundwasserverhältnisse)	35
3. Teilleistung c (Beurteilung der Baugrund- und Grundwasserverhältnisse, Empfehlungen, Hinweise, Angaben zur Bemessung der Gründung)	50

(3) Das Leistungsbild setzt sich wie folgt zusammen:

[46] Die nachfolgende tabellarische Darstellung entspricht in formaler Hinsicht (Anpassungen aufgrund des gewählten Layouts) nicht dem Verordnungstext. Sie wurde von den Autoren aus Gründen der besseren Lesbarkeit und Übersichtlichkeit gewählt.

Grundleistungen	Besondere Leistungen
Geotechnischer Bericht a) Grundlagenermittlung und Erkundungskonzept ▪ Klären der Aufgabenstellung, Ermitteln der Baugrund- und Grundwasserverhältnisse auf Basis vorhandener Unterlagen ▪ Festlegen und Darstellen der erforderlichen Baugrunderkundungen b) Beschreiben der Baugrund- und Grundwasserverhältnisse ▪ Auswerten und Darstellen der Baugrunderkundungen sowie der Labor- und Felduntersuchungen ▪ Abschätzen des Schwankungsbereichs von Wasserständen und/oder Druckhöhen im Boden ▪ Klassifizieren des Baugrunds und Festlegen der Baugrundkennwerte c) Beurteilung der Baugrund- und Grundwasserverhältnisse, Empfehlungen, Hinweise, Angaben zur Bemessung der Gründung ▪ Beurteilung des Baugrunds ▪ Empfehlung für die Gründung mit Angabe der geotechnischen Bemessungsparameter (zum Beispiel Angaben zur Bemessung einer Flächen- oder Pfahlgründung) ▪ Angabe der zu erwartenden Setzungen für die vom Tragwerksplaner im Rahmen der Entwurfsplanung nach § 49 zu erbringenden Grundleistungen ▪ Hinweise zur Herstellung und Trockenhaltung der Baugrube und des Bauwerks sowie Angaben zur Auswirkung der Baumaßnahme auf Nachbarbauwerke ▪ Allgemeine Angaben zum Erdbau ▪ Angaben zur geotechnischen Eignung von Aushubmaterial zur Wiederverwendung bei der betreffenden Baumaßnahme sowie Hinweise zur Bauausführung	▪ Beschaffen von Bestandsunterlagen ▪ Vorbereiten und Mitwirken bei der Vergabe von Aufschlussarbeiten und deren Überwachung ▪ Veranlassen von Labor- und Felduntersuchungen ▪ Aufstellen von geotechnischen Berechnungen zur Standsicherheit oder Gebrauchstauglichkeit, wie zum Beispiel Setzungs-, Grundbruch- und Geländebruchberechnungen ▪ Aufstellen von hydrogeologischen, geohydraulischen und besonderen numerischen Berechnungen ▪ Beratung zu Dränanlagen, Anlagen zur Grundwasserabsenkung oder sonstigen ständigen oder bauzeitlichen Eingriffen in das Grundwasser ▪ Beratung zu Probebelastungen sowie fachtechnisches Betreuen und Auswerten ▪ geotechnische Beratung zu Gründungselementen, Baugruben- oder Hangsicherungen und Erdbauwerken, Mitwirkung bei der Beratung zur Sicherung von Nachbarbauwerken ▪ Untersuchungen zur Berücksichtigung dynamischer Beanspruchungen bei der Bemessung des Objekts oder seiner Gründung sowie Beratungsleistungen zur Vermeidung oder Beherrschung von dynamischen Einflüssen ▪ Mitwirken bei der Bewertung von Nebenangeboten aus geotechnischer Sicht ▪ Mitwirken während der Planung oder Ausführung des Objekts sowie Besprechungs- und Ortstermine ▪ geotechnische Freigaben

1.3.4 Honorare Geotechnik

(1) Für die in Nummer 1.3.3 Absatz 3 genannten Grundleistungen sind die in der nachstehenden Honorartafel aufgeführten Honorarspannen Orientierungswerte:[47]

Honorartafel zu Grundleistungen der Geotechnik als Orientierungswerte

Anrechenbare Kosten in Euro	Honorarzone I sehr geringe Anforderungen von Euro	Honorarzone I bis / Honorarzone II geringe Anforderungen von Euro	Honorarzone II bis / Honorarzone III durchschnittliche Anforderungen von Euro	Honorarzone III bis / Honorarzone IV hohe Anforderungen von Euro	Honorarzone IV bis / Honorarzone V sehr hohe Anforderungen von Euro	Honorarzone V bis Euro
50.000	789	1.222	1.654	2.105	2.537	2.970
75.000	951	1.472	1.993	2.537	3.058	3.579
100.000	1.086	1.681	2.276	2.896	3.491	4.086
125.000	1.204	1.863	2.522	3.210	3.869	4.528
150.000	1.309	2.026	2.742	3.490	4.207	4.924
200.000	1.494	2.312	3.130	3.984	4.802	5.621
300.000	1.800	2.786	3.772	4.800	5.786	6.772
400.000	2.054	3.179	4.304	5.478	6.603	7.728
500.000	2.276	3.522	4.768	6.069	7.315	8.561
750.000	2.740	4.241	5.741	7.307	8.808	10.308
1.000.000	3.125	4.836	6.548	8.334	10.045	11.756
1.500.000	3.765	5.827	7.889	10.041	12.103	14.165
2.000.000	4.297	6.650	9.003	11.459	13.812	16.165
3.000.000	5.175	8.009	10.842	13.799	16.633	19.467
5.000.000	6.535	10.114	13.693	17.428	21.007	24.586
7.500.000	7.878	12.192	16.506	21.007	25.321	29.635
10.000.000	8.994	13.919	18.844	23.983	28.909	33.834
15.000.000	10.839	16.775	22.711	28.905	34.840	40.776
20.000.000	12.373	19.148	25.923	32.993	39.769	46.544
25.000.000	13.708	21.215	28.722	36.556	44.063	51.570

(2) Die Honorarzone wird bei den geotechnischen Grundleistungen aufgrund folgender Bewertungsmerkmale ermittelt:

1. Honorarzone I:
Gründungen mit sehr geringem Schwierigkeitsgrad, insbesondere gering setzungsempfindliche Objekte mit einheitlicher Gründungsart bei annähernd regelmäßigem Schichtenaufbau des Untergrunds mit einheitlicher Tragfähigkeit und Setzungsfähigkeit innerhalb der Baufläche;

[47] Die nachfolgende tabellarische Darstellung der Honorartafel entspricht in formaler Hinsicht (Anpassungen aufgrund des gewählten Layouts) nicht dem Verordnungstext (hier hinsichtlich der Überschriftenzeile in der Tabelle und der Überschneidung der Tafelwerte in den einzelnen Honorarzonen). Sie wurde von den Autoren aus Gründen der Übersichtlichkeit und besseren Lesbarkeit gewählt.

2. Honorarzone II:
   Gründungen mit geringem Schwierigkeitsgrad, insbesondere
   - setzungsempfindliche Objekte sowie gering setzungsempfindliche Objekte mit bereichsweise unterschiedlicher Gründungsart oder bereichsweise stark unterschiedlichen Lasten bei annähernd regelmäßigem Schichtenaufbau des Untergrunds mit einheitlicher Tragfähigkeit und Setzungsfähigkeit innerhalb der Baufläche,
   - gering setzungsempfindliche Objekte mit einheitlicher Gründungsart bei unregelmäßigem Schichtenaufbau des Untergrunds mit unterschiedlicher Tragfähigkeit und Setzungsfähigkeit innerhalb der Baufläche;
3. Honorarzone III:
   Gründungen mit durchschnittlichem Schwierigkeitsgrad, insbesondere
   - stark setzungsempfindliche Objekte bei annähernd regelmäßigem Schichtenaufbau des Untergrunds mit einheitlicher Tragfähigkeit und Setzungsfähigkeit innerhalb der Baufläche,
   - setzungsempfindliche Objekte sowie gering setzungsempfindliche Bauwerke mit bereichsweise unterschiedlicher Gründungsart oder bereichsweise stark unterschiedlichen Lasten bei unregelmäßigem Schichtenaufbau des Untergrunds mit unterschiedlicher Tragfähigkeit und Setzungsfähigkeit innerhalb der Baufläche,
   - gering setzungsempfindliche Objekte mit einheitlicher Gründungsart bei unregelmäßigem Schichtenaufbau des Untergrunds mit stark unterschiedlicher Tragfähigkeit und Setzungsfähigkeit innerhalb der Baufläche;
4. Honorarzone IV:
   Gründungen mit hohem Schwierigkeitsgrad, insbesondere
   - stark setzungsempfindliche Objekte bei unregelmäßigem Schichtenaufbau des Untergrunds mit unterschiedlicher Tragfähigkeit und Setzungsfähigkeit innerhalb der Baufläche,
   - setzungsempfindliche Objekte sowie gering setzungsempfindliche Objekte mit bereichsweise unterschiedlicher Gründungsart oder bereichsweise stark unterschiedlichen Lasten bei unregelmäßigem Schichtenaufbau des Untergrunds mit stark unterschiedlicher Tragfähigkeit und Setzungsfähigkeit innerhalb der Baufläche;
5. Honorarzone V:
   Gründungen mit sehr hohem Schwierigkeitsgrad, insbesondere
   - stark setzungsempfindliche Objekte bei unregelmäßigem Schichtenaufbau des Untergrunds mit stark unterschiedlicher Tragfähigkeit und Setzungsfähigkeit innerhalb der Baufläche.

(3) § 52 Absatz 3 ist sinngemäß anzuwenden.

(4) Die Aspekte des Grundwassereinflusses auf das Objekt und die Nachbarbebauung sind bei der Festlegung der Honorarzone zusätzlich zu berücksichtigen.

1.4 Ingenieurvermessung

1.4.1 Anwendungsbereich

(1) Leistungen der Ingenieurvermessung beziehen das Erfassen raumbezogener Daten über Bauwerke und Anlagen, Grundstücke und Topografie, das Erstellen von Plänen, das Übertragen von Planungen in die Örtlichkeit sowie das vermessungstechnische Überwachen der Bauausführung ein, soweit die Leistungen mit besonderen instrumentellen und vermessungstechnischen Verfahrensanforderungen erbracht werden müssen. Ausgenommen von Satz 1 sind Leistungen, die nach landesrechtlichen Vorschriften für Zwecke der Landesvermessung und des Liegenschaftskatasters durchgeführt werden.

(2) Zur Ingenieurvermessung gehören:

1. Planungsbegleitende Vermessungen für die Planung und den Entwurf von Gebäuden, Ingenieurbauwerken, Verkehrsanlagen sowie für Flächenplanungen,
2. Bauvermessung vor und während der Bauausführung und die abschließende Bestandsdokumentation von Gebäuden, Ingenieurbauwerken und Verkehrsanlagen,
3. sonstige vermessungstechnische Leistungen:
   - Vermessung an Objekten außerhalb der Planungs- und Bauphase,
   - Vermessung bei Wasserstraßen,
   - Fernerkundungen, die das Aufnehmen, Auswerten und Interpretieren von Luftbildern und anderer raumbezogener Daten umfassen, die durch Aufzeichnung über eine große Distanz erfasst sind, als Grundlage insbesondere für Zwecke der Raumordnung und des Umweltschutzes,
   - vermessungstechnische Leistungen zum Aufbau von geografisch-geometrischen Datenbasen für raumbezogene Informationssysteme sowie
   - vermessungstechnische Leistungen, soweit sie nicht in Absatz 1 und Absatz 2 erfasst sind.

1.4.2 Grundlagen des Honorars bei der Planungsbegleitenden Vermessung

(1) Das Honorar für Grundleistungen der Planungsbegleitenden Vermessung richtet sich nach der Summe der Verrechnungseinheiten, der Honorarzone in Nummer 1.4.3 und der Honorartafel in Nummer 1.4.8.

(2) Die Verrechnungseinheiten berechnen sich aus der Größe der aufzunehmenden Flächen und deren Punktdichte. Die Punktdichte beschreibt die durchschnittliche Anzahl der für die Erfassung der planungsrelevanten Daten je Hektar zu messenden Punkte.

(3) Abhängig von der Punktdichte werden die Flächen den nachstehenden Verrechnungseinheiten (VE) je Hektar (ha) zugeordnet: [48]

[48] Die nachfolgende tabellarische Darstellung entspricht in formaler Hinsicht (Anpassungen aufgrund des gewählten Layouts) nicht dem Verordnungstext. Sie wurde von den Autoren aus Gründen der Übersichtlichkeit und besseren Lesbarkeit gewählt.

Flächenklasse	Punktdichte	Verrechnungseinheiten je Hektar
1	bis 50 Punkte/ha	40 VE
2	51–73 Punkte/ha	50 VE
3	74–100 Punkte/ha	60 VE
4	101–131 Punkte/ha	70 VE
5	132–166 Punkte/ha	80 VE
6	167–203 Punkte/ha	90 VE
7	204–244 Punkte/ha	100 VE
8	245 –335 Punkte/ha	120 VE
9	336–494 Punkte/ha	150 VE
10	495–815 Punkte/ha	200 VE
11	816–1 650 Punkte/ha	300 VE
12	1 651–4 000 Punkte/ha	500 VE
13	4 001–9 000 Punkte/ha	800 VE

(4) Umfasst ein Auftrag Vermessungen für mehrere Objekte, so werden die Honorare für die Vermessung jedes Objekts getrennt berechnet.

1.4.3 Honorarzonen für Grundleistungen bei der Planungsbegleitenden Vermessung

(1) Die Honorarzone wird bei der Planungsbegleitenden Vermessung aufgrund folgender Bewertungsmerkmale ermittelt:[49]

Bewertungsmerkmale	Bewertung in Punkten
a) Qualität der vorhandenen Daten und Kartenunterlagen	
sehr hoch	1 Punkt
hoch	2 Punkte
befriedigend	3 Punkte
kaum ausreichend	4 Punkte
mangelhaft	5 Punkte
b) Qualität des vorhandenen geodätischen Raumbezugs	
sehr hoch	1 Punkt
hoch	2 Punkte
befriedigend	3 Punkte
kaum ausreichend	4 Punkte
mangelhaft	5 Punkte
c) Anforderungen an die Genauigkeit	
sehr gering	1 Punkt
gering	2 Punkte
durchschnittlich	3 Punkte
hoch	4 Punkte
sehr hoch	5 Punkte

49 Die nachfolgende tabellarische Darstellung der Honorarzonenbewertung entspricht in formaler Hinsicht (Anpassungen aufgrund des gewählten Layouts) nicht dem Verordnungstext. Sie wurde von den Autoren aus Gründen der Übersichtlichkeit und besseren Lesbarkeit gewählt.

Bewertungsmerkmale	Bewertung in Punkten
d) Beeinträchtigungen durch die Geländebeschaffenheit und bei der Begehbarkeit	
sehr gering	1 bis 2 Punkte
gering	3 bis 4 Punkte
durchschnittlich	5 bis 6 Punkte
hoch	7 bis 8 Punkte
sehr hoch	9 bis 10 Punkte
e) Behinderung durch Bebauung und Bewuchs	
sehr gering	1 bis 3 Punkte
gering	4 bis 6 Punkte
durchschnittlich	7 bis 9 Punkte
hoch	10 bis 12 Punkte
sehr hoch	13 bis 15 Punkte
f) Behinderung durch Verkehr	
sehr gering	1 bis 3 Punkte
gering	4 bis 6 Punkte
durchschnittlich	7 bis 9 Punkte
hoch	10 bis 12 Punkte
sehr hoch	13 bis 15 Punkte

(2) Die Honorarzone ergibt sich aus der Summe der Bewertungspunkte wie folgt:
Honorarzone I bis 13 Punkte,
Honorarzone II.: 14 bis 23 Punkte,
Honorarzone III.: 24 bis 34 Punkte,
Honorarzone IV 35 bis 44 Punkte,
Honorarzone V 45 bis 55 Punkte.

1.4.4 Leistungsbild Planungsbegleitende Vermessung

(1) Das Leistungsbild Planungsbegleitende Vermessung umfasst die Aufnahme planungsrelevanter Daten und die Darstellung in analoger und digitaler Form für die Planung und den Entwurf von Gebäuden, Ingenieurbauwerken, Verkehrsanlagen sowie für Flächenplanungen.

(2) Die Grundleistungen sind in vier Leistungsphasen zusammengefasst und werden wie folgt in Prozentsätzen der Honorare der Nummer 1.4.8 Absatz 1 bewertet:[50]

für die Leistungsphase	Bewertung der Grundleistungen in Prozentsätzen der Honorare
1 Grundlagenermittlung	5
2 Geodätischer Raumbezug	20
3 Vermessungstechnische Grundlagen	65
4 Digitales Geländemodell	10

50 Die nachfolgende tabellarische Darstellung der Leistungsbewertung entspricht in formaler Hinsicht (Anpassungen aufgrund des gewählten Layouts) nicht dem Verordnungstext. Sie wurde von den Autoren aus Gründen der Übersichtlichkeit und besseren Lesbarkeit gewählt.

(3) Das Leistungsbild setzt sich wie folgt zusammen:

Grundleistungen	Besondere Leistungen
1. Grundlagenermittlung a) Einholen von Informationen und Beschaffen von Unterlagen über die Örtlichkeit und das geplante Objekt b) Beschaffen vermessungstechnischer Unterlagen und Daten c) Ortsbesichtigung d) Ermitteln des Leistungsumfangs in Abhängigkeit von den Genauigkeitsanforderungen und dem Schwierigkeitsgrad	▪ Schriftliches Einholen von Genehmigungen zum Betreten von Grundstücken, von Bauwerken, zum Befahren von Gewässern und für anordnungsbedürftige Verkehrssicherungsmaßnahmen
2. Geodätischer Raumbezug a) Erkunden und Vermarken von Lage- und Höhenfestpunkten b) Fertigen von Punktbeschreibungen und Einmessungsskizzen c) Messungen zum Bestimmen der Fest- und Passpunkte d) Auswerten der Messungen und Erstellen des Koordinaten- und Höhenverzeichnisses	▪ Entwurf, Messung und Auswertung von Sondernetzen hoher Genauigkeit ▪ Vermarken aufgrund besonderer Anforderungen ▪ Aufstellung von Rahmenmessprogrammen
3. Vermessungstechnische Grundlagen a) Topographische/morphologische Geländeaufnahme einschließlich Erfassen von Zwangspunkten und planungsrelevanter Objekte b) Aufbereiten und Auswerten der erfassten Daten c) Erstellen eines digitalen Lagemodells mit ausgewählten planungsrelevanten Höhenpunkten d) Übernehmen von Kanälen, Leitungen, Kabeln und unterirdischen Bauwerken aus vorhandenen Unterlagen e) Übernehmen des Liegenschaftskatasters f) Übernehmen der bestehenden öffentlich-rechtlichen Festsetzungen g) Erstellen von Plänen mit Darstellen der Situation im Planungsbereich mit ausgewählten planungsrelevanten Höhenpunkten	▪ Maßnahmen für anordnungsbedürftige Verkehrssicherung ▪ Orten und Aufmessen des unterirdischen Bestandes ▪ Vermessungsarbeiten unter Tage, unter Wasser oder bei Nacht ▪ Detailliertes Aufnehmen bestehender Objekte und Anlagen neben der normalen topografischen Aufnahme, wie zum Beispiel Fassaden und Innenräume von Gebäuden ▪ Ermitteln von Gebäudeschnitten ▪ Aufnahmen über den festgelegten Planungsbereich hinaus ▪ Erfassen zusätzlicher Merkmale, wie zum Beispiel Baumkronen ▪ Eintragen von Eigentümerangaben ▪ Darstellen in verschiedenen Maßstäben

Grundleistungen	Besondere Leistungen
h) Liefern der Pläne und Daten in analoger und digitaler Form	▪ Ausarbeiten der Lagepläne entsprechend der rechtlichen Bedingungen für behördliche Genehmigungsverfahren ▪ Übernahme der Objektplanung in ein digitales Lagemodell
4. Digitales Geländemodell a) Selektion der die Geländeoberfläche beschreibenden Höhenpunkte und Bruchkanten aus der Geländeaufnahme b) Berechnung eines digitalen Geländemodells c) Ableitung von Geländeschnitten d) Darstellen der Höhen in Punkt-, Raster- oder Schichtlinienform e) Liefern der Pläne und Daten in analoger und digitaler Form	

1.4.5 Grundlagen des Honorars bei der Bauvermessung

(1) Das Honorar für Grundleistungen bei der Bauvermessung richtet sich nach den anrechenbaren Kosten des Objekts, der Honorarzone in Nummer 1.4.6 und der Honorartafel in Nummer 1.4.8 Absatz 2.

(2) Anrechenbare Kosten sind die Herstellungskosten des Objekts. Diese werden entsprechend § 4 Absatz 1 und
1. bei Gebäuden entsprechend § 33,
2. bei Ingenieurbauwerken entsprechend § 42,
3. bei Verkehrsanlagen entsprechend § 46

ermittelt.

Anrechenbar sind bei Ingenieurbauwerken 100 Prozent, bei Gebäuden und Verkehrsanlagen 80 Prozent der ermittelten Kosten.

(3) Die Absätze 1 und 2 sowie die Nummer 1.4.6 und Nummer 1.4.7 finden keine Anwendung für vermessungstechnische Grundleistungen bei ober- und unterirdischen Leitungen, Tunnel-, Stollen- und Kavernenbauwerken, innerörtlichen Verkehrsanlagen mit überwiegend innerörtlichem Verkehr, bei Geh- und Radwegen sowie Gleis- und Bahnsteiganlagen.

1.4.6 Honorarzonen für Grundleistungen bei der Bauvermessung

(1) Die Honorarzone wird bei der Bauvermessung aufgrund folgender Bewertungsmerkmale ermittelt:[51]

Bewertungsmerkmale	Bewertung in Punkten
a) Beeinträchtigungen durch die Geländebeschaffenheit und bei der Begehbarkeit	
sehr gering	1 Punkt
gering	2 Punkte
durchschnittlich	3 Punkte
hoch	4 Punkte
sehr hoch	5 Punkte
b) Behinderungen durch Bebauung und Bewuchs	
sehr gering	1 bis 2 Punkte
gering	3 bis 4 Punkte
durchschnittlich	5 bis 6 Punkte
hoch	7 bis 8 Punkte
sehr hoch	9 bis 10 Punkte
c) Behinderung durch Verkehr	
sehr gering	1 bis 2 Punkte
gering	3 bis 4 Punkte
durchschnittlich	5 bis 6 Punkte
hoch	7 bis 8 Punkte
sehr hoch	9 bis 10 Punkte
d) Anforderungen an die Genauigkeit	
sehr gering	1 bis 2 Punkte
gering	3 bis 4 Punkte
durchschnittlich	5 bis 6 Punkte
hoch	7 bis 8 Punkte
sehr hoch	9 bis 10 Punkte
e) Anforderungen durch die Geometrie des Objekts	
sehr gering	1 bis 2 Punkte
gering	3 bis 4 Punkte
durchschnittlich	5 bis 6 Punkte
hoch	7 bis 8 Punkte
sehr hoch	9 bis 10 Punkte
f) Behinderung durch den Baubetrieb	
sehr gering	1 bis 3 Punkte
gering	4 bis 6 Punkte
durchschnittlich	7 bis 9 Punkte
hoch	10 bis 12 Punkte
sehr hoch	13 bis 15 Punkte

(2) Die Honorarzone ergibt sich aus der Summe der Bewertungspunkte wie folgt:

Honorarzone I	bis 14 Punkte,
Honorarzone II	15 bis 25 Punkte,
Honorarzone III	26 bis 37 Punkte,
Honorarzone IV	38 bis 48 Punkte,
Honorarzone V	49 bis 60 Punkte.

[51] Es gelten die Hinweise in Fußnote 49 entsprechend.

1.4.7 Leistungsbild Bauvermessung

(1) Das Leistungsbild Bauvermessung umfasst die Vermessungsleistungen für den Bau und die abschließende Bestandsdokumentation von Gebäuden, Ingenieurbauwerken und Verkehrsanlagen.

(2) Die Grundleistungen werden in fünf Leistungsphasen zusammengefasst und wie folgt in Prozentsätzen der Honorare der Nummer 1.4.8 Absatz 2 bewertet:[52]

für die Leistungsphase	Bewertung der Grundleistungen in Prozentsätzen der Honorare
1 Baugeometrische Beratung	2
2 Absteckungsunterlagen	5
3 Bauvorbereitende Vermessung	16
4 Bauausführungsvermessung	62
5 Vermessungstechnische Überwachung der Bauausführung	15

(3) Das Leistungsbild setzt sich wie folgt zusammen:

Grundleistungen	Besondere Leistungen
1. Baugeometrische Beratung	
a) Ermitteln des Leistungsumfanges in Abhängigkeit vom Projekt b) Beraten, insbesondere im Hinblick auf die erforderlichen Genauigkeiten und zur Konzeption eines Messprogramms c) Festlegen eines für alle Beteiligten verbindlichen Maß-, Bezugs- und Benennungssystems	▪ Erstellen von vermessungstechnischen Leistungsbeschreibungen ▪ Erarbeiten von Organisationsvorschlägen über Zuständigkeiten, Verantwortlichkeit und Schnittstellen der Objektvermessung ▪ Erstellen von Messprogrammen für Bewegungs- und Deformationsmessungen einschließlich Vorgaben für die Baustelleneinrichtung
2. Absteckungsunterlagen	
a) Berechnen der Detailgeometrie anhand der Ausführungsplanung, Erstellen eines Absteckungsplanes und Berechnen von Absteckungsdaten einschließlich Aufzeigen von Widersprüchen (Absteckungsunterlagen)	▪ Durchführen von zusätzlichen Aufnahmen und ergänzenden Berechnungen, falls keine qualifizierten Unterlagen aus der Leistungsphase vermessungstechnische Grundlagen vorliegen ▪ Durchführen von Optimierungsberechnungen im Rahmen der Baugeometrie (zum Beispiel Flächennutzung, Abstandsflächen)

[52] Die nachfolgende tabellarische Darstellung der Leistungsbewertung entspricht in formaler Hinsicht (Anpassungen aufgrund des gewählten Layouts) nicht dem Verordnungstext. Sie wurde von den Autoren aus Gründen der Übersichtlichkeit und besseren Lesbarkeit gewählt.

Grundleistungen	Besondere Leistungen
	▪ Erarbeitung von Vorschlägen zur Beseitigung von Widersprüchen bei der Verwendung von Zwangspunkten (zum Beispiel bauordnungsrechtliche Vorgaben)
3. Bauvorbereitende Vermessung a) Prüfen und Ergänzen des bestehenden Festpunktfelds b) Zusammenstellung und Aufbereitung der Absteckungsdaten c) Absteckung: Übertragen der Projektgeometrie (Hauptpunkte) und des Baufelds in die Örtlichkeit d) Übergabe der Lage- und Höhenfestpunkte, der Hauptpunkte und der Absteckungsunterlagen an das bauausführende Unternehmen	▪ Absteckung auf besondere Anforderungen (zum Beispiel Archäologie, Ausholzung, Grobabsteckung, Kampfmittelräumung)
4. Bauausführungsvermessung a) Messungen zur Verdichtung des Lage- und Höhenfestpunktfeldes b) Messungen zur Überprüfung und Sicherung von Fest- und Achspunkten c) Baubegleitende Absteckungen der geometriebestimmenden Bauwerkspunkte nach Lage und Höhe d) Messungen zur Erfassung von Bewegungen und Deformationen des zu erstellenden Objekts an konstruktiv bedeutsamen Punkten e) Baubegleitende Eigenüberwachungsmessungen und deren Dokumentation f) Fortlaufende Bestandserfassung während der Bauausführung als Grundlage für den Bestandsplan	▪ Erstellen und Konkretisieren des Messprogramms ▪ Absteckungen unter Berücksichtigung von belastungs- und fertigungstechnischen Verformungen ▪ Prüfen der Maßgenauigkeit von Fertigteilen ▪ Aufmaß von Bauleistungen, soweit besondere vermessungstechnische Leistungen gegeben sind ▪ Ausgabe von Baustellenbestandsplänen während der Bauausführung ▪ Fortführen der vermessungstechnischen Bestandspläne nach Abschluss der Grundleistungen ▪ Herstellen von Bestandsplänen
5. Vermessungstechnische Überwachung der Bauausführung a) Kontrollieren der Bauausführung durch stichprobenartige Messungen an Schalungen und entstehenden Bauteilen (Kontrollmessungen) b) Fertigen von Messprotokollen	▪ Prüfen der Mengenermittlungen ▪ Beratung zu langfristigen vermessungstechnischen Objektüberwachungen im Rahmen der Ausführungskontrolle baulicher Maßnahmen und deren Durchführung

Grundleistungen	Besondere Leistungen
c) Stichprobenartige Bewegungs- und Deformationsmessungen an konstruktiv bedeutsamen Punkten des zu erstellenden Objekts	▪ Vermessungen für die Abnahme von Bauleistungen, soweit besondere vermessungstechnische Anforderungen gegeben sind

(4) Die Leistungsphase 4 ist abweichend von Absatz 2 bei Gebäuden mit 45 bis 62 Prozent zu bewerten.

1.4.8 Honorare für Grundleistungen bei der Ingenieurvermessung

(1) Für die in Nummer 1.4.4 Absatz 3 genannten Grundleistungen der Planungsbegleitenden Vermessung sind die in der nachstehenden Honorartafel aufgeführten Honorarspannen Orientierungswerte:[53]

Honorartafel zu Grundleistungen der Ingenieurvermessung als Orientierungswerte						
Verrechnungseinheiten	Honorarzone I sehr geringe Anforderungen von	Honorarzone I bis / Honorarzone II geringe Anforderungen von	Honorarzone II bis / Honorarzone III durchschnittliche Anforderungen von	Honorarzone III bis / Honorarzone IV hohe Anforderungen von	Honorarzone IV bis / Honorarzone V sehr hohe Anforderungen von	Honorarzone V bis
	Euro	Euro	Euro	Euro	Euro	Euro
6	658	777	914	1.051	1.170	1.289
20	953	1.123	1.306	1.489	1.659	1.828
50	1.480	1.740	2.000	2.260	2.520	2.780
103	2.225	2.616	3.007	3.399	3.790	4.182
188	3.325	3.826	4.327	4.829	5.330	5.831
278	4.320	4.931	5.542	6.153	6.765	7.376
359	5.156	5.826	6.547	7.217	7.939	8.609
435	5.881	6.656	7.437	8.212	8.994	9.768
506	6.547	7.383	8.219	9.055	9.892	10.728
659	7.867	8.859	9.815	10.809	11.765	12.757
822	9.187	10.299	11.413	12.513	13.625	14.737
1.105	11.332	12.667	14.002	15.336	16.672	18.006
1.400	13.525	14.977	16.532	18.086	19.642	21.196
2.033	17.714	19.597	21.592	23.586	25.582	27.576
2.713	21.894	24.217	26.652	29.086	31.522	33.956
3.430	26.074	28.837	31.712	34.586	37.462	40.336
4.949	34.434	38.077	41.832	45.586	49.342	53.096
7.385	46.974	51.937	57.012	62.086	67.162	72.236
11.726	67.874	75.037	82.312	89.586	96.862	104.136

53 Die nachfolgende tabellarische Darstellung der Honorartafel entspricht in formaler Hinsicht (Anpassungen aufgrund des gewählten Layouts) nicht dem Verordnungstext (hier hinsichtlich der Überschriftenzeile in der Tabelle und der Überschneidung der Tafelwerte in den einzelnen Honorarzonen). Sie wurde von den Autoren aus Gründen der Übersichtlichkeit und besseren Lesbarkeit gewählt.

(2) Für die in Nummer 1.4.7 Absatz 3 genannten Grundleistungen der Bauvermessung sind die in der nachstehenden Honorartafel aufgeführten Honorarspannen Orientierungswerte:[54]

Honorartafel zu Grundleistungen der Bauvermessung als Orientierungswerte						
Anrechenbare Kosten in Euro	Honorarzone I sehr geringe Anforderungen von Euro	Honorarzone I bis / Honorarzone II geringe Anforderungen von Euro	Honorarzone II bis / Honorarzone III durchschnittliche Anforderungen von Euro	Honorarzone III bis / Honorarzone IV hohe Anforderungen von Euro	Honorarzone IV bis / Honorarzone V sehr hohe Anforderungen von Euro	Honorarzone V bis Euro
50.000	4.282	4.782	5.283	5.839	6.339	6.840
75.000	4.648	5.191	5.734	6.338	6.881	7.424
100.000	5.002	5.586	6.171	6.820	7.405	7.989
150.000	5.684	6.349	7.013	7.751	8.416	9.080
200.000	6.344	7.086	7.827	8.651	9.393	10.134
250.000	6.987	7.804	8.621	9.528	10.345	11.162
300.000	7.618	8.508	9.399	10.388	11.278	12.169
400.000	8.848	9.883	10.917	12.066	13.100	14.134
500.000	10.048	11.222	12.397	13.702	14.876	16.051
600.000	11.223	12.535	13.847	15.304	16.616	17.928
750.000	12.950	14.464	15.978	17.659	19.173	20.687
1.000.000	15.754	17.596	19.437	21.483	23.325	25.166
1.500.000	21.165	23.639	26.113	28.862	31.336	33.810
2.000.000	26.393	29.478	32.563	35.990	39.075	42.160
2.500.000	31.488	35.168	38.849	42.938	46.619	50.299
3.000.000	36.480	40.744	45.008	49.745	54.009	58.273
4.000.000	46.224	51.626	57.029	63.032	68.435	73.838
5.000.000	55.720	62.232	68.745	75.981	82.494	89.007
7.500.000	78.690	87.888	97.085	107.305	116.502	125.700
10.000.000	100.876	112.667	124.458	137.559	149.350	161.140

1.4.9 Sonstige vermessungstechnische Leistungen

Für sonstige vermessungstechnische Leistungen nach Nummer 1.4.1 kann ein Honorar abweichend von den Grundsätzen gemäß Nummer 1.4 vereinbart werden.

[54] Es gelten die Hinweise in der Fußnote 53 entsprechend.

Anlage 2 (zu § 18 Absatz 2) Grundleistungen im Leistungsbild Flächennutzungsplan

Das Leistungsbild Flächennutzungsplan setzt sich aus folgenden Grundleistungen je Leistungsphase zusammen:

Leistungsphase 1: Vorentwurf für die frühzeitigen Beteiligungen

a) Zusammenstellen und Werten des vorhandenen Grundlagenmaterials
b) Erfassen der abwägungsrelevanten Sachverhalte
c) Ortsbesichtigungen
d) Festlegen ergänzender Fachleistungen und Formulieren von Entscheidungshilfen für die Auswahl anderer fachlich Beteiligter, soweit notwendig
e) Analysieren und Darstellen des Zustandes des Plangebiets, soweit für die Planung von Bedeutung und abwägungsrelevant, unter Verwendung hierzu vorliegender Fachbeiträge
f) Mitwirken beim Festlegen von Zielen und Zwecken der Planung
g) Erarbeiten des Vorentwurfes in der vorgeschriebenen Fassung mit Begründung für die frühzeitigen Beteiligungen nach den Bestimmungen des Baugesetzbuchs
h) Darlegen der wesentlichen Auswirkungen der Planung
i) Berücksichtigen von Fachplanungen
j) Mitwirken an der frühzeitigen Öffentlichkeitsbeteiligung einschließlich Erörterung der Planung
k) Mitwirken an der frühzeitigen Beteiligung der Behörden und Stellen, die Träger öffentlicher Belange sind
l) Mitwirken an der frühzeitigen Abstimmung mit den Nachbargemeinden
m) Abstimmen des Vorentwurfes für die frühzeitigen Beteiligungen in der vorgeschriebenen Fassung mit der Gemeinde

Leistungsphase 2: Entwurf zur öffentlichen Auslegung

a) Erarbeiten des Entwurfes in der vorgeschriebenen Fassung mit Begründung für die Öffentlichkeits- und Behördenbeteiligung nach den Bestimmungen des Baugesetzbuchs
b) Mitwirken an der Öffentlichkeitsbeteiligung
c) Mitwirken an der Beteiligung der Behörden und Stellen, die Träger öffentlicher Belange sind
d) Mitwirken an der Abstimmung mit den Nachbargemeinden
e) Mitwirken bei der Abwägung der Gemeinde zu Stellungnahmen aus frühzeitigen Beteiligungen
f) Abstimmen des Entwurfs mit der Gemeinde

Leistungsphase 3: Plan zur Beschlussfassung

a) Erarbeiten des Planes in der vorgeschriebenen Fassung mit Begründung für den Beschluss durch die Gemeinde
b) Mitwirken bei der Abwägung der Gemeinde zu Stellungnahmen
c) Erstellen des Planes in der durch Beschluss der Gemeinde aufgestellten Fassung.

Anlage 3 (zu § 19 Absatz 2)
Grundleistungen im Leistungsbild Bebauungsplan

Das Leistungsbild Bebauungsplan setzt sich aus folgenden Grundleistungen je Leistungsphase zusammen:

Leistungsphase 1: Vorentwurf für die frühzeitigen Beteiligungen

a) Zusammenstellen und Werten des vorhandenen Grundlagenmaterials
b) Erfassen der abwägungsrelevanten Sachverhalte
c) Ortsbesichtigungen
d) Festlegen ergänzender Fachleistungen und Formulieren von Entscheidungshilfen für die Auswahl anderer fachlich Beteiligter, soweit notwendig
e) Analysieren und Darstellen des Zustandes des Plangebiets, soweit für die Planung von Bedeutung und abwägungsrelevant, unter Verwendung hierzu vorliegender Fachbeiträge
f) Mitwirken beim Festlegen von Zielen und Zwecken der Planung
g) Erarbeiten des Vorentwurfes in der vorgeschriebenen Fassung mit Begründung für die frühzeitigen Beteiligungen nach den Bestimmungen des Baugesetzbuchs
h) Darlegen der wesentlichen Auswirkungen der Planung
i) Berücksichtigen von Fachplanungen
j) Mitwirken an der frühzeitigen Öffentlichkeitsbeteiligung einschließlich Erörterung der Planung
k) Mitwirken an der frühzeitigen Beteiligung der Behörden und Stellen, die Träger öffentlicher Belange sind
l) Mitwirken an der frühzeitigen Abstimmung mit den Nachbargemeinden
m) Abstimmen des Vorentwurfes für die frühzeitigen Beteiligungen in der vorgeschriebenen Fassung mit der Gemeinde

Leistungsphase 2: Entwurf zur öffentlichen Auslegung

a) Erarbeiten des Entwurfes in der vorgeschriebenen Fassung mit Begründung für die Öffentlichkeits- und Behördenbeteiligung nach den Bestimmungen des Baugesetzbuchs
b) Mitwirken an der Öffentlichkeitsbeteiligung
c) Mitwirken an der Beteiligung der Behörden und Stellen, die Träger öffentlicher Belange sind
d) Mitwirken an der Abstimmung mit den Nachbargemeinden
e) Mitwirken bei der Abwägung der Gemeinde zu Stellungnahmen aus frühzeitigen Beteiligungen
f) Abstimmen des Entwurfs mit der Gemeinde

Leistungsphase 3: Plan zur Beschlussfassung

a) Erarbeiten des Planes in der vorgeschriebenen Fassung mit Begründung für den Beschluss durch die Gemeinde
b) Mitwirken bei der Abwägung der Gemeinde zu Stellungnahmen
c) Erstellen des Planes in der durch Beschluss der Gemeinde aufgestellten Fassung.

Anlage 4 (zu § 23 Absatz 2) Grundleistungen im Leistungsbild Landschaftsplan

Das Leistungsbild Landschaftsplan setzt sich aus folgenden Grundleistungen je Leistungsphase zusammen:

Leistungsphase 1: Klären der Aufgabenstellung und Ermitteln des Leistungsumfangs

a) Zusammenstellen und Prüfen der vom Auftraggeber zur Verfügung gestellten planungsrelevanten Unterlagen
b) Ortsbesichtigungen
c) Abgrenzen des Planungsgebiets
d) Konkretisieren weiteren Bedarfs an Daten und Unterlagen
e) Beraten zum Leistungsumfang für ergänzende Untersuchungen und Fachleistungen
f) Aufstellen eines verbindlichen Arbeitsplans unter Berücksichtigung der sonstigen Fachbeiträge

Leistungsphase 2: Ermitteln der Planungsgrundlagen

a) Ermitteln und Beschreiben der planungsrelevanten Sachverhalte auf Grundlage vorhandener Unterlagen und Daten
b) Landschaftsbewertung nach den Zielen und Grundsätzen des Naturschutzes und der Landschaftspflege
c) Bewerten von Flächen und Funktionen des Naturhaushalts und des Landschaftsbildes hinsichtlich ihrer Eignung, Leistungsfähigkeit, Empfindlichkeit und Vorbelastung
d) Bewerten geplanter Eingriffe in Natur und Landschaft
e) Feststellen von Nutzungs- und Zielkonflikten
f) Zusammenfassendes Darstellen der Erfassung und Bewertung

Leistungsphase 3: Vorläufige Fassung

a) Formulieren von örtlichen Zielen und Grundsätzen zum Schutz, zur Pflege und Entwicklung von Natur und Landschaft einschließlich Erholungsvorsorge
b) Darlegen der angestrebten Flächenfunktionen und Flächennutzungen sowie der örtlichen Erfordernisse und Maßnahmen zur Umsetzung der konkretisierten Ziele des Naturschutzes und der Landschaftspflege
c) Erarbeiten von Vorschlägen zur Übernahme in andere Planungen, insbesondere in die Bauleitpläne
d) Hinweise auf Folgeplanungen und -maßnahmen
e) Mitwirken bei der Beteiligung der nach den Bestimmungen des Bundesnaturschutzgesetzes anerkannten Verbände
f) Mitwirken bei der Abstimmung der Vorläufigen Fassung mit der für Naturschutz und Landschaftspflege zuständigen Behörde
g) Abstimmen der Vorläufigen Fassung mit dem Auftraggeber

Leistungsphase 4: Abgestimmte Fassung

Darstellen des Landschaftsplans in der mit dem Auftraggeber abgestimmten Fassung in Text und Karte.

Anlage 5 (zu § 24 Absatz 2) Grundleistungen im Leistungsbild Grünordnungsplan

Das Leistungsbild Grünordnungsplan setzt sich aus folgenden Grundleistungen je Leistungsphase zusammen:

Leistungsphase 1: Klären der Aufgabenstellung und Ermitteln des Leistungsumfangs

a) Zusammenstellen und Prüfen der vom Auftraggeber zur Verfügung gestellten planungsrelevanten Unterlagen
b) Ortsbesichtigungen
c) Abgrenzen des Planungsgebiets
d) Konkretisieren weiteren Bedarfs an Daten und Unterlagen
e) Beraten zum Leistungsumfang für ergänzende Untersuchungen und Fachleistungen
f) Aufstellen eines verbindlichen Arbeitsplans unter Berücksichtigung der sonstigen Fachbeiträge

Leistungsphase 2: Ermitteln der Planungsgrundlagen

a) Ermitteln und Beschreiben der planungsrelevanten Sachverhalte auf Grundlage vorhandener Unterlagen und Daten
b) Bewerten der Landschaft nach den Zielen des Naturschutzes und der Landschaftspflege einschließlich der Erholungsvorsorge
c) Zusammenfassendes Darstellen der Bestandsaufnahme und Bewertung in Text und Karte

Leistungsphase 3: Vorläufige Fassung

a) Lösen der Planungsaufgabe und Erläutern der Ziele, Erfordernisse und Maßnahmen in Text und Karte
b) Darlegen der angestrebten Flächenfunktionen und Flächennutzungen
c) Darlegen von Gestaltungs-, Schutz-, Pflege- und Entwicklungsmaßnahmen
d) Vorschläge zur Übernahme in andere Planungen, insbesondere in die Bauleitplanung
e) Mitwirken bei der Abstimmung der vorläufigen Fassung mit der für den Naturschutz zuständigen Behörde
f) Bearbeiten der naturschutzrechtlichen Eingriffsregelung
   aa) Ermitteln und Bewerten der durch die Planung zu erwartenden Beeinträchtigungen des Naturhaushalts und des Landschaftsbildes nach Art, Umfang, Ort und zeitlichem Ablauf
   bb) Erarbeiten von Lösungen zur Vermeidung oder Verminderung erheblicher Beeinträchtigungen des Naturhaushalts und des Landschaftsbildes in Abstimmung mit den an der Planung fachlich Beteiligten
   cc) Ermitteln der unvermeidbaren Beeinträchtigungen
   dd) Vergleichendes Gegenüberstellen von unvermeidbaren Beeinträchtigungen und Ausgleich und Ersatz einschließlich Darstellen verbleibender, nicht ausgleichbarer oder ersetzbarer Beeinträchtigungen

ee) Darstellen und Begründen von Maßnahmen des Naturschutzes und der Landschaftspflege, insbesondere Ausgleichs-, Ersatz-, Gestaltungs- und Schutzmaßnahmen sowie Maßnahmen zur Unterhaltung und rechtlichen Sicherung von Ausgleichs- und Ersatzmaßnahmen

ff) Integrieren ergänzender, zulassungsrelevanter Regelungen und Maßnahmen aufgrund des Natura 2000-Gebietsschutzes und der Vorschriften zum besonderen Artenschutz auf Grundlage vorhandener Unterlagen

Leistungsphase 4: Abgestimmte Fassung

Darstellen des Grünordnungsplans oder Landschaftsplanerischen Fachbeitrags in der mit dem Auftraggeber abgestimmten Fassung in Text und Karte.

Anlage 6 (zu § 25 Absatz 2) Grundleistungen im Leistungsbild Landschaftsrahmenplan

Das Leistungsbild Landschaftsrahmenplan setzt sich aus folgenden Grundleistungen je Leistungsphase zusammen:

Leistungsphase 1: Klären der Aufgabenstellung und Ermitteln des Leistungsumfangs

a) Zusammenstellen und Prüfen der vom Auftraggeber zur Verfügung gestellten planungsrelevanten Unterlagen
b) Ortsbesichtigungen
c) Abgrenzen des Planungsgebiets
d) Konkretisieren weiteren Bedarfs an Daten und Unterlagen
e) Beraten zum Leistungsumfang für ergänzende Untersuchungen und Fachleistungen
f) Aufstellen eines verbindlichen Arbeitsplans unter Berücksichtigung der sonstigen Fachbeiträge

Leistungsphase 2: Ermitteln der Planungsgrundlagen

a) Ermitteln und Beschreiben der planungsrelevanten Sachverhalte auf Grundlage vorhandener Unterlagen und Daten
b) Landschaftsbewertung nach den Zielen und Grundsätzen des Naturschutzes und der Landschaftspflege
c) Bewerten von Flächen und Funktionen des Naturhaushalts und des Landschaftsbildes hinsichtlich ihrer Eignung, Leistungsfähigkeit, Empfindlichkeit und Vorbelastung
d) Bewerten geplanter Eingriffe in Natur und Landschaft
e) Feststellen von Nutzungs- und Zielkonflikten
f) Zusammenfassendes Darstellen der Erfassung und Bewertung

Leistungsphase 3: Vorläufige Fassung

a) Lösen der Planungsaufgabe und
b) Erläutern der Ziele, Erfordernisse und Maßnahmen in Text und Karte

Zu Buchstabe a) und b) gehören:
aa) Erstellen des Zielkonzepts
bb) Umsetzen des Zielkonzepts durch Schutz, Pflege und Entwicklung bestimmter Teile von Natur und Landschaft und durch Artenhilfsmaßnahmen für ausgewählte Tier- und Pflanzenarten
cc) Vorschläge zur Übernahme in andere Planungen, insbesondere in Regionalplanung, Raumordnung und Bauleitplanung
dd) Mitwirken bei der Abstimmung der vorläufigen Fassung mit der für den Naturschutz zuständigen Behörde
ee) Abstimmen der Vorläufigen Fassung mit dem Auftraggeber

Leistungsphase 4: Abgestimmte Fassung

Darstellen des Landschaftsrahmenplans in der mit dem Auftraggeber abgestimmten Fassung in Text und Karte.

Anlage 7 (zu § 26 Absatz 2) Grundleistungen im Leistungsbild Landschaftspflegerischer Begleitplan

Das Leistungsbild Landschaftspflegerischer Begleitplan setzt sich aus folgenden Grundleistungen je Leistungsphase zusammen:

Leistungsphase 1: Klären der Aufgabenstellung und Ermitteln des Leistungsumfangs

a) Zusammenstellen und Prüfen der vom Auftraggeber zur Verfügung gestellten planungsrelevanten Unterlagen
b) Ortsbesichtigungen
c) Abgrenzen des Planungsgebiets anhand der planungsrelevanten Funktionen
d) Konkretisieren weiteren Bedarfs an Daten und Unterlagen
e) Beraten zum Leistungsumfang für ergänzende Untersuchungen und Fachleistungen
f) Aufstellen eines verbindlichen Arbeitsplans unter Berücksichtigung der sonstigen Fachbeiträge

Leistungsphase 2: Ermitteln und Bewerten der Planungsgrundlagen

a) Bestandsaufnahme:
Erfassen von Natur und Landschaft jeweils einschließlich des rechtlichen Schutzstatus und fachplanerischer Festsetzungen und Ziele für die Naturgüter auf Grundlage vorhandener Unterlagen und örtlicher Erhebungen
b) Bestandsbewertung:
  aa) Bewerten der Leistungsfähigkeit und Empfindlichkeit des Naturhaushalts und des Landschaftsbildes nach den Zielen und Grundsätzen des Naturschutzes und der Landschaftspflege
  bb) Bewerten der vorhandenen Beeinträchtigungen von Natur und Landschaft (Vorbelastung)
  cc) Zusammenfassendes Darstellen der Ergebnisse als Grundlage für die Erörterung mit dem Auftraggeber

Leistungsphase 3: Vorläufige Fassung

a) Konfliktanalyse
b) Ermitteln und Bewerten der durch das Vorhaben zu erwartenden Beeinträchtigungen des Naturhaushalts und des Landschaftsbildes nach Art, Umfang, Ort und zeitlichem Ablauf
c) Konfliktminderung
d) Erarbeiten von Lösungen zur Vermeidung oder Verminderung erheblicher Beeinträchtigungen des Naturhaushalts und des Landschaftsbildes in Abstimmung mit den an der Planung fachlich Beteiligten
e) Ermitteln der unvermeidbaren Beeinträchtigungen
f) Erarbeiten und Begründen von Maßnahmen des Naturschutzes und der Landschaftspflege, insbesondere Ausgleichs-, Ersatz- und Gestaltungsmaßnahmen sowie von Angaben zur Unterhaltung dem Grunde nach und Vorschläge zur rechtlichen Sicherung von Ausgleichs- und Ersatzmaßnahmen

g) Integrieren von Maßnahmen aufgrund des Natura 2000-Gebietsschutzes sowie auf Grund der Vorschriften zum besonderen Artenschutz und anderer Umweltfachgesetze auf Grundlage vorhandener Unterlagen und Erarbeiten eines Gesamtkonzepts
h) Vergleichendes Gegenüberstellen von unvermeidbaren Beeinträchtigungen und Ausgleich und Ersatz einschließlich Darstellen verbleibender, nicht ausgleichbarer oder ersetzbarer Beeinträchtigungen
i) Kostenermittlung nach Vorgaben des Auftraggebers
j) Zusammenfassendes Darstellen der Ergebnisse in Text und Karte
k) Mitwirken bei der Abstimmung mit der für Naturschutz und Landschaftspflege zuständigen Behörde
l) Abstimmen der Vorläufigen Fassung mit dem Auftraggeber

Leistungsphase 4: Abgestimmte Fassung

Darstellen des Landschaftspflegerischen Begleitplans in der mit dem Auftraggeber abgestimmten Fassung in Text und Karte.

Anlage 8 (zu § 27 Absatz 2)
Grundleistungen im Leistungsbild Pflege- und Entwicklungsplan

Das Leistungsbild Pflege- und Entwicklungsplan setzt sich aus folgenden Grundleistungen je Leistungsphase zusammen:

Leistungsphase 1: Klären der Aufgabenstellung und Ermitteln des Leistungsumfangs

a) Zusammenstellen und Prüfen der vom Auftraggeber zur Verfügung gestellten planungsrelevanten Unterlagen
b) Ortsbesichtigungen
c) Abgrenzen des Planungsgebiets anhand der planungsrelevanten Funktionen
d) Konkretisieren weiteren Bedarfs an Daten und Unterlagen
e) Beraten zum Leistungsumfang für ergänzende Untersuchungen und Fachleistungen
f) Aufstellen eines verbindlichen Arbeitsplans unter Berücksichtigung der sonstigen Fachbeiträge

Leistungsphase 2: Ermitteln der Planungsgrundlagen

a) Ermitteln und Beschreiben der planungsrelevanten Sachverhalte aufgrund vorhandener Unterlagen
b) Auswerten und Einarbeiten von Fachbeiträgen
c) Bewerten der Bestandsaufnahmen einschließlich vorhandener Beeinträchtigungen sowie der abiotischen Faktoren hinsichtlich ihrer Standort- und Lebensraumbedeutung nach den Zielen und Grundsätzen des Naturschutzes
d) Beschreiben der Zielkonflikte mit bestehenden Nutzungen
e) Beschreiben des zu erwartenden Zustands von Arten und ihren Lebensräumen (Zielkonflikte mit geplanten Nutzungen)
f) Überprüfen der festgelegten Untersuchungsinhalte
g) Zusammenfassendes Darstellen von Erfassung und Bewertung in Text und Karte

Leistungsphase 3: Vorläufige Fassung

a) Lösen der Planungsaufgabe und Erläutern der Ziele, Erfordernisse und Maßnahmen in Text und Karte
b) Formulieren von Zielen zum Schutz, zur Pflege, zur Erhaltung und Entwicklung von Arten, Biotoptypen und naturnahen Lebensräumen bzw. Standortbedingungen
c) Erfassen und Darstellen von Flächen, auf denen eine Nutzung weiter betrieben werden soll und von Flächen, auf denen regelmäßig Pflegemaßnahmen durchzuführen sind sowie von Maßnahmen zur Verbesserung der ökologischen Standortverhältnisse und zur Änderung der Biotopstruktur
d) Erarbeiten von Vorschlägen für Maßnahmen zur Förderung bestimmter Tier- und Pflanzenarten, zur Lenkung des Besucherverkehrs, für die Durchführung der Pflege- und Entwicklungsmaßnahmen und für Änderungen von Schutzzweck und -zielen sowie Grenzen von Schutzgebieten
e) Erarbeiten von Hinweisen für weitere wissenschaftliche Untersuchungen (Monitoring), Folgeplanungen und Maßnahmen
f) Kostenermittlung
g) Abstimmen der Vorläufigen Fassung mit dem Auftraggeber

Leistungsphase 4: Abgestimmte Fassung

Darstellen des Pflege- und Entwicklungsplans in der mit dem Auftraggeber abgestimmten Fassung in Text und Karte.

Anlage 9 (zu § 18 Absatz 2, § 19 Absatz 2, § 23 Absatz 2, § 24 Absatz 2, § 25 Absatz 2, § 26 Absatz 2, § 27 Absatz 2) Besondere Leistungen zur Flächenplanung

Für die Leistungsbilder der Flächenplanung können insbesondere folgende Besondere Leistungen vereinbart werden:

1. Rahmensetzende Pläne und Konzepte:

a) Leitbilder
b) Entwicklungskonzepte
c) Masterpläne
d) Rahmenpläne

2. Städtebaulicher Entwurf:

a) Grundlagenermittlung
b) Vorentwurf
c) Entwurf

Der Städtebauliche Entwurf kann als Grundlage für Leistungen nach § 19 der HOAI dienen und Ergebnis eines städtebaulichen Wettbewerbes sein.

3. Leistungen zur Verfahrens- und Projektsteuerung sowie zur Qualitätssicherung:

a) Durchführen von Planungsaudits
b) Vorabstimmungen mit Planungsbeteiligten und Fachbehörden
c) Aufstellen und Überwachen von integrierten Terminplänen
d) Vor- und Nachbereiten von planungsbezogenen Sitzungen
e) Koordinieren von Planungsbeteiligten
f) Moderation von Planungsverfahren
g) Ausarbeiten von Leistungskatalogen für Leistungen Dritter
h) Mitwirken bei Vergabeverfahren für Leistungen Dritter (Einholung von Angeboten, Vergabevorschläge)
i) Prüfen und Bewerten von Leistungen Dritter
j) Mitwirken beim Ermitteln von Fördermöglichkeiten
k) Stellungnahmen zu Einzelvorhaben während der Planaufstellung

4. Leistungen zur Vorbereitung und inhaltlichen Ergänzung:

a) Erstellen digitaler Geländemodelle
b) Digitalisieren von Unterlagen
c) Anpassen von Datenformaten
d) Erarbeiten einer einheitlichen Planungsgrundlage aus unterschiedlichen Unterlagen
e) Strukturanalysen
f) Stadtbildanalysen, Landschaftsbildanalysen
g) Statistische und örtliche Erhebungen sowie Bedarfsermittlungen, zum Beispiel zur Versorgung, zur Wirtschafts-, Sozial- und Baustruktur sowie zur soziokulturellen Struktur
h) Befragungen und Interviews

i) Differenziertes Erheben, Kartieren, Analysieren und Darstellen von spezifischen Merkmalen und Nutzungen
j) Erstellen von Beiplänen, zum Beispiel für Verkehr, Infrastruktureinrichtungen, Flurbereinigungen, Grundbesitzkarten und Gütekarten unter Berücksichtigung der Pläne anderer an der Planung fachlich Beteiligter
k) Modelle
l) Erstellen zusätzlicher Hilfsmittel der Darstellung, zum Beispiel Fotomontagen, 3D-Darstellungen, Videopräsentationen

5. Verfahrensbegleitende Leistungen:

a) Vorbereiten und Durchführen des Scopings
b) Vorbereiten, Durchführen, Auswerten und Dokumentieren der formellen Beteiligungsverfahren
c) Ermitteln der voraussichtlich erheblichen Umweltauswirkungen für die Umweltprüfung
d) Erarbeiten des Umweltberichtes
e) Berechnen und Darstellen der Umweltschutzmaßnahmen
f) Bearbeiten der Anforderungen aus der naturschutzrechtlichen Eingriffsregelung in Bauleitplanungsverfahren
g) Erstellen von Sitzungsvorlagen, Arbeitsheften und anderen Unterlagen
h) Wesentliche Änderungen oder Neubearbeitung des Entwurfs nach Offenlage oder Beteiligungen, insbesondere nach Stellungnahmen
i) Ausarbeiten der Beratungsunterlagen der Gemeinde zu Stellungnahmen im Rahmen der formellen Beteiligungsverfahren
j) Leistungen für die Drucklegung, Erstellen von Mehrausfertigungen
k) Überarbeiten von Planzeichnungen und von Begründungen nach der Beschlussfassung (zum Beispiel Satzungsbeschluss)
l) Verfassen von Bekanntmachungstexten und Organisation der öffentlichen Bekanntmachungen
m) Mitteilen des Ergebnisses der Prüfung der Stellungnahmen an die Beteiligten
n) Benachrichtigen von Bürgern und Behörden, die Stellungnahmen abgegeben haben, über das Abwägungsergebnis
o) Erstellen der Verfahrensdokumentation
p) Erstellen und Fortschreiben eines digitalen Planungsordners
q) Mitwirken an der Öffentlichkeitsarbeit des Auftraggebers einschließlich Mitwirken an Informationsschriften und öffentlichen Diskussionen sowie Erstellen der dazu notwendigen Planungsunterlagen und Schriftsätze
r) Teilnehmen an Sitzungen von politischen Gremien des Auftraggebers oder an Sitzungen im Rahmen der Öffentlichkeitsbeteiligung
s) Mitwirken an Anhörungs- oder Erörterungsterminen
t) Leiten bzw. Begleiten von Arbeitsgruppen
u) Erstellen der zusammenfassenden Erklärung nach dem Baugesetzbuch
v) Anwenden komplexer Bilanzierungsverfahren im Rahmen der naturschutzrechtlichen Eingriffsregelung
w) Erstellen von Bilanzen nach fachrechtlichen Vorgaben
x) Entwickeln von Monitoringkonzepten und -maßnahmen
y) Ermitteln von Eigentumsverhältnissen, insbesondere Klären der Verfügbarkeit von geeigneten Flächen für Maßnahmen

6. Weitere besondere Leistungen bei landschaftsplanerischen Leistungen:

a) Erarbeiten einer Planungsraumanalyse im Rahmen einer Umweltverträglichkeitsstudie
b) Mitwirken an der Prüfung der Verpflichtung, zu einem Vorhaben oder einer Planung eine Umweltverträglichkeitsprüfung durchzuführen (Screening)
c) Erstellen einer allgemein verständlichen nichttechnischen Zusammenfassung nach dem Gesetz über die Umweltverträglichkeitsprüfung
d) Daten aus vorhandenen Unterlagen im Einzelnen ermitteln und aufbereiten
e) Örtliche Erhebungen, die nicht überwiegend der Kontrolle der aus Unterlagen erhobenen Daten dienen
f) Erstellen eines eigenständigen allgemein verständlichen Erläuterungsberichtes für Genehmigungsverfahren oder qualifizierende Zuarbeiten hierzu
g) Erstellen von Unterlagen im Rahmen von artenschutzrechtlichen Prüfungen oder Prüfungen zur Vereinbarkeit mit der Fauna-Flora-Habitat-Richtlinie
h) Kartieren von Biotoptypen, floristischen oder faunistischen Arten oder Artengruppen
i) Vertiefendes Untersuchen des Naturhaushalts, wie zum Beispiel der Geologie, Hydrogeologie, Gewässergüte und -morphologie, Bodenanalysen
j) Mitwirken an Beteiligungsverfahren in der Bauleitplanung
k) Mitwirken an Genehmigungsverfahren nach fachrechtlichen Vorschriften
l) Fortführen der mit dem Auftraggeber abgestimmten Fassung im Rahmen eines Genehmigungsverfahrens, Erstellen einer genehmigungsfähigen Fassung auf der Grundlage von Anregungen Dritter.

Anlage 10 (zu § 34 Absatz 4, § 35 Absatz 7) Grundleistungen im Leistungsbild Gebäude und Innenräume, Besondere Leistungen, Objektlisten

10.1 Leistungsbild Gebäude und Innenräume

Grundleistungen	Besondere Leistungen
LPH 1 Grundlagenermittlung	
a) Klären der Aufgabenstellung auf Grundlage der Vorgaben oder der Bedarfsplanung des Auftraggebers b) Ortsbesichtigung c) Beraten zum gesamten Leistungs- und Untersuchungsbedarf d) Formulieren der Entscheidungshilfen für die Auswahl anderer an der Planung fachlich Beteiligter e) Zusammenfassen, Erläutern und Dokumentieren der Ergebnisse	▪ Bedarfsplanung ▪ Bedarfsermittlung ▪ Aufstellen eines Funktionsprogramms ▪ Aufstellen eines Raumprogramms ▪ Standortanalyse ▪ Mitwirken bei Grundstücks- und Objektauswahl, -beschaffung und -übertragung ▪ Beschaffen von Unterlagen, die für das Vorhaben erheblich sind ▪ Bestandsaufnahme ▪ technische Substanzerkundung ▪ Betriebsplanung ▪ Prüfen der Umwelterheblichkeit ▪ Prüfen der Umweltverträglichkeit ▪ Machbarkeitsstudie ▪ Wirtschaftlichkeitsuntersuchung ▪ Projektstrukturplanung ▪ Zusammenstellen der Anforderungen aus Zertifizierungssystemen ▪ Verfahrensbetreuung, Mitwirken bei der Vergabe von Planungs- und Gutachterleistungen
LPH 2 Vorplanung (Projekt- und Planungsvorbereitung)	
a) Analysieren der Grundlagen, Abstimmen der Leistungen mit den fachlich an der Planung Beteiligten b) Abstimmen der Zielvorstellungen, Hinweisen auf Zielkonflikte c) Erarbeiten der Vorplanung, Untersuchen, Darstellen und Bewerten von Varianten nach gleichen Anforderungen, Zeichnungen im Maßstab nach Art und Größe des Objekts	▪ Aufstellen eines Katalogs für die Planung und Abwicklung der Programmziele ▪ Untersuchen alternativer Lösungsansätze nach verschiedenen Anforderungen einschließlich Kostenbewertung ▪ Beachten der Anforderungen des vereinbarten Zertifizierungssystems

Grundleistungen	Besondere Leistungen

d) Klären und Erläutern der wesentlichen Zusammenhänge, Vorgaben und Bedingungen (zum Beispiel städtebauliche, gestalterische, funktionale, technische, wirtschaftliche, ökologische, bauphysikalische, energiewirtschaftliche, soziale, öffentlich-rechtliche)
e) Bereitstellen der Arbeitsergebnisse als Grundlage für die anderen an der Planung fachlich Beteiligten sowie Koordination und Integration von deren Leistungen
f) Vorverhandlungen über die Genehmigungsfähigkeit
g) Kostenschätzung nach DIN 276, Vergleich mit den finanziellen Rahmenbedingungen
h) Erstellen eines Terminplans mit den wesentlichen Vorgängen des Planungs- und Bauablaufs
i) Zusammenfassen, Erläutern und Dokumentieren der Ergebnisse
	▪ Durchführen des Zertifizierungssystems
	▪ Ergänzen der Vorplanungsunterlagen auf Grund besonderer Anforderungen
	▪ Aufstellen eines Finanzierungsplanes
	▪ Mitwirken bei der Kredit- und Fördermittelbeschaffung
	▪ Durchführen von Wirtschaftlichkeitsuntersuchungen
	▪ Durchführen der Voranfrage (Bauanfrage)
	▪ Anfertigen von besonderen Präsentationshilfen, die für die Klärung im Vorentwurfsprozess nicht notwendig sind, zum Beispiel
	  ▪ Präsentationsmodelle
	  ▪ Perspektivische Darstellungen
	  ▪ Bewegte Darstellung/Animation
	  ▪ Farb- und Materialcollagen
	  ▪ digitales Geländemodell
	▪ 3-D oder 4-D Gebäudemodellbearbeitung (Building Information Modelling BIM)
	▪ Aufstellen einer vertieften Kostenschätzung nach Positionen einzelner Gewerke
	▪ Fortschreiben des Projektstrukturplanes
	▪ Aufstellen von Raumbüchern
	▪ Erarbeiten und Erstellen von besonderen bauordnungsrechtlichen Nachweisen für den vorbeugenden und organisatorischen Brandschutz bei baulichen Anlagen besonderer Art und Nutzung, Bestandsbauten oder im Falle von Abweichungen von der Bauordnung

Grundleistungen	Besondere Leistungen
LPH 3 Entwurfsplanung (System- und Integrationsplanung)	
a) Erarbeiten der Entwurfsplanung, unter weiterer Berücksichtigung der wesentlichen Zusammenhänge, Vorgaben und Bedingungen (zum Beispiel städtebauliche, gestalterische, funktionale, technische, wirtschaftliche, ökologische, soziale, öffentlich-rechtliche) auf der Grundlage der Vorplanung und als Grundlage für die weiteren Leistungsphasen und die erforderlichen öffentlich-rechtlichen Genehmigungen unter Verwendung der Beiträge anderer an der Planung fachlich Beteiligter. Zeichnungen nach Art und Größe des Objekts im erforderlichen Umfang und Detaillierungsgrad unter Berücksichtigung aller fachspezifischen Anforderungen, zum Beispiel bei Gebäuden im Maßstab 1:100, zum Beispiel bei Innenräumen im Maßstab 1:50 bis 1:20 b) Bereitstellen der Arbeitsergebnisse als Grundlage für die anderen an der Planung fachlich Beteiligten sowie Koordination und Integration von deren Leistungen c) Objektbeschreibung d) Verhandlungen über die Genehmigungsfähigkeit e) Kostenberechnung nach DIN 276 und Vergleich mit der Kostenschätzung f) Fortschreiben des Terminplans g) Zusammenfassen, Erläutern und Dokumentieren der Ergebnisse	▪ Analyse der Alternativen/Varianten und deren Wertung mit Kostenuntersuchung (Optimierung) ▪ Wirtschaftlichkeitsberechnung ▪ Aufstellen und Fortschreiben einer vertieften Kostenberechnung ▪ Fortschreiben von Raumbüchern
LPH 4 Genehmigungsplanung	
a) Erarbeiten und Zusammenstellen der Vorlagen und Nachweise für öffentlich-rechtliche Genehmigungen oder Zustimmungen einschließlich der Anträge auf Ausnahmen und Befreiungen, sowie notwendiger Verhandlungen mit Behörden unter Verwendung der Beiträge anderer an der Planung fachlich Beteiligter b) Einreichen der Vorlagen	▪ Mitwirken bei der Beschaffung der nachbarlichen Zustimmung ▪ Nachweise, insbesondere technischer, konstruktiver und bauphysikalischer Art, für die Erlangung behördlicher Zustimmungen im Einzelfall ▪ Fachliche und organisatorische Unterstützung des Bauherrn im Widerspruchsverfahren, Klageverfahren oder ähnlichen Verfahren

Grundleistungen	Besondere Leistungen
c) Ergänzen und Anpassen der Planungsunterlagen, Beschreibungen und Berechnungen	
LPH 5 Ausführungsplanung	
a) Erarbeiten der Ausführungsplanung mit allen für die Ausführung notwendigen Einzelangaben (zeichnerisch und textlich) auf der Grundlage der Entwurfs- und Genehmigungsplanung bis zur ausführungsreifen Lösung, als Grundlage für die weiteren Leistungsphasen b) Ausführungs-, Detail- und Konstruktionszeichnungen nach Art und Größe des Objekts im erforderlichen Umfang und Detaillierungsgrad unter Berücksichtigung aller fachspezifischen Anforderungen, zum Beispiel bei Gebäuden im Maßstab 1:50 bis 1:1, zum Beispiel bei Innenräumen im Maßstab 1:20 bis 1:1 c) Bereitstellen der Arbeitsergebnisse als Grundlage für die anderen an der Planung fachlich Beteiligten, sowie Koordination und Integration von deren Leistungen d) Fortschreiben des Terminplans e) Fortschreiben der Ausführungsplanung auf Grund der gewerkeorientierten Bearbeitung während der Objektausführung f) Überprüfen erforderlicher Montagepläne der vom Objektplaner geplanten Baukonstruktionen und baukonstruktiven Einbauten auf Übereinstimmung mit der Ausführungsplanung	▪ Aufstellen einer detaillierten Objektbeschreibung als Grundlage der Leistungsbeschreibung mit Leistungsprogramm[x] ▪ Prüfen der vom bauausführenden Unternehmen aufgrund der Leistungsbeschreibung mit Leistungsprogramm ausgearbeiteten Ausführungspläne auf Übereinstimmung mit der Entwurfsplanung[x] ▪ Fortschreiben von Raumbüchern in detaillierter Form ▪ Mitwirken beim Anlagenkennzeichnungssystem (AKS) ▪ Prüfen und Anerkennen von Plänen Dritter, nicht an der Planung fachlich Beteiligter auf Übereinstimmung mit den Ausführungsplänen (zum Beispiel Werkstattzeichnungen von Unternehmen, Aufstellungs- und Fundamentpläne nutzungsspezifischer oder betriebstechnischer Anlagen), soweit die Leistungen Anlagen betreffen, die in den anrechenbaren Kosten nicht erfasst sind [x] Diese Besondere Leistung wird bei Leistungsbeschreibung mit Leistungsprogramm ganz oder teilweise Grundleistung. In diesem Fall entfallen die entsprechenden Grundleistungen dieser Leistungsphase.

Grundleistungen	Besondere Leistungen
LPH 6 Vorbereitung der Vergabe	
a) Aufstellen eines Vergabeterminplans b) Aufstellen von Leistungsbeschreibungen mit Leistungsverzeichnissen nach Leistungsbereichen, Ermitteln und Zusammenstellen von Mengen auf der Grundlage der Ausführungsplanung unter Verwendung der Beiträge anderer an der Planung fachlich Beteiligter c) Abstimmen und Koordinieren der Schnittstellen zu den Leistungsbeschreibungen der an der Planung fachlich Beteiligten d) Ermitteln der Kosten auf der Grundlage vom Planer bepreister Leistungsverzeichnisse e) Kostenkontrolle durch Vergleich der vom Planer bepreisten Leistungsverzeichnisse mit der Kostenberechnung f) Zusammenstellen der Vergabeunterlagen für alle Leistungsbereiche	▪ Aufstellen der Leistungsbeschreibungen mit Leistungsprogramm auf der Grundlage der detaillierten Objektbeschreibung[x] ▪ Aufstellen von alternativen Leistungsbeschreibungen für geschlossene Leistungsbereiche ▪ Aufstellen von vergleichenden Kostenübersichten unter Auswertung der Beiträge anderer an der Planung fachlich Beteiligter [x] Diese Besondere Leistung wird bei einer Leistungsbeschreibung mit Leistungsprogramm ganz oder teilweise zur Grundleistung. In diesem Fall entfallen die entsprechenden Grundleistungen dieser Leistungsphase.
LPH 7 Mitwirkung bei der Vergabe	
a) Koordinieren der Vergaben der Fachplaner b) Einholen von Angeboten c) Prüfen und Werten der Angebote einschließlich Aufstellen eines Preisspiegels nach Einzelpositionen oder Teilleistungen, Prüfen und Werten der Angebote zusätzlicher und geänderter Leistungen der ausführenden Unternehmen und der Angemessenheit der Preise d) Führen von Bietergesprächen e) Erstellen der Vergabevorschläge, Dokumentation des Vergabeverfahrens f) Zusammenstellen der Vertragsunterlagen für alle Leistungsbereiche g) Vergleichen der Ausschreibungsergebnisse mit den vom Planer bepreisten Leistungsverzeichnissen oder der Kostenberechnung h) Mitwirken bei der Auftragserteilung	▪ Prüfen und Werten von Nebenangeboten mit Auswirkungen auf die abgestimmte Planung ▪ Mitwirken bei der Mittelabflussplanung ▪ Fachliche Vorbereitung und Mitwirken bei Nachprüfungsverfahren ▪ Mitwirken bei der Prüfung von bauwirtschaftlich begründeten Nachtragsangeboten ▪ Prüfen und Werten der Angebote aus Leistungsbeschreibung mit Leistungsprogramm einschließlich Preisspiegel[x] ▪ Aufstellen, Prüfen und Werten von Preisspiegeln nach besonderen Anforderungen [x] Diese Besondere Leistung wird bei Leistungsbeschreibung mit Leistungsprogramm ganz oder teilweise Grundleistung. In diesem Fall entfallen die entsprechenden Grundleistungen dieser Leistungsphase.

Grundleistungen	Besondere Leistungen
LPH 8 Objektüberwachung (Bauüberwachung) und Dokumentation a) Überwachen der Ausführung des Objektes auf Übereinstimmung mit der öffentlich-rechtlichen Genehmigung oder Zustimmung, den Verträgen mit ausführenden Unternehmen, den Ausführungsunterlagen, den einschlägigen Vorschriften sowie mit den allgemein anerkannten Regeln der Technik b) Überwachen der Ausführung von Tragwerken mit sehr geringen und geringen Planungsanforderungen auf Übereinstimmung mit dem Standsicherheitsnachweis c) Koordinieren der an der Objektüberwachung fachlich Beteiligten d) Aufstellen, Fortschreiben und Überwachen eines Terminplans (Balkendiagramm) e) Dokumentation des Bauablaufs (zum Beispiel Bautagebuch) f) Gemeinsames Aufmaß mit den ausführenden Unternehmen g) Rechnungsprüfung einschließlich Prüfen der Aufmaße der bauausführenden Unternehmen h) Vergleich der Ergebnisse der Rechnungsprüfungen mit den Auftragssummen einschließlich Nachträgen i) Kostenkontrolle durch Überprüfen der Leistungsabrechnung der bauausführenden Unternehmen im Vergleich zu den Vertragspreisen j) Kostenfeststellung, zum Beispiel nach DIN 276 k) Organisation der Abnahme der Bauleistungen unter Mitwirkung anderer an der Planung und Objektüberwachung fachlich Beteiligter, Feststellung von Mängeln, Abnahmeempfehlung für den Auftraggeber l) Antrag auf öffentlich-rechtliche Abnahmen und Teilnahme daran m) Systematische Zusammenstellung der Dokumentation, zeichnerischen Darstellungen und rechnerischen Ergebnisse des Objekts	▪ Aufstellen, Überwachen und Fortschreiben eines Zahlungsplanes ▪ Aufstellen, Überwachen und Fortschreiben von differenzierten Zeit-, Kosten- oder Kapazitätsplänen ▪ Tätigkeit als verantwortlicher Bauleiter, soweit diese Tätigkeit nach jeweiligem Landesrecht über die Grundleistungen der LPH 8 hinausgeht

Grundleistungen

n) Übergabe des Objekts
o) Auflisten der Verjährungsfristen für Mängelansprüche
p) Überwachen der Beseitigung der bei der Abnahme festgestellten Mängel

LPH 9 Objektbetreuung

a) Fachliche Bewertung der innerhalb der Verjährungsfristen für Gewährleistungsansprüche festgestellten Mängel, längstens jedoch bis zum Ablauf von fünf Jahren seit Abnahme der Leistung, einschließlich notwendiger Begehungen
b) Objektbegehung zur Mängelfeststellung vor Ablauf der Verjährungsfristen für Mängelansprüche gegenüber den ausführenden Unternehmen
c) Mitwirken bei der Freigabe von Sicherheitsleistungen

Besondere Leistungen

- Überwachen der Mängelbeseitigung innerhalb der Verjährungsfrist
- Erstellen einer Gebäudebestandsdokumentation
- Aufstellen von Ausrüstungs- und Inventarverzeichnissen
- Erstellen von Wartungs- und Pflegeanweisungen
- Erstellen eines Instandhaltungskonzepts
- Objektbeobachtung
- Objektverwaltung
- Baubegehungen nach Übergabe
- Aufbereiten der Planungs- und Kostendaten für eine Objektdatei oder Kostenrichtwerte
- Evaluieren von Wirtschaftlichkeitsberechnungen

10.2 Objektliste Gebäude

Nachstehende Gebäude werden in der Regel folgenden Honorarzonen zugerechnet:

Objektliste Gebäude	Honorarzone				
	I	II	III	IV	V
Wohnen					
▪ Einfache Behelfsbauten für vorübergehende Nutzung	X				
▪ Einfache Wohnbauten mit gemeinschaftlichen Sanitär- und Kücheneinrichtungen		X			
▪ Einfamilienhäuser, Wohnhäuser oder Hausgruppen in verdichteter Bauweise			X	X	
▪ Wohnheime, Gemeinschaftsunterkünfte, Jugendherbergen, -freizeitzentren, -stätten			X	X	
Ausbildung/Wissenschaft/Forschung					
▪ Offene Pausen-, Spielhallen	X				
▪ Studentenhäuser			X	X	
▪ Schulen mit durchschnittlichen Planungsanforderungen, zum Beispiel Grundschulen, weiterführende Schulen und Berufsschulen			X		
▪ Schulen mit hohen Planungsanforderungen, Bildungszentren, Hochschulen, Universitäten, Akademien				X	
▪ Hörsaal-, Kongresszentren				X	
▪ Labor- oder Institutsgebäude				X	X
Büro/Verwaltung/Staat/Kommune					
▪ Büro-, Verwaltungsgebäude			X	X	
▪ Wirtschaftsgebäude, Bauhöfe			X	X	
▪ Parlaments-, Gerichtsgebäude				X	
▪ Bauten für den Strafvollzug				X	X
▪ Feuerwachen, Rettungsstationen			X	X	
▪ Sparkassen- oder Bankfilialen			X	X	
▪ Büchereien, Bibliotheken, Archive			X	X	
Gesundheit/Betreuung					
▪ Liege- oder Wandelhallen	X				
▪ Kindergärten, Kinderhorte			X		
▪ Jugendzentren, Jugendfreizeitstätten			X		
▪ Betreuungseinrichtungen, Altentagesstätten			X		
▪ Pflegeheime oder Bettenhäuser, ohne oder mit medizinisch-technischer Einrichtungen,			X	X	
▪ Unfall-, Sanitätswachen, Ambulatorien		X	X		
▪ Therapie- oder Rehabilitationseinrichtungen, Gebäude für Erholung, Kur oder Genesung			X	X	
▪ Hilfskrankenhäuser			X		
▪ Krankenhäuser der Versorgungsstufe I oder II, Krankenhäuser besonderer Zweckbestimmung				X	
▪ Krankenhäuser der Versorgungsstufe III, Universitätskliniken					X

Objektliste Gebäude	Honorarzone				
	I	II	III	IV	V
Handel und Verkauf/Gastgewerbe					
▪ Einfache Verkaufslager, Verkaufsstände, Kioske		X			
▪ Ladenbauten, Discounter, Einkaufszentren, Märkte, Messehallen			X	X	
▪ Gebäude für Gastronomie, Kantinen oder Mensen			X	X	
▪ Großküchen, mit oder ohne Speiseräume				X	
▪ Pensionen, Hotels			X	X	
Freizeit/Sport					
▪ Einfache Tribünenbauten		X			
▪ Bootshäuser		X			
▪ Turn- oder Sportgebäude			X	X	
▪ Mehrzweckhallen, Hallenschwimmbäder, Großsportstätten				X	X
Gewerbe/Industrie/Landwirtschaft					
▪ Einfache Landwirtschaftliche Gebäude, zum Beispiel Feldscheunen, Einstellhallen	X				
▪ Landwirtschaftliche Betriebsgebäude, Stallanlagen		X	X	X	
▪ Gewächshäuser für die Produktion		X			
▪ Einfache geschlossene, eingeschossige Hallen, Werkstätten		X			
▪ Spezielle Lagergebäude, zum Beispiel Kühlhäuser			X		
▪ Werkstätten, Fertigungsgebäude des Handwerks oder der Industrie		X	X	X	
▪ Produktionsgebäude der Industrie			X	X	X
Infrastruktur					
▪ Offene Verbindungsgänge, Überdachungen, zum Beispiel Wetterschutzhäuser, Carports	X				
▪ Einfache Garagenbauten		X			
▪ Parkhäuser, -garagen, Tiefgaragen, jeweils mit integrierten weiteren Nutzungsarten		X	X		
▪ Bahnhöfe oder Stationen verschiedener öffentlicher Verkehrsmittel				X	
▪ Flughäfen				X	X
▪ Energieversorgungzentralen, Kraftwerksgebäude, Großkraftwerke				X	X
Kultur-/Sakralbauten					
▪ Pavillons für kulturelle Zwecke		X	X		
▪ Bürger-, Gemeindezentren, Kultur-/Sakralbauten, Kirchen				X	
▪ Mehrzweckhallen für religiöse oder kulturelle Zwecke				X	
▪ Ausstellungsgebäude, Lichtspielhäuser			X	X	
▪ Museen				X	X
▪ Theater-, Opern-, Konzertgebäude				X	X
▪ Studiogebäude für Rundfunk oder Fernsehen				X	X

10.3 Objektliste Innenräume

Nachstehende Innenräume werden in der Regel folgenden Honorarzonen zugerechnet:

Objektliste Innenräume	Honorarzone				
	I	II	III	IV	V
▪ Einfachste Innenräume für vorübergehende Nutzung ohne oder mit einfachsten seriellen Einrichtungsgegenständen	X				
▪ Innenräume mit geringer Planungsanforderung, unter Verwendung von serienmäßig hergestellten Möbeln und Ausstattungsgegenständen einfacher Qualität, ohne technische Ausstattung		X			
▪ Innenräume mit durchschnittlicher Planungsanforderung, zum überwiegenden Teil unter Verwendung von serienmäßig hergestellten Möbeln und Ausstattungsgegenständen oder mit durchschnittlicher technischer Ausstattung			X		
▪ Innenräume mit hohen Planungsanforderungen, unter Mitverwendung von serienmäßig hergestellten Möbeln und Ausstattungsgegenständen gehobener Qualität oder gehobener technischer Ausstattung				X	
▪ Innenräume mit sehr hohen Planungsanforderungen, unter Verwendung von aufwendiger Einrichtung oder Ausstattung oder umfangreicher technischer Ausstattung					X
Wohnen					
▪ Einfachste Räume ohne Einrichtung oder für vorübergehende Nutzung	X				
▪ Einfache Wohnräume mit geringen Anforderungen an Gestaltung oder Ausstattung		X			
▪ Wohnräume mit durchschnittlichen Anforderungen, serielle Einbauküchen			X		
▪ Wohnräume in Gemeinschaftsunterkünften oder Heimen			X		
▪ Wohnräume gehobener Anforderungen, individuell geplante Küchen und Bäder				X	
▪ Dachgeschoßausbauten, Wintergärten				X	
▪ Individuelle Wohnräume in anspruchsvoller Gestaltung mit aufwendiger Einrichtung, Ausstattung und technischer Ausrüstung					X
Ausbildung/Wissenschaft/Forschung					
▪ Einfache offene Hallen	X				
▪ Lager- oder Nebenräume mit einfacher Einrichtung oder Ausstattung		X			
▪ Gruppenräume, zum Beispiel in Kindergärten, Kinderhorten, Jugendzentren, Jugendherbergen, Jugendheimen			X	X	
▪ Klassenzimmer, Hörsäle, Seminarräume, Büchereien, Mensen			X	X	

Objektliste Innenräume	Honorarzone I	II	III	IV	V
▪ Aulen, Bildungszentren, Bibliotheken, Labore, Lehrküchen mit oder ohne Speise- oder Aufenthaltsräume, Fachunterrichtsräume mit technischer Ausstattung				X	
▪ Kongress-, Konferenz-, Seminar-, Tagungsbereiche mit individuellem Ausbau und Einrichtung und umfangreicher technischer Ausstattung				X	
▪ Räume wissenschaftlicher Forschung mit hohen Ansprüchen und technischer Ausrüstung					X
Büro/Verwaltung/Staat/Kommune					
▪ Innere Verkehrsflächen	X				
▪ Post-, Kopier-, Putz- oder sonstige Nebenräume ohne baukonstruktive Einbauten		X			
▪ Büro-, Verwaltungs-, Aufenthaltsräume mit durchschnittlichen Anforderungen, Treppenhäuser, Wartehallen, Teeküchen			X		
▪ Räume für sanitäre Anlagen, Werkräume, Wirtschaftsräume, Technikräume			X		
▪ Eingangshallen, Sitzungs- oder Besprechungsräume, Kantinen, Sozialräume			X	X	
▪ Kundenzentren, -ausstellungen, -präsentationen			X	X	
▪ Versammlungs-, Konferenzbereiche, Gerichtssäle, Arbeitsbereiche von Führungskräften mit individueller Gestaltung oder Einrichtung oder gehobener technischer Ausstattung				X	
▪ Geschäfts-, Versammlungs- oder Konferenzräume mit anspruchsvollem Ausbau oder anspruchsvoller Einrichtung, aufwendiger Ausstattung oder sehr hohen technischen Anforderungen					X
Gesundheit/Betreuung					
▪ Offene Spiel- oder Wandelhallen	X				
▪ Einfache Ruhe- oder Nebenräume		X			
▪ Sprech-, Betreuungs-, Patienten-, Heimzimmer oder Sozialräume mit durchschnittlichen Anforderungen ohne medizintechnische Ausrüstung			X		
▪ Behandlungs- oder Betreuungsbereiche mit medizintechnischer Ausrüstung oder Einrichtung in Kranken-, Therapie-, Rehabilitations- oder Pflege-einrichtungen, Arztpraxen				X	
▪ Operations-, Kreißsäle, Röntgenräume				X	X
Handel/Gastgewerbe					
▪ Verkaufsstände für vorübergehende Nutzung	X				
▪ Kioske, Verkaufslager, Nebenräume mit einfacher Einrichtung und Ausstattung		X			
▪ Durchschnittliche Laden- oder Gasträume, Einkaufsbereiche, Schnellgaststätten			X		

Objektliste Innenräume	**Honorarzone**				
	I	**II**	**III**	**IV**	**V**
▪ Fachgeschäfte, Boutiquen, Showrooms, Lichtspieltheater, Großküchen				X	
▪ Messestände, bei Verwendung von System- oder Modulbauteilen			X		
▪ Individuelle Messestände				X	
▪ Gasträume, Sanitärbereiche gehobener Gestaltung, zum Beispiel in Restaurants, Bars, Weinstuben, Cafés, Clubräumen				X	
▪ Gast- oder Sanitärbereiche, zum Beispiel in Pensionen oder Hotels mit durchschnittlichen Anforderungen oder Einrichtungen oder Ausstattungen			X		
▪ Gast-, Informations- oder Unterhaltungsbereiche in Hotels mit individueller Gestaltung oder Möblierung oder gehobener Einrichtung oder technischer Ausstattung				X	
Freizeit/Sport					
▪ Neben- oder Wirtschafträume in Sportanlagen oder Schwimmbädern		X			
▪ Schwimmbäder, Fitness-, Wellness- oder Saunaanlagen, Großsportstätten			X	X	
▪ Sport-, Mehrzweck- oder Stadthallen, Gymnastikräume, Tanzschulen			X	X	
Gewerbe/Industrie/Landwirtschaft/Verkehr					
▪ Einfache Hallen oder Werkstätten ohne fachspezifische Einrichtung, Pavillons		X			
▪ Landwirtschaftliche Betriebsbereiche		X	X		
▪ Gewerbebereiche, Werkstätten mit technischer oder maschineller Einrichtung			X	X	
▪ Umfassende Fabrikations- oder Produktionsanlagen				X	
▪ Räume in Tiefgaragen, Unterführungen		X			
▪ Gast- oder Betriebsbereiche in Flughäfen, Bahnhöfen				X	X
Kultur-/Sakralbauten					
▪ Kultur- oder Sakralbereiche, Kirchenräume				X	X
▪ Individuell gestaltete Ausstellungs-, Museums- oder Theaterbereiche				X	X
▪ Konzert- oder Theatersäle, Studioräume für Rundfunk, Fernsehen oder Theater					X

Anlage 11 (zu § 39 Absatz 4, § 40 Absatz 5) Grundleistungen im Leistungsbild Freianlagen, Besondere Leistungen, Objektliste

11.1 Leistungsbild Freianlagen

Grundleistungen	Besondere Leistungen
LPH 1 Grundlagenermittlung a) Klären der Aufgabenstellung aufgrund der Vorgaben oder der Bedarfsplanung des Auftraggebers oder vorliegender Planungs- und Genehmigungsunterlagen b) Ortsbesichtigung c) Beraten zum gesamten Leistungs- und Untersuchungsbedarf d) Formulieren von Entscheidungshilfen für die Auswahl anderer an der Planung fachlich Beteiligter e) Zusammenfassen, Erläutern und Dokumentieren der Ergebnisse	▪ Mitwirken bei der öffentlichen Erschließung ▪ Kartieren und Untersuchen des Bestandes, Floristische oder faunistische Kartierungen ▪ Begutachtung des Standortes mit besonderen Methoden, zum Beispiel Bodenanalysen ▪ Beschaffen bzw. Aktualisieren bestehender Planunterlagen, Erstellen von Bestandskarten
LPH 2 Vorplanung (Projekt- und Planungsvorbereitung) a) Analysieren der Grundlagen, Abstimmen der Leistungen mit den fachlich an der Planung Beteiligten b) Abstimmen der Zielvorstellungen c) Erfassen, Bewerten und Erläutern der Wechselwirkungen im Ökosystem d) Erarbeiten eines Planungskonzepts einschließlich Untersuchen und Bewerten von Varianten nach gleichen Anforderungen unter Berücksichtigung zum Beispiel ▪ der Topographie und der weiteren standörtlichen und ökologischen Rahmenbedingungen, ▪ der Umweltbelange einschließlich der natur- und artenschutzrechtlichen Anforderungen und der vegetationstechnischen Bedingungen, ▪ der gestalterischen und funktionalen Anforderungen, ▪ Klären der wesentlichen Zusammenhänge, Vorgänge und Bedingungen,	▪ Umweltfolgenabschätzung ▪ Bestandsaufnahme, Vermessung ▪ Fotodokumentationen ▪ Mitwirken bei der Beantragung von Fördermitteln und Beschäftigungsmaßnahmen ▪ Erarbeiten von Unterlagen für besondere technische Prüfverfahren ▪ Beurteilen und Bewerten der vorhandenen Bausubstanz, Bauteile, Materialien, Einbauten oder der zu schützenden oder zu erhaltenden Gehölze oder Vegetationsbestände

Grundleistungen	Besondere Leistungen
▪ Abstimmen oder Koordinieren unter Integration der Beiträge anderer an der Planung fachlich Beteiligter e) Darstellen des Vorentwurfs mit Erläuterungen und Angaben zum terminlichen Ablauf f) Kostenschätzung, zum Beispiel nach DIN 276, Vergleich mit den finanziellen Rahmenbedingungen g) Zusammenfassen, Erläutern und Dokumentieren der Vorplanungsergebnisse	
LPH 3 Entwurfsplanung (System- und Integrationsplanung)	
a) Erarbeiten der Entwurfsplanung auf Grundlage der Vorplanung unter Vertiefung zum Beispiel der gestalterischen, funktionalen, wirtschaftlichen, standörtlichen, ökologischen, natur- und artenschutzrechtlichen Anforderungen Abstimmen oder Koordinieren unter Integration der Beiträge anderer an der Planung fachlich Beteiligter b) Abstimmen der Planung mit zu beteiligenden Stellen und Behörden c) Darstellen des Entwurfs, zum Beispiel im Maßstab 1:500 bis 1:100, mit erforderlichen Angaben, insbesondere ▪ zur Bepflanzung, ▪ zu Materialien und Ausstattungen, ▪ zu Maßnahmen auf Grund rechtlicher Vorgaben, ▪ zum terminlichen Ablauf d) Objektbeschreibung mit Erläuterung von Ausgleichs- und Ersatzmaßnahmen nach Maßgabe der naturschutzrechtlichen Eingriffsregelung e) Kostenberechnung, zum Beispiel nach DIN 276, einschließlich zugehöriger Mengenermittlung f) Vergleich der Kostenberechnung mit der Kostenschätzung g) Zusammenfassen, Erläutern und Dokumentieren der Entwurfsplanungsergebnisse	▪ Mitwirken beim Beschaffen nachbarlicher Zustimmungen ▪ Erarbeiten besonderer Darstellungen, zum Beispiel Modelle, Perspektiven, Animationen ▪ Beteiligung von externen Initiativ- und Betroffenengruppen bei Planung und Ausführung ▪ Mitwirken bei Beteiligungsverfahren oder Workshops ▪ Mieter- oder Nutzerbefragungen ▪ Erarbeiten von Ausarbeitungen nach den Anforderungen der naturschutzrechtlichen Eingriffsregelung sowie des besonderen Arten- und Biotopschutzrechtes, Eingriffsgutachten, Eingriffs- oder Ausgleichsbilanz nach landesrechtlichen Regelungen ▪ Mitwirken beim Erstellen von Kostenaufstellungen und Planunterlagen für Vermarktung und Vertrieb ▪ Erstellen und Zusammenstellen von Unterlagen für die Beauftragung von Dritten (Sachverständigenbeauftragung) ▪ Mitwirken bei der Beantragung und Abrechnung von Fördermitteln und Beschäftigungsmaßnahmen ▪ Abrufen von Fördermitteln nach Vergleich mit den Ist-Kosten (Baufinanzierungsleistung) ▪ Mitwirken bei der Finanzierungsplanung

Grundleistungen	Besondere Leistungen
	▪ Erstellen einer Kosten-Nutzen-Analyse ▪ Aufstellen und Berechnen von Lebenszykluskosten
LPH 4 Genehmigungsplanung a) Erarbeiten und Zusammenstellen der Vorlagen und Nachweise für öffentlich-rechtliche Genehmigungen oder Zustimmungen einschließlich der Anträge auf Ausnahmen und Befreiungen sowie notwendiger Verhandlungen mit Behörden unter Verwendung der Beiträge anderer an der Planung fachlich Beteiligter b) Einreichen der Vorlagen c) Ergänzen und Anpassen der Planungsunterlagen, Beschreibungen und Berechnungen	▪ Teilnahme an Sitzungen in politischen Gremien oder im Rahmen der Öffentlichkeitsbeteiligung ▪ Erstellen von landschaftspflegerischen Fachbeiträgen oder natur- und artenschutzrechtlichen Beiträgen ▪ Mitwirken beim Einholen von Genehmigungen und Erlaubnissen nach Naturschutz-, Fach- und Satzungsrecht ▪ Erfassen, Bewerten und Darstellen des Bestandes gemäß Ortssatzung ▪ Erstellen von Rodungs- und Baumfällanträgen ▪ Erstellen von Genehmigungsunterlagen und Anträgen nach besonderen Anforderungen ▪ Erstellen eines Überflutungsnachweises für Grundstücke ▪ Prüfen von Unterlagen der Planfeststellung auf Übereinstimmung mit der Planung
LPH 5 Ausführungsplanung a) Erarbeiten der Ausführungsplanung auf Grundlage der Entwurfs- und Genehmigungsplanung bis zur ausführungsreifen Lösung als Grundlage für die weiteren Leistungsphasen b) Erstellen von Plänen oder Beschreibungen, je nach Art des Bauvorhabens zum Beispiel im Maßstab 1:200 bis 1:50 c) Abstimmen oder Koordinieren unter Integration der Beiträge anderer an der Planung fachlich Beteiligter d) Darstellen der Freianlagen mit den für die Ausführung notwendigen Angaben, Detail- oder Konstruktionszeichnungen, insbesondere ▪ zu Oberflächenmaterial, -befestigungen und -relief, ▪ zu ober- und unterirdischen Einbauten und Ausstattungen,	▪ Erarbeitung von Unterlagen für besondere technische Prüfverfahren (zum Beispiel Lastplattendruckversuche) ▪ Auswahl von Pflanzen beim Lieferanten (Erzeuger)

Grundleistungen	Besondere Leistungen
▪ zur Vegetation mit Angaben zu Arten, Sorten und Qualitäten, ▪ zu landschaftspflegerischen, naturschutzfachlichen oder artenschutzrechtlichen Maßnahmen e) Fortschreiben der Angaben zum terminlichen Ablauf f) Fortschreiben der Ausführungsplanung während der Objektausführung	
LPH 6 Vorbereitung der Vergabe	
a) Aufstellen von Leistungsbeschreibungen mit Leistungsverzeichnissen b) Ermitteln und Zusammenstellen von Mengen auf Grundlage der Ausführungsplanung c) Abstimmen oder Koordinieren der Leistungsbeschreibungen mit den an der Planung fachlich Beteiligten d) Aufstellen eines Terminplans unter Berücksichtigung jahreszeitlicher, bauablaufbedingter und witterungsbedingter Erfordernisse e) Ermitteln der Kosten auf Grundlage der vom Planer bepreisten Leistungsverzeichnisse f) Kostenkontrolle durch Vergleich der vom Planer bepreisten Leistungsverzeichnisse mit der Kostenberechnung g) Zusammenstellen der Vergabeunterlagen	▪ Alternative Leistungsbeschreibung für geschlossene Leistungsbereiche ▪ Besondere Ausarbeitungen, zum Beispiel für Selbsthilfearbeiten
LPH 7 Mitwirkung bei der Vergabe	
a) Einholen von Angeboten b) Prüfen und Werten der Angebote einschließlich Aufstellen eines Preisspiegels nach Einzelpositionen oder Teilleistungen, Prüfen und Werten der Angebote zusätzlicher und geänderter Leistungen der ausführenden Unternehmen und der Angemessenheit der Preise c) Führen von Bietergesprächen d) Erstellen der Vergabevorschläge, Dokumentation des Vergabeverfahrens e) Zusammenstellen der Vertragsunterlagen	

Grundleistungen	Besondere Leistungen
f) Kostenkontrolle durch Vergleichen der Ausschreibungsergebnisse mit den vom Planer bepreisten Leistungsverzeichnissen und der Kostenberechnung g) Mitwirken bei der Auftragserteilung	
LPH 8 Objektüberwachung (Bauüberwachung) und Dokumentation	
a) Überwachen der Ausführung des Objekts auf Übereinstimmung mit der Genehmigung oder Zustimmung, den Verträgen mit ausführenden Unternehmen, den Ausführungsunterlagen, den einschlägigen Vorschriften sowie mit den allgemein anerkannten Regeln der Technik b) Überprüfen von Pflanzen- und Materiallieferungen c) Abstimmen mit den oder Koordinieren der an der Objektüberwachung fachlich Beteiligten d) Fortschreiben und Überwachen des Terminplans unter Berücksichtigung jahreszeitlicher, bauablaufbedingter und witterungsbedingter Erfordernisse e) Dokumentation des Bauablaufes (zum Beispiel Bautagebuch), Feststellen des Anwuchsergebnisses f) Mitwirken beim Aufmaß mit den bauausführenden Unternehmen g) Rechnungsprüfung einschließlich Prüfen der Aufmaße der ausführenden Unternehmen h) Vergleich der Ergebnisse der Rechnungsprüfungen mit den Auftragssummen einschließlich Nachträgen i) Organisation der Abnahme der Bauleistungen unter Mitwirkung anderer an der Planung und Objektüberwachung fachlich Beteiligter, Feststellung von Mängeln, Abnahmeempfehlung für den Auftraggeber j) Antrag auf öffentlich-rechtliche Abnahmen und Teilnahme daran k) Übergabe des Objekts l) Überwachen der Beseitigung der bei der Abnahme festgestellten Mängel	▪ Dokumentation des Bauablaufs nach besonderen Anforderungen des Auftraggebers ▪ fachliches Mitwirken bei Gerichtsverfahren ▪ Bauoberleitung, künstlerische Oberleitung ▪ Erstellen einer Freianlagenbestandsdokumentation

Grundleistungen	Besondere Leistungen
m) Auflisten der Verjährungsfristen für Mängelansprüche n) Überwachen der Fertigstellungspflege bei vegetationstechnischen Maßnahmen o) Kostenkontrolle durch Überprüfen der Leistungsabrechnung der bauausführenden Unternehmen im Vergleich zu den Vertragspreisen p) Kostenfeststellung, zum Beispiel nach DIN 276 q) Systematische Zusammenstellung der Dokumentation, zeichnerischen Darstellungen und rechnerischen Ergebnisse des Objekts	
LPH 9 Objektbetreuung a) Fachliche Bewertung der innerhalb der Verjährungsfristen für Gewährleistungsansprüche festgestellten Mängel, längstens jedoch bis zum Ablauf von 5 Jahren seit Abnahme der Leistung, einschließlich notwendiger Begehungen b) Objektbegehung zur Mängelfeststellung vor Ablauf der Verjährungsfristen für Mängelansprüche gegenüber den ausführenden Unternehmen c) Mitwirken bei der Freigabe von Sicherheitsleistungen	▪ Überwachung der Entwicklungs- und Unterhaltungspflege ▪ Überwachen von Wartungsleistungen ▪ Überwachen der Mängelbeseitigung innerhalb der Verjährungsfrist

11.2 Objektliste Freianlagen

Nachstehende Freianlagen werden in der Regel folgenden Honorarzonen zugeordnet:

Objekte	Honorarzone I	II	III	IV	V
In der freien Landschaft					
▪ einfache Geländegestaltung	X				
▪ Einsaaten in der freien Landschaft	X				
▪ Pflanzungen in der freien Landschaft oder Windschutzpflanzungen, mit sehr geringen oder geringen Anforderungen	X	X			
▪ Pflanzungen in der freien Landschaft mit natur- und artenschutzrechtlichen Anforderungen (Kompensationserfordernissen)			X		
▪ Flächen für den Arten- und Biotopschutz mit differenzierten Gestaltungsansprüchen oder mit Biotopverbundfunktion				X	
▪ Naturnahe Gewässer- und Ufergestaltung			X		
▪ Geländegestaltungen und Pflanzungen für Deponien, Halden und Entnahmestellen mit geringen oder durchschnittlichen Anforderungen		X	X		
▪ Freiflächen mit einfachem Ausbau bei kleineren Siedlungen, bei Einzelbauwerken und bei landwirtschaftlichen Aussiedlungen		X			
▪ Begleitgrün zu Objekten, Bauwerken und Anlagen mit geringen oder durchschnittlichen Anforderungen		X	X		
In Stadt- und Ortslagen					
▪ Grünverbindungen ohne besondere Ausstattung			X		
▪ innerörtliche Grünzüge, Grünverbindungen mit besonderer Ausstattung				X	
▪ Freizeitparks und Parkanlagen				X	
▪ Geländegestaltung ohne oder mit Abstützungen			X	X	
▪ Begleitgrün zu Objekten, Bauwerken und Anlagen sowie an Ortsrändern		X	X		
▪ Schulgärten und naturkundliche Lehrpfade und -gebiete				X	
▪ Hausgärten und Gartenhöfe mit Repräsentationsansprüchen				X	X
Gebäudebegrünung					
▪ Terrassen- und Dachgärten					X
▪ Bauwerksbegrünung vertikal und horizontal mit hohen oder sehr hohen Anforderungen				X	X
▪ Innenbegrünung mit hohen oder sehr hohen Anforderungen				X	X
▪ Innenhöfe mit hohen oder sehr hohen Anforderungen				X	X

Objekte	Honorarzone				
	I	II	III	IV	V
Spiel- und Sportanlagen					
▪ Ski- und Rodelhänge ohne oder mit technischer Ausstattung	X	X			
▪ Spielwiesen		X			
▪ Ballspielplätze, Bolzplätze, mit geringen oder durchschnittlichen Anforderungen		X	X		
▪ Sportanlagen in der Landschaft, Parcours, Wettkampfstrecken			X		
▪ Kombinationsspielfelder, Sport-, Tennisplätze und Sportanlagen mit Tennenbelag oder Kunststoff- oder Kunstrasenbelag			X	X	
▪ Spielplätze				X	
▪ Sportanlagen Typ A bis C oder Sportstadien				X	X
▪ Golfplätze mit besonderen natur- und artenschutzrechtlichen Anforderungen oder in stark reliefiertem Geländeumfeld				X	X
▪ Freibäder mit besonderen Anforderungen, Schwimmteiche				X	X
▪ Schul- und Pausenhöfe mit Spiel- und Bewegungsangebot				X	
Sonderanlagen					
▪ Freilichtbühnen				X	
▪ Zelt- oder Camping- oder Badeplätze, mit durchschnittlicher oder hoher Ausstattung oder Kleingartenanlagen			X	X	
Objekte					
▪ Friedhöfe, Ehrenmale, Gedenkstätten, mit hoher oder sehr hoher Ausstattung				X	X
▪ Zoologische und botanische Gärten					X
▪ Lärmschutzeinrichtungen				X	
▪ Garten- und Hallenschauen					X
▪ Freiflächen im Zusammenhang mit historischen Anlagen, historische Park- und Gartenanlagen, Gartendenkmale					X
Sonstige Freianlagen					
▪ Freiflächen mit Bauwerksbezug, mit durchschnittlichen topographischen Verhältnissen oder durchschnittlicher Ausstattung			X		
▪ Freiflächen mit Bauwerksbezug, mit schwierigen oder besonders schwierigen topographischen Verhältnissen oder hoher oder sehr hoher Ausstattung				X	X
▪ Fußgängerbereiche und Stadtplätze mit hoher oder sehr hoher Ausstattungsintensität				X	X

Anlage 12 (zu § 43 Absatz 4, § 48[55] Absatz 5) Grundleistungen im Leistungsbild Ingenieurbauwerke, Besondere Leistungen, Objektliste

12.1 Leistungsbild Ingenieurbauwerke

Grundleistungen	Besondere Leistungen
LPH 1 Grundlagenermittlung	
a) Klären der Aufgabenstellung aufgrund der Vorgaben oder der Bedarfsplanung des Auftraggebers b) Ermitteln der Planungsrandbedingungen sowie Beraten zum gesamten Leistungsbedarf c) Formulieren von Entscheidungshilfen für die Auswahl anderer an der Planung fachlich Beteiligter d) bei Objekten nach § 41 Nummer 6 und 7, die eine Tragwerksplanung erfordern: Klären der Aufgabenstellung auch auf dem Gebiet der Tragwerksplanung e) Ortsbesichtigung f) Zusammenfassen, Erläutern und Dokumentieren der Ergebnisse	▪ Auswahl und Besichtigung ähnlicher Objekte
LPH 2 Vorplanung	
a) Analysieren der Grundlagen b) Abstimmen der Zielvorstellungen auf die öffentlich-rechtlichen Randbedingungen sowie Planungen Dritter c) Untersuchen von Lösungsmöglichkeiten mit ihren Einflüssen auf bauliche und konstruktive Gestaltung, Zweckmäßigkeit, Wirtschaftlichkeit unter Beachtung der Umweltverträglichkeit d) Beschaffen und Auswerten amtlicher Karten e) Erarbeiten eines Planungskonzepts einschließlich Untersuchung der alternativen Lösungsmöglichkeiten nach gleichen Anforderungen mit zeichnerischer Darstellung und Bewertung unter Einarbeitung der Beiträge anderer an der Planung fachlich Beteiligter	▪ Erstellen von Leitungsbestandsplänen ▪ vertiefte Untersuchungen zum Nachweis von Nachhaltigkeitsaspekten ▪ Anfertigen von Nutzen-Kosten-Untersuchungen ▪ Wirtschaftlichkeitsprüfung ▪ Beschaffen von Auszügen aus Grundbuch, Kataster und anderen amtlichen Unterlagen

[55] Hierbei handelt es sich nach Auffassung der Autoren um einen redaktionellen Fehler des Verordnungsgebers. Korrekterweise müsste hier auf § 44 Absatz 5 Bezug genommen werden.

Grundleistungen	Besondere Leistungen
f) Klären und Erläutern der wesentlichen fachspezifischen Zusammenhänge, Vorgänge und Bedingungen g) Vorabstimmen mit Behörden und anderen an der Planung fachlich Beteiligten über die Genehmigungsfähigkeit, gegebenenfalls Mitwirken bei Verhandlungen über die Bezuschussung und Kostenbeteiligung h) Mitwirken beim Erläutern des Planungskonzepts gegenüber Dritten an bis zu zwei Terminen i) Überarbeiten des Planungskonzepts nach Bedenken und Anregungen j) Kostenschätzung, Vergleich mit den finanziellen Rahmenbedingungen k) Zusammenfassen, Erläutern und Dokumentieren der Ergebnisse	
LPH 3 Entwurfsplanung	
a) Erarbeiten des Entwurfs auf Grundlage der Vorplanung durch zeichnerische Darstellung im erforderlichen Umfang und Detaillierungsgrad unter Berücksichtigung aller fachspezifischen Anforderungen, Bereitstellen der Arbeitsergebnisse als Grundlage für die anderen an der Planung fachlich Beteiligten sowie Integration und Koordination der Fachplanungen b) Erläuterungsbericht unter Verwendung der Beiträge anderer an der Planung fachlich Beteiligter c) fachspezifische Berechnungen ausgenommen Berechnungen aus anderen Leistungsbildern d) Ermitteln und Begründen der zuwendungsfähigen Kosten, Mitwirken beim Aufstellen des Finanzierungsplans sowie Vorbereiten der Anträge auf Finanzierung e) Mitwirken beim Erläutern des vorläufigen Entwurfs gegenüber Dritten an bis zu drei Terminen, Überarbeiten des vorläufigen Entwurfs auf Grund von Bedenken und Anregungen	▪ Fortschreiben von Nutzen-Kosten-Untersuchungen ▪ Mitwirken bei Verwaltungsvereinbarungen ▪ Nachweis der zwingenden Gründe des überwiegenden öffentlichen Interesses der Notwendigkeit der Maßnahme (zum Beispiel Gebiets- und Artenschutz gemäß der Richtlinie 92/43/EWG des Rates vom 21. Mai 1992 zur Erhaltung der natürlichen Lebensräume sowie der wildlebenden Tiere und Pflanzen (ABl. L 206 vom 22.07.1992, S. 7) ▪ Fiktivkostenberechnungen (Kostenteilung)

Grundleistungen	Besondere Leistungen
f) Vorabstimmen der Genehmigungsfähigkeit mit Behörden und anderen an der Planung fachlich Beteiligten	
g) Kostenberechnung einschließlich zugehöriger Mengenermittlung, Vergleich der Kostenberechnung mit der Kostenschätzung	
h) Ermitteln der wesentlichen Bauphasen unter Berücksichtigung der Verkehrslenkung und der Aufrechterhaltung des Betriebes während der Bauzeit	
i) Bauzeiten- und Kostenplan	
j) Zusammenfassen, Erläutern und Dokumentieren der Ergebnisse	
LPH 4 Genehmigungsplanung	
a) Erarbeiten und Zusammenstellen der Unterlagen für die erforderlichen öffentlich-rechtlichen Verfahren oder Genehmigungsverfahren einschließlich der Anträge auf Ausnahmen und Befreiungen, Aufstellen des Bauwerksverzeichnisses unter Verwendung der Beiträge anderer an der Planung fachlich Beteiligter	▪ Mitwirken bei der Beschaffung der Zustimmung von Betroffenen
b) Erstellen des Grunderwerbsplanes und des Grunderwerbsverzeichnisses unter Verwendung der Beiträge anderer an der Planung fachlich Beteiligter	
c) Vervollständigen und Anpassen der Planungsunterlagen, Beschreibungen und Berechnungen unter Verwendung der Beiträge anderer an der Planung fachlich Beteiligter	
d) Abstimmen mit Behörden	
e) Mitwirken in Genehmigungsverfahren einschließlich der Teilnahme an bis zu vier Erläuterungs-, Erörterungsterminen	
f) Mitwirken beim Abfassen von Stellungnahmen zu Bedenken und Anregungen in bis zu zehn Kategorien	

Grundleistungen	Besondere Leistungen
LPH 5 Ausführungsplanung	
a) Erarbeiten der Ausführungsplanung auf Grundlage der Ergebnisse der Leistungsphasen 3 und 4 unter Berücksichtigung aller fachspezifischen Anforderungen und Verwendung der Beiträge anderer an der Planung fachlich Beteiligter bis zur ausführungsreifen Lösung b) Zeichnerische Darstellung, Erläuterungen und zur Objektplanung gehörige Berechnungen mit allen für die Ausführung notwendigen Einzelangaben einschließlich Detailzeichnungen in den erforderlichen Maßstäben c) Bereitstellen der Arbeitsergebnisse als Grundlage für die anderen an der Planung fachlich Beteiligten und Integrieren ihrer Beiträge bis zur ausführungsreifen Lösung d) Vervollständigen der Ausführungsplanung während der Objektausführung	▪ Objektübergreifende, integrierte Bauablaufplanung ▪ Koordination des Gesamtprojekts ▪ Aufstellen von Ablauf- und Netzplänen ▪ Planen von Anlagen der Verfahrens- und Prozesstechnik für Ingenieurbauwerke gemäß § 41 Nummer 1 bis 3 und 5, die dem Auftragnehmer übertragen werden, der auch die Grundleistungen für die jeweiligen Ingenieurbauwerke erbringt
LPH 6 Vorbereiten der Vergabe	
a) Ermitteln von Mengen nach Einzelpositionen unter Verwendung der Beiträge anderer an der Planung fachlich Beteiligter b) Aufstellen der Vergabeunterlagen, insbesondere Anfertigen der Leistungsbeschreibungen mit Leistungsverzeichnissen sowie der Besonderen Vertragsbedingungen c) Abstimmen und Koordinieren der Schnittstellen zu den Leistungsbeschreibungen der anderen an der Planung fachlich Beteiligten d) Festlegen der wesentlichen Ausführungsphasen e) Ermitteln der Kosten auf Grundlage der vom Planer (Entwurfsverfasser) bepreisten Leistungsverzeichnisse f) Kostenkontrolle durch Vergleich der vom Planer (Entwurfsverfasser) bepreisten Leistungsverzeichnisse mit der Kostenberechnung g) Zusammenstellen der Vergabeunterlagen	▪ detaillierte Planung von Bauphasen bei besonderen Anforderungen

Grundleistungen

LPH 7 Mitwirken bei der Vergabe

a) Einholen von Angeboten
b) Prüfen und Werten der Angebote, Aufstellen des Preisspiegels
c) Abstimmen und Zusammenstellen der Leistungen der fachlich Beteiligten, die an der Vergabe mitwirken
d) Führen von Bietergesprächen
e) Erstellen der Vergabevorschläge, Dokumentation des Vergabeverfahrens
f) Zusammenstellen der Vertragsunterlagen
g) Vergleichen der Ausschreibungsergebnisse mit den vom Planer bepreisten Leistungsverzeichnissen und der Kostenberechnung
h) Mitwirken bei der Auftragserteilung

LPH 8 Bauoberleitung

a) Aufsicht über die örtliche Bauüberwachung, Koordinierung der an der Objektüberwachung fachlich Beteiligten, einmaliges Prüfen von Plänen auf Übereinstimmung mit dem auszuführenden Objekt und Mitwirken bei deren Freigabe
b) Aufstellen, Fortschreiben und Überwachen eines Terminplans (Balkendiagramm)
c) Veranlassen und Mitwirken beim Inverzugsetzen der ausführenden Unternehmen
d) Kostenfeststellung, Vergleich der Kostenfeststellung mit der Auftragssumme
e) Abnahme von Bauleistungen, Leistungen und Lieferungen unter Mitwirkung der örtlichen Bauüberwachung und anderer an der Planung und Objektüberwachung fachlich Beteiligter, Feststellen von Mängeln, Fertigung einer Niederschrift über das Ergebnis der Abnahme
f) Überwachen der Prüfungen der Funktionsfähigkeit der Anlagenteile und der Gesamtanlage
g) Antrag auf behördliche Abnahmen und Teilnahme daran
h) Übergabe des Objekts

Besondere Leistungen

LPH 7:

- Prüfen und Werten von Nebenangeboten

LPH 8:

- Kostenkontrolle
- Prüfen von Nachträgen
- Erstellen eines Bauwerksbuchs
- Erstellen von Bestandsplänen
- örtliche Bauüberwachung:
  - Plausibilitätsprüfung der Absteckung
  - Überwachen der Ausführung der Bauleistungen
    - Mitwirken beim Einweisen des Auftragnehmers in die Baumaßnahme (Bauanlaufbesprechung)
    - Überwachen der Ausführung des Objektes auf Übereinstimmung mit den zur Ausführung freigegebenen Unterlagen, dem Bauvertrag und den Vorgaben des Auftraggebers
    - Prüfen und Bewerten der Berechtigung von Nachträgen
    - Durchführen oder Veranlassen von Kontrollprüfungen
    - Überwachen der Beseitigung der bei der Abnahme der Leistungen festgestellten Mängel
    - Dokumentation des Bauablaufs
  - Mitwirken beim Aufmaß mit den ausführenden Unternehmen und Prüfen der Aufmaße
  - Mitwirken bei behördlichen Abnahmen

Grundleistungen	Besondere Leistungen
i) Auflisten der Verjährungsfristen der Mängelansprüche j) Zusammenstellen und Übergeben der Dokumentation des Bauablaufs, der Bestandsunterlagen und der Wartungsvorschriften	▪ Mitwirken bei der Abnahme von Leistungen und Lieferungen ▪ Rechnungsprüfung, Vergleich der Ergebnisse der Rechnungsprüfungen mit der Auftragssumme ▪ Mitwirken beim Überwachen der Prüfung der Funktionsfähigkeit der Anlagenteile und der Gesamtanlage ▪ Überwachen der Ausführung von Tragwerken nach Anlage 14.2 Honorarzone I und II mit sehr geringen und geringen Planungsanforderungen auf Übereinstimmung mit dem Standsicherheitsnachweis
LPH 9 Objektbetreuung a) Fachliche Bewertung der innerhalb der Verjährungsfristen für Gewährleistungsansprüche festgestellten Mängel, längstens jedoch bis zum Ablauf von fünf Jahren seit Abnahme der Leistung, einschließlich notwendiger Begehungen b) Objektbegehung zur Mängelfeststellung vor Ablauf der Verjährungsfristen für Mängelansprüche gegenüber den ausführenden Unternehmen c) Mitwirken bei der Freigabe von Sicherheitsleistungen	▪ Überwachen der Mängelbeseitigung innerhalb der Verjährungsfrist

12.2 Objektliste Ingenieurbauwerke

Nachstehende Objekte werden in der Regel folgenden Honorarzonen zugerechnet:

Gruppe 1 – Bauwerke und Anlagen der Wasserversorgung	**Honorarzone**				
	I	**II**	**III**	**IV**	**V**
▪ Zisternen	X				
▪ einfache Anlagen zur Gewinnung und Förderung von Wasser, zum Beispiel Quellfassungen, Schachtbrunnen		X			
▪ Tiefbrunnen			X		
▪ Brunnengalerien und Horizontalbrunnen				X	
▪ Leitungen für Wasser ohne Zwangspunkte	X				
▪ Leitungen für Wasser mit geringen Verknüpfungen und wenigen Zwangspunkten		X			
▪ Leitungen für Wasser mit zahlreichen Verknüpfungen und mehreren Zwangspunkten			X		
▪ Einfache Leitungsnetze für Wasser		X			
▪ Leitungsnetze mit mehreren Verknüpfungen und zahlreichen Zwangspunkten und mit einer Druckzone			X		
▪ Leitungsnetze für Wasser mit zahlreichen Verknüpfungen und zahlreichen Zwangspunkten				X	
▪ einfache Anlagen zur Speicherung von Wasser, zum Beispiel Behälter in Fertigbauweise, Feuerlöschbecken		X			
▪ Speicherbehälter			X		
▪ Speicherbehälter in Turmbaumweise[56]				X	
▪ einfache Wasseraufbereitungsanlagen und Anlagen mit mechanischen Verfahren, Pumpwerke und Druckerhöhungsanlagen			X		
▪ Wasseraufbereitungsanlagen mit physikalischen und chemischen Verfahren, schwierige Pumpwerke und Druckerhöhungsanlagen				X	
▪ Bauwerke und Anlagen mehrstufiger oder kombinierter Verfahren der Wasseraufbereitung					X

56 Hier handelt es sich offensichtlich um einen Rechtschreibfehler im Verordnungstext. Es muss „Turmbauweise" heißen.

Gruppe 2 – Bauwerke und Anlagen der Abwasserentsorgung mit Ausnahme Entwässerungsanlagen, die der Zweckbestimmung der Verkehrsanlagen dienen, und Regenwasserversickerung (Abgrenzung zu Freianlagen)	**Honorarzone**				
	I	**II**	**III**	**IV**	**V**
▪ Leitungen für Abwasser ohne Zwangspunkte	X				
▪ Leitungen für Abwasser mit geringen Verknüpfungen und wenigen Zwangspunkten		X			
▪ Leitungen für Abwasser mit zahlreichen Verknüpfungen und zahlreichen Zwangspunkten			X		
▪ einfache Leitungsnetze für Abwasser		X			
▪ Leitungsnetze für Abwasser mit mehreren Verknüpfungen und mehreren Zwangspunkten			X		
▪ Leitungsnetze für Abwasser mit zahlreichen Zwangspunkten				X	
▪ Erdbecken als Regenrückhaltebecken		X			
▪ Regenbecken und Kanalstauräume mit geringen Verknüpfungen und wenigen Zwangspunkten			X		
▪ Regenbecken und Kanalstauräume mit zahlreichen Verknüpfungen und zahlreichen Zwangspunkten, kombinierte Regenwasserbewirtschaftungsanlagen				X	
▪ Schlammabsetzanlagen, Schlammpolder		X			
▪ Schlammabsetzanlagen mit mechanischen Einrichtungen			X		
▪ Schlammbehandlungsanlagen				X	
▪ Bauwerke und Anlagen für mehrstufige oder kombinierte Verfahren der Schlammbehandlung					X
▪ Industriell systematisierte Abwasserbehandlungsanlagen, einfache Pumpwerke und Hebeanlagen		X			
▪ Abwasserbehandlungsanlagen mit gemeinsamer aerober Stabilisierung, Pumpwerke und Hebeanlagen			X		
▪ Abwasserbehandlungsanlagen, schwierige Pumpwerke und Hebeanlagen				X	
▪ schwierige Abwasserbehandlungsanlagen					X

Gruppe 3 – Bauwerke und Anlagen des Wasserbaus ausgenommen Freianlagen nach § 39 Absatz 1	**Honorarzone**				
	I	**II**	**III**	**IV**	**V**
▪ Berieselung und rohrlose Dränung, flächenhafter Erdbau mit unterschiedlichen Schütthöhen oder Materialien		X			
▪ Beregnung und Rohrdränung			X		
▪ Beregnung und Rohrdränung bei ungleichmäßigen Boden- und schwierigen Geländeverhältnissen				X	
▪ Einzelgewässer mit gleichförmigem ungegliedertem Querschnitt ohne Zwangspunkte, ausgenommen Einzelgewässer mit überwiegend ökologischen und landschaftsgestalterischen Elementen	X				
▪ Einzelgewässer mit gleichförmigem gegliedertem Querschnitt und einigen Zwangspunkten		X			
▪ Einzelgewässer mit ungleichförmigem ungegliedertem Querschnitt und einigen Zwangspunkten, Gewässersysteme mit einigen Zwangspunkten			X		

Gruppe 3 – Bauwerke und Anlagen des Wasserbaus ausgenommen Freianlagen nach § 39 Absatz 1	**Honorarzone**				
	I	**II**	**III**	**IV**	**V**
▪ Einzelgewässer mit ungleichförmigem gegliedertem Querschnitt und vielen Zwangspunkten, Gewässersysteme mit vielen Zwangspunkten, besonders schwieriger Gewässerausbau mit sehr hohen technischen Anforderungen und ökologischen Ausgleichsmaßnahmen				X	
▪ Teiche bis 3 m Dammhöhe über Sohle ohne Hochwasserentlastung ausgenommen Teiche ohne Dämme	X				
▪ Teiche mit mehr als 3 m Dammhöhe über Sohle ohne Hochwasserentlastung, Teiche bis 3 m Dammhöhe über Sohle mit Hochwasserentlastung		X			
▪ Hochwasserrückhaltebecken und Talsperren bis 5 m Dammhöhe über Sohle oder bis 100.000 m³ Speicherraum			X		
▪ Hochwasserrückhaltebecken und Talsperren mit mehr als 100.000 m³ und weniger als 5.000.000 m³ Speicherraum				X	
▪ Hochwasserrückhaltebecken und Talsperren mit mehr als 5.000.000 m³ Speicherraum					X
▪ Deich und Dammbauten		X			
▪ schwierige Deich- und Dammbauten			X		
▪ besonders schwierige Deich- und Dammbauten				X	
▪ einfache Pumpanlagen, Pumpwerke und Schöpfwerke		X			
▪ Pump- und Schöpfwerke, Siele			X		
▪ schwierige Pump- und Schöpfwerke				X	
▪ Einfache Durchlässe	X				
▪ Durchlässe und Düker		X			
▪ schwierige Durchlässe und Düker			X		
▪ Besonders schwierige Durchlässe und Düker				X	
▪ einfache feste Wehre		X			
▪ feste Wehre			X		
▪ einfache bewegliche Wehre			X		
▪ bewegliche Wehre				X	
▪ einfache Sperrwerke und Sperrtore			X		
▪ Sperrwerke				X	
▪ Kleinwasserkraftanlagen			X		
▪ Wasserkraftanlagen				X	
▪ Schwierige Wasserkraftanlagen, zum Beispiel Pumpspeicherwerke oder Kavernenkraftwerke					X
▪ Fangedämme, Hochwasserwände			X		
▪ Fangedämme, Hochwasserschutzwände in schwieriger Bauweise				X	
▪ eingeschwommene Senkkästen, schwierige Fangedämme, Wellenbrecher					X

Gruppe 3 – Bauwerke und Anlagen des Wasserbaus ausgenommen Freianlagen nach § 39 Absatz 1	Honorarzone				
	I	II	III	IV	V
▪ Bootsanlegestellen mit Dalben, Leitwänden, Festmacher- und Fenderanlagen an stehenden Gewässern	X				
▪ Bootsanlegestellen mit Dalben, Leitwänden, Festmacher- und Fenderanlagen an fließenden Gewässern, einfache Schiffslösch- und -ladestellen, einfache Kaimauern und Piers		X			
▪ Schiffslösch- und -ladestellen, Häfen, jeweils mit Dalben, Leitwänden, Festmacher- und Fenderanlagen mit hohen Belastungen, Kaimauern und Piers			X		
▪ Schiffsanlege-, -lösch- und -ladestellen bei Tide oder Hochwasserbeeinflussung, Häfen bei Tide- und Hochwasserbeeinflussung, schwierige Kaimauern und Piers				X	
▪ Schwierige schwimmende Schiffsanleger, bewegliche Verladebrücken					X
▪ Einfache Uferbefestigungen	X				
▪ Uferwände und -mauern		X			
▪ Schwierige Uferwände und -mauern, Ufer- und Sohlensicherung an Wasserstraßen			X		
▪ Schifffahrtskanäle mit Dalben, Leitwänden, bei einfachen Bedingungen			X		
▪ Schifffahrtskanäle mit Dalben, Leitwänden, bei schwierigen Bedingungen in Dammstrecken, mit Kreuzungsbauwerken				X	
▪ Kanalbrücken					X
▪ einfache Schiffsschleusen, Bootsschleusen		X			
▪ Schiffsschleusen bei geringen Hubhöhen			X		
▪ Schiffsschleusen bei großen Hubhöhen und Sparschleusen				X	
▪ Schiffshebewerke					X
▪ Werftanlagen, einfache Docks			X		
▪ schwierige Docks				X	
▪ Schwimmdocks					X

Gruppe 4 – Bauwerke und Anlagen für Ver- und Entsorgung mit Gasen, Energieträgern, Feststoffen einschließlich wassergefährdenden Flüssigkeiten, ausgenommen Anlagen nach § 53 Absatz 2	Honorarzone				
	I	II	III	IV	V
▪ Transportleitungen für Fernwärme, wassergefährdende Flüssigkeiten und Gase ohne Zwangspunkte	X				
▪ Transportleitungen für Fernwärme, wassergefährdende Flüssigkeiten und Gase mit geringen Verknüpfungen und wenigen Zwangspunkten		X			
▪ Transportleitungen für Fernwärme, wassergefährdende Flüssigkeiten und Gase mit zahlreichen Verknüpfungen oder zahlreichen Zwangspunkten			X		
▪ Transportleitungen für Fernwärme, wassergefährdende Flüssigkeiten und Gase mit zahlreichen Verknüpfungen und zahlreichen Zwangspunkten				X	

Gruppe 4 – Bauwerke und Anlagen für Ver- und Entsorgung mit Gasen, Energieträgern, Feststoffen einschließlich wassergefährdenden Flüssigkeiten, ausgenommen Anlagen nach § 53 Absatz 2	**Honorarzone**				
	I	**II**	**III**	**IV**	**V**
▪ Industriell vorgefertigte einstufige Leichtflüssigkeitsabscheider		X			
▪ Einstufige Leichtflüssigkeitsabscheider			X		
▪ mehrstufige Leichtflüssigkeitsabscheider				X	
▪ Leerrohrnetze mit wenigen Verknüpfungen			X		
▪ Leerrohrnetze mit zahlreichen Verknüpfungen				X	
▪ Handelsübliche Fertigbehälter für Tankanlagen	X				
▪ Pumpzentralen für Tankanlagen in Ortbetonbauweise			X		
▪ Anlagen zur Lagerung wassergefährdender Flüssigkeiten in einfachen Fällen			X		

Gruppe 5 – Bauwerke und Anlagen der Abfallentsorgung	**Honorarzone**				
	I	**II**	**III**	**IV**	**V**
▪ Zwischenlager, Sammelstellen und Umladestationen offener Bauart für Abfälle oder Wertstoffe ohne Zusatzeinrichtungen	X				
▪ Zwischenlager, Sammelstellen und Umladestationen offener Bauart für Abfälle oder Wertstoffe mit einfachen Zusatzeinrichtungen		X			
▪ Zwischenlager, Sammelstellen und Umladestationen offener Bauart für Abfälle oder Wertstoffe mit schwierigen Zusatzeinrichtungen			X		
▪ Einfache, einstufige Aufbereitungsanlagen für Wertstoffe		X			
▪ Aufbereitungsanlagen für Wertstoffe			X		
▪ Mehrstufige Aufbereitungsanlagen für Wertstoffe				X	
▪ Einfache Bauschuttaufbereitungsanlagen		X			
▪ Bauschuttaufbereitungsanlagen			X		
▪ Bauschuttdeponien ohne besondere Einrichtungen		X			
▪ Bauschuttdeponien			X		
▪ Pflanzenabfall-Kompostierungsanlagen ohne besondere Einrichtungen		X			
▪ Biomüll-Kompostierungsanlagen, Pflanzenabfall-Kompostierungsanlagen			X		
▪ Kompostwerke				X	
▪ Hausmüll- und Monodeponien			X		
▪ Hausmülldeponien und Monodeponien mit schwierigen technischen Anforderungen				X	
▪ Anlagen zur Konditionierung von Sonderabfällen				X	
▪ Verbrennungsanlagen, Pyrolyseanlagen					X
▪ Sonderabfalldeponien				X	
▪ Anlagen für Untertagedeponien				X	
▪ Behälterdeponien				X	
▪ Abdichtung von Altablagerungen und kontaminierten Standorten			X		
▪ Abdichtung von Altablagerungen und kontaminierten Standorten mit schwierigen technischen Anforderungen				X	

Gruppe 5 – Bauwerke und Anlagen der Abfallentsorgung	**Honorarzone**				
	I	**II**	**III**	**IV**	**V**
▪ Anlagen zur Behandlung kontaminierter Böden einschließlich Bodenluft				X	
▪ einfache Grundwasserdekontaminierungsanlagen				X	
▪ komplexe Grundwasserdekontaminierungsanlagen					X

Gruppe 6 – konstruktive Ingenieurbauwerke für Verkehrsanlagen	**Honorarzone**				
	I	**II**	**III**	**IV**	**V**
▪ Lärmschutzwälle, ausgenommen Lärmschutzwälle als Mittel der Geländegestaltung	X				
▪ Einfache Lärmschutzanlagen		X			
▪ Lärmschutzanlagen			X		
▪ Lärmschutzanlagen in schwieriger städtebaulicher Situation				X	
▪ Gerade Einfeldbrücken einfacher Bauart		X			
▪ Einfeldbrücken			X		
▪ Einfache Mehrfeld- und Bogenbrücken			X		
▪ Schwierige Einfeld-, Mehrfeld- und Bogenbrücken				X	
▪ Schwierige, längs vorgespannte Stahlverbundkonstruktionen					X
▪ Besonders schwierige Brücken					X
▪ Tunnel- und Trogbauwerke			X		
▪ Schwierige Tunnel- und Trogbauwerke				X	
▪ Besonders schwierige Tunnel- und Trogbauwerke					X
▪ Untergrundbahnhöfe			X		
▪ schwierige Untergrundbahnhöfe				X	
▪ besonders schwierige Untergrundbahnhöfe und Kreuzungsbahnhöfe					X

Gruppe 7 – sonstige Einzelbauwerke sonstige Einzelbauwerke, ausgenommen Gebäude und Freileitungs- und Oberleitungsmaste	**Honorarzone**				
	I	**II**	**III**	**IV**	**V**
▪ Einfache Schornsteine		X			
▪ Schornsteine			X		
▪ Schwierige Schornsteine				X	
▪ Besonders schwierige Schornsteine					X
▪ Einfache Masten und Türme ohne Aufbauten	X				
▪ Masten und Türme ohne Aufbauten		X			
▪ Masten und Türme mit Aufbauten			X		
▪ Masten und Türme mit Aufbauten und Betriebsgeschoss				X	
▪ Masten und Türme mit Aufbauten, Betriebsgeschoss und Publikumseinrichtungen					X
▪ Einfache Kühltürme			X		
▪ Kühltürme				X	
▪ Schwierige Kühltürme					X

Gruppe 7 – sonstige Einzelbauwerke sonstige Einzelbauwerke, ausgenommen Gebäude und Freileitungs- und Oberleitungsmaste	**Honorarzone**				
	I	**II**	**III**	**IV**	**V**
▪ Versorgungsbauwerke und Schutzrohre in sehr einfachen Fällen ohne Zwangspunkte	X				
▪ Versorgungsbauwerke und Schutzrohre mit zugehörigen Schächten für Versorgungssysteme mit wenigen Zwangspunkten		X			
▪ Versorgungsbauwerke mit zugehörigen Schächten für Versorgungssysteme unter beengten Verhältnissen			X		
▪ Versorgungsbauwerke mit zugehörigen Schächten in schwierigen Fällen für mehrere Medien				X	
▪ Flach gegründete, einzeln stehende Silos ohne Anbauten		X			
▪ Einzeln stehende Silos mit einfachen Anbauten, auch in Gruppenbauweise			X		
▪ Silos mit zusammengefügten Zellenblöcken und Anbauten				X	
▪ Schwierige Windkraftanlagen				X	
▪ Unverankerte Stützbauwerke bei geringen Geländesprüngen ohne Verkehrsbelastung als Mittel zur Geländegestaltung und zur konstruktiven Böschungssicherung	X				
▪ Unverankerte Stützbauwerke bei hohen Geländesprüngen mit Verkehrsbelastungen mit einfachen Baugrund-, Belastungs- und Geländeverhältnissen		X			
▪ Stützbauwerke mit Verankerung oder unverankerte Stützbauwerke bei schwierigen Baugrund-, Belastungs- oder Geländeverhältnissen			X		
▪ Stützbauwerke mit Verankerung und schwierigen Baugrund-, Belastungs- oder Geländeverhältnissen				X	
▪ Stützbauwerke mit Verankerung und ungewöhnlich schwierigen Randbedingungen					X
▪ Schlitz- und Bohrpfahlwände, Trägerbohlwände			X		
▪ Einfache Traggerüste und andere einfache Gerüste			X		
▪ Traggerüste und andere Gerüste				X	
▪ Sehr schwierige Gerüste und sehr hohe oder weit gespannte Traggerüste, verschiebliche (Trag-)Gerüste					X
▪ eigenständige Tiefgaragen, einfache Schacht- und Kavernenbauwerke, einfache Stollenbauten			X		
▪ schwierige eigenständige Tiefgaragen, schwierige Schacht- und Kavernenbauwerke, schwierige Stollenbauwerke				X	
▪ Besonders schwierige Schacht- und Kavernenbauwerke					X

Anlage 13 (zu § 47 Absatz 2, § 48 Absatz 5) Grundleistungen im Leistungsbild Verkehrsanlagen, Besondere Leistungen, Objektliste

13.1 Leistungsbild Verkehrsanlagen

Grundleistungen	Besondere Leistungen
LPH 1 Grundlagenermittlung	
a) Klären der Aufgabenstellung aufgrund der Vorgaben oder der Bedarfsplanung des Auftraggebers b) Ermitteln der Planungsrandbedingungen sowie Beraten zum gesamten Leistungsbedarf c) Formulieren von Entscheidungshilfen für die Auswahl anderer an der Planung fachlich Beteiligter d) Ortsbesichtigung e) Zusammenfassen, Erläutern und Dokumentieren der Ergebnisse	▪ Ermitteln besonderer, in den Normen nicht festgelegter Einwirkungen ▪ Auswahl und Besichtigen ähnlicher Objekte
LPH 2 Vorplanung	
a) Beschaffen und Auswerten amtlicher Karten b) Analysieren der Grundlagen c) Abstimmen der Zielvorstellungen auf die öffentlich-rechtlichen Randbedingungen sowie Planungen Dritter d) Untersuchen von Lösungsmöglichkeiten mit ihren Einflüssen auf bauliche und konstruktive Gestaltung, Zweckmäßigkeit, Wirtschaftlichkeit unter Beachtung der Umweltverträglichkeit e) Erarbeiten eines Planungskonzepts einschließlich Untersuchung von bis zu 3 Varianten nach gleichen Anforderungen mit zeichnerischer Darstellung und Bewertung unter Einarbeitung der Beiträge anderer an der Planung fachlich Beteiligter Überschlägige verkehrstechnische Bemessung der Verkehrsanlage, Ermitteln der Schallimmissionen von der Verkehrsanlage an kritischen Stellen nach Tabellenwerten Untersuchen der möglichen Schallschutzmaßnahmen, ausgenommen detaillierte schalltechnische Untersuchungen	▪ Erstellen von Leitungsbestandsplänen ▪ Untersuchungen zur Nachhaltigkeit ▪ Anfertigen von Nutzen-Kosten-Untersuchungen ▪ Wirtschaftlichkeitsprüfung ▪ Beschaffen von Auszügen aus Grundbuch, Kataster und anderen amtlichen Unterlagen

Grundleistungen	Besondere Leistungen
f) Klären und Erläutern der wesentlichen fachspezifischen Zusammenhänge, Vorgänge und Bedingungen g) Vorabstimmen mit Behörden und anderen an der Planung fachlich Beteiligten über die Genehmigungsfähigkeit, gegebenenfalls Mitwirken bei Verhandlungen über die Bezuschussung und Kostenbeteiligung h) Mitwirken beim Erläutern des Planungskonzepts gegenüber Dritten an bis zu 2 Terminen i) Überarbeiten des Planungskonzepts nach Bedenken und Anregungen j) Bereitstellen von Unterlagen als Auszüge aus der Voruntersuchung zur Verwendung für ein Raumordnungsverfahren k) Kostenschätzung, Vergleich mit den finanziellen Rahmenbedingungen l) Zusammenfassen, Erläutern und Dokumentieren	
LPH 3 Entwurfsplanung a) Erarbeiten des Entwurfs auf Grundlage der Vorplanung durch zeichnerische Darstellung im erforderlichen Umfang und Detaillierungsgrad unter Berücksichtigung aller fachspezifischen Anforderungen Bereitstellen der Arbeitsergebnisse als Grundlage für die anderen an der Planung fachlich Beteiligten sowie Integration und Koordination der Fachplanungen b) Erläuterungsbericht unter Verwendung der Beiträge anderer an der Planung fachlich Beteiligter c) Fachspezifische Berechnungen, ausgenommen Berechnungen aus anderen Leistungsbildern d) Ermitteln der zuwendungsfähigen Kosten, Mitwirken beim Aufstellen des Finanzierungsplans sowie Vorbereiten der Anträge auf Finanzierung	▪ Fortschreiben von Nutzen-Kosten-Untersuchungen ▪ Detaillierte signaltechnische Berechnung ▪ Mitwirken bei Verwaltungsvereinbarungen ▪ Nachweis der zwingenden Gründe des überwiegenden öffentlichen Interesses der Notwendigkeit der Maßnahme (zum Beispiel Gebiets- und Artenschutz gemäß der Richtlinie 92/43/EWG des Rates vom 21. Mai 1992 zur Erhaltung der natürlichen Lebensräume sowie der wild lebenden Tiere und Pflanzen (ABl. L 206 vom 22.07.1992, S. 7) ▪ Fiktivkostenberechnungen (Kostenteilung)

Grundleistungen	Besondere Leistungen
e) Mitwirken beim Erläutern des vorläufigen Entwurfs gegenüber Dritten an bis zu drei Terminen, Überarbeiten des vorläufigen Entwurfs auf Grund von Bedenken und Anregungen f) Vorabstimmen der Genehmigungsfähigkeit mit Behörden und anderen an der Planung fachlich Beteiligten g) Kostenberechnung einschließlich zugehöriger Mengenermittlung, Vergleich der Kostenberechnung mit der Kostenschätzung h) Überschlägige Festlegung der Abmessungen von Ingenieurbauwerken i) Ermitteln der Schallimmissionen von der Verkehrsanlage nach Tabellenwerten; Festlegen der erforderlichen Schallschutzmaßnahmen an der Verkehrsanlage, gegebenenfalls unter Einarbeitung der Ergebnisse detaillierter schalltechnischer Untersuchungen und Feststellen der Notwendigkeit von Schallschutzmaßnahmen an betroffenen Gebäuden j) Rechnerische Festlegung des Objekts k) Darlegen der Auswirkungen auf Zwangspunkte l) Nachweis der Lichtraumprofile m) Ermitteln der wesentlichen Bauphasen unter Berücksichtigung der Verkehrslenkung und der Aufrechterhaltung des Betriebs während der Bauzeit n) Bauzeiten- und Kostenplan o) Zusammenfassen, Erläutern und Dokumentieren der Ergebnisse	
LPH 4 Genehmigungsplanung	
a) Erarbeiten und Zusammenstellen der Unterlagen für die erforderlichen öffentlich-rechtlichen Verfahren oder Genehmigungsverfahren einschließlich der Anträge auf Ausnahmen und Befreiungen, Aufstellen des Bauwerksverzeichnisses unter Verwendung der Beiträge anderer an der Planung fachlich Beteiligter	▪ Mitwirken bei der Beschaffung der Zustimmung von Betroffenen

Grundleistungen	Besondere Leistungen
b) Erstellen des Grunderwerbsplans und des Grunderwerbsverzeichnisses unter Verwendung der Beiträge anderer an der Planung fachlich Beteiligter c) Vervollständigen und Anpassen der Planungsunterlagen, Beschreibungen und Berechnungen unter Verwendung der Beiträge anderer an der Planung fachlich Beteiligter d) Abstimmen mit Behörden e) Mitwirken in Genehmigungsverfahren einschließlich der Teilnahme an bis zu vier Erläuterungs-, Erörterungsterminen f) Mitwirken beim Abfassen von Stellungnahmen zu Bedenken und Anregungen in bis zu 10 Kategorien	
LPH 5 Ausführungsplanung	
a) Erarbeiten der Ausführungsplanung auf Grundlage der Ergebnisse der Leistungsphasen 3 und 4 unter Berücksichtigung aller fachspezifischen Anforderungen und Verwendung der Beiträge anderer an der Planung fachlich Beteiligter bis zur ausführungsreifen Lösung b) Zeichnerische Darstellung, Erläuterungen und zur Objektplanung gehörige Berechnungen mit allen für die Ausführung notwendigen Einzelangaben einschließlich Detailzeichnungen in den erforderlichen Maßstäben c) Bereitstellen der Arbeitsergebnisse als Grundlage für die anderen an der Planung fachlich Beteiligten und Integrieren ihrer Beiträge bis zur ausführungsreifen Lösung d) Vervollständigen der Ausführungsplanung während der Objektausführung	▪ Objektübergreifende, integrierte Bauablaufplanung ▪ Koordination des Gesamtprojekts ▪ Aufstellen von Ablauf- und Netzplänen
LPH 6 Vorbereiten der Vergabe	
a) Ermitteln von Mengen nach Einzelpositionen unter Verwendung der Beiträge anderer an der Planung fachlich Beteiligter	▪ detaillierte Planung von Bauphasen bei besonderen Anforderungen

Grundleistungen	Besondere Leistungen
b) Aufstellen der Vergabeunterlagen, insbesondere Anfertigen der Leistungsbeschreibungen mit Leistungsverzeichnissen sowie der Besonderen Vertragsbedingungen c) Abstimmen und Koordinieren der Schnittstellen zu den Leistungsbeschreibungen der anderen an der Planung fachlich Beteiligten d) Festlegen der wesentlichen Ausführungsphasen e) Ermitteln der Kosten auf Grundlage der vom Planer (Entwurfsverfasser) bepreisten Leistungsverzeichnisse f) Kostenkontrolle durch Vergleich der vom Planer (Entwurfsverfasser) bepreisten Leistungsverzeichnisse mit der Kostenberechnung g) Zusammenstellen der Vergabeunterlagen	
LPH 7 Mitwirken bei der Vergabe	
a) Einholen von Angeboten b) Prüfen und Werten der Angebote, Aufstellen der Preisspiegel c) Abstimmen und Zusammenstellen der Leistungen der fachlich Beteiligten, die an der Vergabe mitwirken d) Führen von Bietergesprächen e) Erstellen der Vergabevorschläge, Dokumentation des Vergabeverfahrens f) Zusammenstellen der Vertragsunterlagen g) Vergleichen der Ausschreibungsergebnisse mit den vom Planer bepreisten Leistungsverzeichnissen und der Kostenberechnung h) Mitwirken bei der Auftragserteilung	▪ Prüfen und Werten von Nebenangeboten
LPH 8 Bauoberleitung	

a) Aufsicht über die örtliche Bauüberwachung, Koordinierung der an der Objektüberwachung fachlich Beteiligten, einmaliges Prüfen von Plänen auf Übereinstimmung mit dem auszuführenden Objekt und Mitwirken bei deren Freigabe	▪ Kostenkontrolle
	▪ Prüfen von Nachträgen
	▪ Erstellen eines Bauwerksbuchs
	▪ Erstellen von Bestandsplänen
	▪ Örtliche Bauüberwachung:
	  ▪ Plausibilitätsprüfung der Absteckung
	  ▪ Überwachen der Ausführung der Bauleistungen

Grundleistungen	Besondere Leistungen
b) Aufstellen, Fortschreiben und Überwachen eines Terminplans (Balkendiagramm) c) Veranlassen und Mitwirken daran, die ausführenden Unternehmen in Verzug zu setzen d) Kostenfeststellung, Vergleich der Kostenfeststellung mit der Auftragssumme e) Abnahme von Bauleistungen, Leistungen und Lieferungen unter Mitwirkung der örtlichen Bauüberwachung und anderer an der Planung und Objektüberwachung fachlich Beteiligter, Feststellen von Mängeln, Fertigen einer Niederschrift über das Ergebnis der Abnahme f) Antrag auf behördliche Abnahmen und Teilnahme daran g) Überwachen der Prüfungen der Funktionsfähigkeit der Anlagenteile und der Gesamtanlage h) Übergabe des Objekts i) Auflisten der Verjährungsfristen der Mängelansprüche j) Zusammenstellen und Übergeben der Dokumentation des Bauablaufs, der Bestandsunterlagen und der Wartungsvorschriften	▪ Mitwirken beim Einweisen des Auftragnehmers in die Baumaßnahme (Bauanlaufbesprechung) ▪ Überwachen der Ausführung des Objekts auf Übereinstimmung mit den zur Ausführung freigegebenen Unterlagen, dem Bauvertrag und den Vorgaben des Auftraggebers ▪ Prüfen und Bewerten der Berechtigung von Nachträgen ▪ Durchführen oder Veranlassen von Kontrollprüfungen ▪ Überwachen der Beseitigung der bei der Abnahme der Leistungen festgestellten Mängel ▪ Dokumentation des Bauablaufs ▪ Mitwirken beim Aufmaß mit den ausführenden Unternehmen und Prüfen der Aufmaße ▪ Mitwirken bei behördlichen Abnahmen ▪ Mitwirken bei der Abnahme von Leistungen und Lieferungen ▪ Rechnungsprüfung, Vergleich der Ergebnisse der Rechnungsprüfungen mit der Auftragssumme ▪ Mitwirken beim Überwachen der Prüfung der Funktionsfähigkeit der Anlagenteile und der Gesamtanlage ▪ Überwachen der Ausführung von Tragwerken nach Anlage 14.2 Honorarzone I und II mit sehr geringen und geringen Planungsanforderungen auf Übereinstimmung mit dem Standsicherheitsnachweis
LPH 9 Objektbetreuung a) Fachliche Bewertung der innerhalb der Verjährungsfristen für Gewährleistungsansprüche festgestellten Mängel, längstens jedoch bis zum Ablauf von fünf Jahren seit Abnahme der Leistung, einschließlich notwendiger Begehungen b) Objektbegehung zur Mängelfeststellung vor Ablauf der Verjährungsfristen für Mängelansprüche gegenüber den ausführenden Unternehmen c) Mitwirken bei der Freigabe von Sicherheitsleistungen	▪ Überwachen der Mängelbeseitigung innerhalb der Verjährungsfrist

13.2 Objektliste Verkehrsanlagen

Nachstehende Verkehrsanlagen werden in der Regel folgenden Honorarzonen zugeordnet:

Objekte	Honorarzone				
	I	II	III	IV	V
a) Anlagen des Straßenverkehrs					
Außerörtliche Straßen					
▪ ohne besondere Zwangspunkte oder im wenig bewegten Gelände		X			
▪ mit besonderen Zwangspunkten oder in bewegtem Gelände			X		
▪ mit vielen besonderen Zwangspunkten oder in stark bewegtem Gelände				X	
▪ im Gebirge					X
Innerörtliche Straßen und Plätze					
▪ Anlieger- und Sammelstraßen		X			
▪ sonstige innerörtliche Straßen mit normalen verkehrstechnischen Anforderungen oder normaler städtebaulicher Situation (durchschnittliche Anzahl Verknüpfungen mit der Umgebung)			X		
▪ sonstige innerörtliche Straßen mit hohen verkehrstechnischen Anforderungen oder schwieriger städtebaulicher Situation (hohe Anzahl Verknüpfungen mit der Umgebung)				X	
▪ sonstige innerörtliche Straßen mit sehr hohen verkehrstechnischen Anforderungen oder sehr schwieriger städtebaulicher Situation (sehr hohe Anzahl Verknüpfungen mit der Umgebung)					X
Wege					
▪ im ebenen Gelände mit einfachen Entwässerungsverhältnissen	X				
▪ im bewegten Gelände mit einfachen Baugrund- und Entwässerungsverhältnissen		X			
▪ im bewegten Gelände mit schwierigen Baugrund- und Entwässerungsverhältnissen			X		
Plätze, Verkehrsflächen					
▪ einfache Verkehrsflächen, Plätze außerorts	X				
▪ innerörtliche Parkplätze		X			
▪ verkehrsberuhigte Bereiche mit normalen städtebaulichen Anforderungen			X		
▪ verkehrsberuhigte Bereiche mit hohen städtebaulichen Anforderungen				X	
▪ Flächen für Güterumschlag Straße zu Straße			X		
▪ Flächen für Güterumschlag im kombinierten Ladeverkehr				X	

Objekte	Honorarzone I	II	III	IV	V
Tankstellen, Rastanlagen					
▪ mit normalen verkehrstechnischen Anforderungen	X				
▪ mit hohen verkehrstechnischen Anforderungen			X		
Knotenpunkte					
▪ einfach höhengleich		X			
▪ schwierig höhengleich			X		
▪ sehr schwierig höhengleich				X	
▪ einfach höhenungleich			X		
▪ schwierig höhenungleich				X	
▪ sehr schwierig höhenungleich					X
b) Anlagen des Schienenverkehrs					
Gleis- und Bahnsteiganlagen der freien Strecke					
▪ ohne Weichen und Kreuzungen	X				
▪ ohne besondere Zwangspunkte oder in wenig bewegtem Gelände		X			
▪ mit besonderen Zwangspunkten oder in bewegtem Gelände			X		
▪ mit vielen Zwangspunkten oder in stark bewegtem Gelände				X	
Gleis- und Bahnsteiganlagen der Bahnhöfe					
▪ mit einfachen Spurplänen		X			
▪ mit schwierigen Spurplänen			X		
▪ mit sehr schwierigen Spurplänen				X	
c) Anlagen des Flugverkehrs					
▪ einfache Verkehrsflächen für Landeplätze, Segelfluggelände		X			
▪ schwierige Verkehrsflächen für Landeplätze, einfache Verkehrsflächen für Flughäfen			X		
▪ schwierige Verkehrsflächen für Flughäfen				X	

Anlage 14 (zu § 51 Absatz 5, § 52 Absatz 2) Grundleistungen im Leistungsbild Tragwerksplanung, Besondere Leistungen, Objektliste

14.1 Leistungsbild Tragwerksplanung

Grundleistungen	Besondere Leistungen
LPH 1 Grundlagenermittlung a) Klären der Aufgabenstellung aufgrund der Vorgaben oder der Bedarfsplanung des Auftraggebers im Benehmen mit dem Objektplaner b) Zusammenstellen der die Aufgabe beeinflussenden Planungsabsichten c) Zusammenfassen, Erläutern und Dokumentieren der Ergebnisse	
LPH 2 Vorplanung (Projekt- u. Planungsvorbereitung) a) Analysieren der Grundlagen b) Beraten in statisch-konstruktiver Hinsicht unter Berücksichtigung der Belange der Standsicherheit, der Gebrauchsfähigkeit und der Wirtschaftlichkeit c) Mitwirken bei dem Erarbeiten eines Planungskonzepts einschließlich Untersuchung der Lösungsmöglichkeiten des Tragwerks unter gleichen Objektbedingungen mit skizzenhafter Darstellung, Klärung und Angabe der für das Tragwerk wesentlichen konstruktiven Festlegungen für zum Beispiel Baustoffe, Bauarten und Herstellungsverfahren, Konstruktionsraster und Gründungsart d) Mitwirken bei Vorverhandlungen mit Behörden und anderen an der Planung fachlich Beteiligten über die Genehmigungsfähigkeit e) Mitwirken bei der Kostenschätzung und bei der Terminplanung f) Zusammenfassen, Erläutern und Dokumentieren der Ergebnisse	▪ Aufstellen von Vergleichsberechnungen für mehrere Lösungsmöglichkeiten unter verschiedenen Objektbedingungen ▪ Aufstellen eines Lastenplans, zum Beispiel als Grundlage für die Baugrundbeurteilung und Gründungsberatung ▪ Vorläufige nachprüfbare Berechnung wesentlicher tragender Teile ▪ Vorläufige nachprüfbare Berechnung der Gründung

Grundleistungen	Besondere Leistungen
LPH 3 Entwurfsplanung (System- u. Integrationsplanung) a) Erarbeiten der Tragwerkslösung, unter Beachtung der durch die Objektplanung integrierten Fachplanungen, bis zum konstruktiven Entwurf mit zeichnerischer Darstellung b) Überschlägige statische Berechnung und Bemessung c) Grundlegende Festlegungen der konstruktiven Details und Hauptabmessungen des Tragwerks für zum Beispiel Gestaltung der tragenden Querschnitte, Aussparungen und Fugen; Ausbildung der Auflager- und Knotenpunkte sowie der Verbindungsmittel d) Überschlägiges Ermitteln der Betonstahlmengen im Stahlbetonbau, der Stahlmengen im Stahlbau und der Holzmengen im Ingenieurholzbau e) Mitwirken bei der Objektbeschreibung bzw. beim Erläuterungsbericht f) Mitwirken bei Verhandlungen mit Behörden und anderen an der Planung fachlich Beteiligten über die Genehmigungsfähigkeit g) Mitwirken bei der Kostenberechnung und bei der Terminplanung h) Mitwirken beim Vergleich der Kostenberechnung mit der Kostenschätzung i) Zusammenfassen, Erläutern und Dokumentieren der Ergebnisse	▪ Vorgezogene, prüfbare und für die Ausführung geeignete Berechnung wesentlich tragender Teile ▪ Vorgezogene, prüfbare und für die Ausführung geeignete Berechnung der Gründung ▪ Mehraufwand bei Sonderbauweisen oder Sonderkonstruktionen, zum Beispiel Klären von Konstruktionsdetails ▪ Vorgezogene Stahl- oder Holzmengenermittlung des Tragwerks und der kraftübertragenden Verbindungsteile für eine Ausschreibung, die ohne Vorliegen von Ausführungsunterlagen durchgeführt wird ▪ Nachweise der Erdbebensicherung
LPH 4 Genehmigungsplanung a) Aufstellen der prüffähigen statischen Berechnungen für das Tragwerk unter Berücksichtigung der vorgegebenen bauphysikalischen Anforderungen b) Bei Ingenieurbauwerken: Erfassen von normalen Bauzuständen c) Anfertigen der Positionspläne für das Tragwerk oder Eintragen der statischen Positionen, der Tragwerksabmessungen, der Verkehrslasten, der Art und Güte der Baustoffe und der Besonderheiten der Konstruktionen in die Entwurfszeichnungen des Objektplaners	▪ Nachweise zum konstruktiven Brandschutz, soweit erforderlich unter Berücksichtigung der Temperatur (Heißbemessung) ▪ Statische Berechnung und zeichnerische Darstellung für Bergschadenssicherungen und Bauzustände bei Ingenieurbauwerken, soweit diese Leistungen über das Erfassen von normalen Bauzuständen hinausgehen ▪ Zeichnungen mit statischen Positionen und den Tragwerksabmessungen, den Bewehrungsquerschnitten,

Grundleistungen

d) Zusammenstellen der Unterlagen der Tragwerksplanung zur Genehmigung
e) Abstimmen mit Prüfämtern und Prüfingenieuren oder Eigenkontrolle
f) Vervollständigen und Berichtigen der Berechnungen und Pläne

Besondere Leistungen

den Verkehrslasten und der Art und Güte der Baustoffe sowie Besonderheiten der Konstruktionen zur Vorlage bei der bauaufsichtlichen Prüfung anstelle von Positionsplänen
- Aufstellen der Berechnungen nach militärischen Lastenklassen (MLC)
- Erfassen von Bauzuständen bei Ingenieurbauwerken, in denen das statische System von dem des Endzustands abweicht
- Statische Nachweise an nicht zum Tragwerk gehörenden Konstruktionen (zum Beispiel Fassaden)

LPH 5 Ausführungsplanung

Grundleistungen

a) Durcharbeiten der Ergebnisse der Leistungsphasen 3 und 4 unter Beachtung der durch die Objektplanung integrierten Fachplanungen
b) Anfertigen der Schalpläne in Ergänzung der fertig gestellten Ausführungspläne des Objektplaners
c) Zeichnerische Darstellung der Konstruktionen mit Einbau- und Verlegeanweisungen, zum Beispiel Bewehrungspläne, Stahlbau- oder Holzkonstruktionspläne mit Leitdetails (keine Werkstattzeichnungen)
d) Aufstellen von Stahl- oder Stücklisten als Ergänzung zur zeichnerischen Darstellung der Konstruktionen mit Stahlmengenermittlung
e) Fortführen der Abstimmung mit Prüfämtern und Prüfingenieuren oder Eigenkontrolle

Besondere Leistungen

- Konstruktion und Nachweise der Anschlüsse im Stahl- und Holzbau
- Werkstattzeichnungen im Stahl- und Holzbau einschließlich Stücklisten, Elementpläne für Stahlbetonfertigteile einschließlich Stahl- und Stücklisten
- Berechnen der Dehnwege, Festlegen des Spannvorganges und Erstellen der Spannprotokolle im Spannbetonbau
- Rohbauzeichnungen im Stahlbetonbau, die auf der Baustelle nicht der Ergänzung durch die Pläne des Objektplaners bedürfen

LPH 6 Vorbereitung der Vergabe

Grundleistungen

a) Ermitteln der Betonstahlmengen im Stahlbetonbau, der Stahlmengen im Stahlbau und der Holzmengen im Ingenieurholzbau als Ergebnis der Ausführungsplanung und als Beitrag zur Mengenermittlung des Objektplaners

Besondere Leistungen

- Beitrag zur Leistungsbeschreibung mit Leistungsprogramm des Objektplaners[x]
- Beitrag zum Aufstellen von vergleichenden Kostenübersichten des Objektplaners
- Beitrag zum Aufstellen des Leistungsverzeichnisses des Tragwerks

Grundleistungen	Besondere Leistungen
b) Überschlägiges Ermitteln der Mengen der konstruktiven Stahlteile und statisch erforderlichen Verbindungs- und Befestigungsmittel im Ingenieurholzbau c) Mitwirken beim Erstellen der Leistungsbeschreibung als Ergänzung zu den Mengenermittlungen als Grundlage für das Leistungsverzeichnis des Tragwerks	x diese Besondere Leistung wird bei Leistungsbeschreibung mit Leistungsprogramm Grundleistung. In diesem Fall entfallen die Grundleistungen dieser Leistungsphase.
LPH 7 Mitwirkung bei der Vergabe	
	▪ Mitwirken bei der Prüfung und Wertung der Angebote Leistungsbeschreibung mit Leistungsprogramm des Objektplaners ▪ Mitwirken bei der Prüfung und Wertung von Nebenangeboten ▪ Mitwirken beim Kostenanschlag nach DIN 276 oder anderer Vorgaben des Auftraggebers aus Einheitspreisen oder Pauschalangeboten
LPH 8 Objektüberwachung	
	▪ Ingenieurtechnische Kontrolle der Ausführung des Tragwerks auf Übereinstimmung mit den geprüften statischen Unterlagen ▪ Ingenieurtechnische Kontrolle der Baubehelfe, zum Beispiel Arbeits- und Lehrgerüste, Kranbahnen, Baugrubensicherungen ▪ Kontrolle der Betonherstellung und -verarbeitung auf der Baustelle in besonderen Fällen sowie Auswertung der Güteprüfungen ▪ Betontechnologische Beratung ▪ Mitwirken bei der Überwachung der Ausführung der Tragwerkseingriffe bei Umbauten und Modernisierungen
LPH 9 Dokumentation und Objektbetreuung	
	▪ Baubegehung zur Feststellung und Überwachung von die Standsicherheit betreffenden Einflüssen

14.2 Objektliste Tragwerksplanung

Nachstehende Tragwerke können in der Regel folgenden Honorarzonen zugeordnet werden:

	Honorarzone				
	I	II	III	IV	V
Bewertungsmerkmale zur Ermittlung der Honorarzone bei der Tragwerksplanung					
▪ Tragwerke mit sehr geringem Schwierigkeitsgrad, insbesondere einfache statisch bestimmte ebene Tragwerke aus Holz, Stahl, Stein oder unbewehrtem Beton mit ruhenden Lasten, ohne Nachweis horizontaler Aussteifung	X				
▪ Tragwerke mit geringem Schwierigkeitsgrad, insbesondere statisch bestimmte ebene Tragwerke in gebräuchlichen Bauarten ohne Vorspann- und Verbundkonstruktionen, mit vorwiegend ruhenden Lasten		X			
▪ Tragwerke mit durchschnittlichem Schwierigkeitsgrad, insbesondere schwierige statisch bestimmte und statisch unbestimmte ebene Tragwerke in gebräuchlichen Bauarten und ohne Gesamtstabilitätsuntersuchungen			X		
▪ Tragwerke mit hohem Schwierigkeitsgrad, insbesondere statisch und konstruktiv schwierige Tragwerke in gebräuchlichen Bauarten und Tragwerke, für deren Standsicherheit- und Festigkeitsnachweis schwierig zu ermittelnde Einflüsse zu berücksichtigen sind				X	
▪ Tragwerke mit sehr hohem Schwierigkeitsgrad, insbesondere statisch und konstruktiv ungewöhnlich schwierige Tragwerke					X
Stützwände, Verbau					
▪ unverankerte Stützwände zur Abfangung von Geländesprüngen bis 2 m Höhe und konstruktive Böschungssicherungen bei einfachen Baugrund-, Belastungs- und Geländeverhältnissen	X				
▪ Sicherung von Geländesprüngen bis 4 m Höhe ohne Rückverankerungen bei einfachen Baugrund-, Belastungs- und Geländeverhältnissen, wie z. B. Stützwände, Uferwände, Baugrubenverbauten		X			
▪ Sicherung von Geländesprüngen ohne Rückverankerungen bei schwierigen Baugrund-, Belastungs- oder Geländeverhältnissen oder mit einfacher Rückverankerung bei einfachen Baugrund-, Belastungs- oder Geländeverhältnissen, wie z. B. Stützwände, Uferwände, Baugrubenverbauten			X		

	Honorarzone				
	I	II	III	IV	V
▪ schwierige, verankerte Stützwände, Baugrubenverbauten oder Uferwände				X	
▪ Baugrubenverbauten mit ungewöhnlich schwierigen Randbedingungen					X
Gründung					
▪ Flachgründungen einfacher Art		X			
▪ Flachgründungen mit durchschnittlichem Schwierigkeitsgrad, ebene und räumliche Pfahlgründungen mit durchschnittlichem Schwierigkeitsgrad			X		
▪ schwierige Flachgründungen, schwierige ebene und räumliche Pfahlgründungen, besondere Gründungsverfahren, Unterfahrungen				X	
Mauerwerk					
▪ Mauerwerksbauten mit bis zur Gründung durchgehenden tragenden Wänden ohne Nachweis horizontaler Aussteifung		X			
▪ Tragwerke mit Abfangung der tragenden beziehungsweise aussteifenden Wände			X		
▪ Konstruktionen mit Mauerwerk nach Eignungsprüfung (Ingenieurmauerwerk)				X	
Gewölbe					
▪ einfache Gewölbe			X		
▪ schwierige Gewölbe und Gewölbereihen				X	
Deckenkonstruktionen, Flächentragwerke					
▪ Deckenkonstruktionen mit einfachem Schwierigkeitsgrad, bei vorwiegend ruhenden Flächenlasten		X			
▪ Deckenkonstruktionen mit durchschnittlichem Schwierigkeitsgrad			X		
▪ schiefwinklige Einfeldplatten				X	
▪ schiefwinklige Mehrfeldplatten					X
▪ schiefwinklig gelagerte oder gekrümmte Träger				X	
▪ schiefwinklig gelagerte, gekrümmte Träger					X
▪ Trägerroste und orthotrope Platten mit durchschnittlichem Schwierigkeitsgrad				X	
▪ schwierige Trägerroste und schwierige orthotrope Platten					X
▪ Flächentragwerke (Platten, Scheiben) mit durchschnittlichem Schwierigkeitsgrad				X	
▪ schwierige Flächentragwerke (Platten, Scheiben, Faltwerke, Schalen)					X
▪ einfache Faltwerke ohne Vorspannung				X	

	Honorarzone				
	I	II	III	IV	V
Verbundkonstruktionen					
▪ einfache Verbundkonstruktionen ohne Berücksichtigung des Einflusses von Kriechen und Schwinden			X		
▪ Verbundkonstruktionen mittlerer Schwierigkeit				X	
▪ Verbundkonstruktionen mit Vorspannung durch Spannglieder oder andere Maßnahmen					X
Rahmen- und Skelettbauten					
▪ ausgesteifte Skelettbauten			X		
▪ Tragwerke für schwierige Rahmen- und Skelettbauten sowie turmartige Bauten, bei denen der Nachweis der Stabilität und Aussteifung die Anwendung besonderer Berechnungsverfahren erfordert				X	
▪ einfache Rahmentragwerke ohne Vorspannkonstruktionen und ohne Gesamtstabilitätsuntersuchungen			X		
▪ Rahmentragwerke mit durchschnittlichem Schwierigkeitsgrad				X	
▪ schwierige Rahmentragwerke mit Vorspannkonstruktionen und Stabilitätsuntersuchungen					X
Räumliche Stabwerke					
▪ räumliche Stabwerke mit durchschnittlichem Schwierigkeitsgrad				X	
▪ schwierige räumliche Stabwerke					X
Seilverspannte Konstruktionen					
▪ einfache seilverspannte Konstruktionen				X	
▪ seilverspannte Konstruktionen mit durchschnittlichem bis sehr hohem Schwierigkeitsgrad					X
Konstruktionen mit Schwingungsbeanspruchung					
▪ Tragwerke mit einfachen Schwingungsuntersuchungen				X	
▪ Tragwerke mit Schwingungsuntersuchungen mit durchschnittlichem bis sehr hohem Schwierigkeitsgrad					X
Besondere Berechnungsmethoden					
▪ schwierige Tragwerke, die Schnittgrößenbestimmungen nach der Theorie II. Ordnung erfordern				X	
▪ ungewöhnlich schwierige Tragwerke, die Schnittgrößenbestimmungen nach der Theorie II. Ordnung erfordern					X
▪ schwierige Tragwerke in neuen Bauarten					X
▪ Tragwerke mit Standsicherheitsnachweisen, die nur unter Zuhilfenahme modellstatischer Untersuchungen oder durch Berechnungen mit finiten Elementen beurteilt werden können					X
▪ Tragwerke, bei denen die Nachgiebigkeit der Verbindungsmittel bei der Schnittkraftermittlung zu berücksichtigen ist					X

	Honorarzone				
	I	II	III	IV	V
Spannbeton					
▪ einfache, äußerlich und innerlich statisch bestimmte und zwängungsfrei gelagerte vorgespannte Konstruktionen			X		
▪ vorgespannte Konstruktionen mit durchschnittlichem Schwierigkeitsgrad				X	
▪ vorgespannte Konstruktionen mit hohem bis sehr hohem Schwierigkeitsgrad					X
Trag-Gerüste					
▪ einfache Traggerüste und andere einfache Gerüste für Ingenieurbauwerke		X			
▪ schwierige Traggerüste und andere schwierige Gerüste für Ingenieurbauwerke				X	
▪ sehr schwierige Traggerüste und andere sehr schwierige Gerüste für Ingenieurbauwerke, zum Beispiel weit gespannte oder hohe Traggerüste					X

Anlage 15 (zu § 55 Absatz 3, § 56 Absatz 3) Grundleistungen im Leistungsbild Technische Ausrüstung, Besondere Leistungen, Objektliste

15.1 Grundleistungen und Besondere Leistungen im Leistungsbild Technische Ausrüstung

Grundleistungen	Besondere Leistungen
LPH 1 Grundlagenermittlung	
a) Klären der Aufgabenstellung auf Grund der Vorgaben oder der Bedarfsplanung des Auftraggebers im Benehmen mit dem Objektplaner b) Ermitteln der Planungsrandbedingungen und Beraten zum Leistungsbedarf und gegebenenfalls zur technischen Erschließung c) Zusammenfassen, Erläutern und Dokumentieren der Ergebnisse	▪ Mitwirken bei der Bedarfsplanung für komplexe Nutzungen zur Analyse der Bedürfnisse, Ziele und einschränkenden Gegebenheiten (Kosten-, Termine und andere Rahmenbedingungen) des Bauherrn und wichtiger Beteiligter ▪ Bestandsaufnahme, zeichnerische Darstellung und Nachrechnen vorhandener Anlagen und Anlagenteile ▪ Datenerfassung, Analysen und Optimierungsprozesse im Bestand ▪ Durchführen von Verbrauchsmessungen ▪ Endoskopische Untersuchungen ▪ Mitwirken bei der Ausarbeitung von Auslobungen und bei Vorprüfungen für Planungswettbewerbe
LPH 2 Vorplanung (Projekt- und Planungsvorbereitung)	
a) Analysieren der Grundlagen, Mitwirken beim Abstimmen der Leistungen mit den Planungsbeteiligten b) Erarbeiten eines Planungskonzepts, dazu gehören zum Beispiel: Vordimensionieren der Systeme und maßbestimmenden Anlagenteile, Untersuchen von alternativen Lösungsmöglichkeiten bei gleichen Nutzungsanforderungen einschließlich Wirtschaftlichkeitsvorbetrachtung, zeichnerische Darstellung zur Integration in die Objektplanung unter Berücksichtigung exemplarischer Details, Angaben zum Raumbedarf c) Aufstellen eines Funktionsschemas bzw. Prinzipschaltbildes für jede Anlage	▪ Erstellen des technischen Teils eines Raumbuches ▪ Durchführen von Versuchen und Modellversuchen

Grundleistungen	Besondere Leistungen
d) Klären und Erläutern der wesentlichen fachübergreifenden Prozesse, Randbedingungen und Schnittstellen, Mitwirken bei der Integration der technischen Anlagen e) Vorverhandlungen mit Behörden über die Genehmigungsfähigkeit und mit den zu beteiligenden Stellen zur Infrastruktur f) Kostenschätzung nach DIN 276 (2. Ebene) und Terminplanung g) Zusammenfassen, Erläutern und Dokumentieren der Ergebnisse	
LPH 3 Entwurfsplanung (System- und Integrationsplanung)	
a) Durcharbeiten des Planungskonzepts (stufenweise Erarbeitung einer Lösung) unter Berücksichtigung aller fachspezifischen Anforderungen sowie unter Beachtung der durch die Objektplanung integrierten Fachplanungen, bis zum vollständigen Entwurf b) Festlegen aller Systeme und Anlagenteile c) Berechnen und Bemessen der technischen Anlagen und Anlagenteile, Abschätzen von jährlichen Bedarfswerten (z. B. Nutz-, End- und Primärenergiebedarf) und Betriebskosten; Abstimmen des Platzbedarfs für technische Anlagen und Anlagenteile; Zeichnerische Darstellung des Entwurfs in einem mit dem Objektplaner abgestimmten Ausgabemaßstab mit Angabe maßbestimmender Dimensionen Fortschreiben und Detaillieren der Funktions- und Strangschemata der Anlagen Auflisten aller Anlagen mit technischen Daten und Angaben zum Beispiel für Energiebilanzierungen Anlagenbeschreibungen mit Angabe der Nutzungsbedingungen	▪ Erarbeiten von besonderen Daten für die Planung Dritter, zum Beispiel für Stoffbilanzen, etc. ▪ Detaillierte Betriebskostenberechnung für die ausgewählte Anlage ▪ Detaillierter Wirtschaftlichkeitsnachweis ▪ Berechnung von Lebenszykluskosten ▪ Detaillierte Schadstoffemissionsberechnung für die ausgewählte Anlage ▪ Detaillierter Nachweis von Schadstoffemissionen ▪ Aufstellen einer gewerkeübergreifenden Brandschutzmatrix ▪ Fortschreiben des technischen Teils des Raumbuches ▪ Auslegung der technischen Systeme bei Ingenieurbauwerken nach Maschinenrichtlinie ▪ Anfertigen von Ausschreibungszeichnungen bei Leistungsbeschreibung mit Leistungsprogramm ▪ Mitwirken bei einer vertieften Kostenberechnung ▪ Simulationen zur Prognose des Verhaltens von Gebäuden, Bauteilen, Räumen und Freiräumen

Grundleistungen	Besondere Leistungen
d) Übergeben der Berechnungsergebnisse an andere Planungsbeteiligte zum Aufstellen vorgeschriebener Nachweise; Angabe und Abstimmung der für die Tragwerksplanung notwendigen Angaben über Durchführungen und Lastangaben (ohne Anfertigen von Schlitz- und Durchführungsplänen) e) Verhandlungen mit Behörden und mit anderen zu beteiligenden Stellen über die Genehmigungsfähigkeit f) Kostenberechnung nach DIN 276 (3. Ebene) und Terminplanung g) Kostenkontrolle durch Vergleich der Kostenberechnung mit der Kostenschätzung h) Zusammenfassen, Erläutern und Dokumentieren der Ergebnisse	
LPH 4 Genehmigungsplanung a) Erarbeiten und Zusammenstellen der Vorlagen und Nachweise für öffentlich-rechtliche Genehmigungen oder Zustimmungen einschließlich der Anträge auf Ausnahmen oder Befreiungen sowie Mitwirken bei Verhandlungen mit Behörden b) Vervollständigen und Anpassen der Planungsunterlagen, Beschreibungen und Berechnungen	
LPH 5 Ausführungsplanung a) Erarbeiten der Ausführungsplanung auf Grundlage der Ergebnisse der Leistungsphasen 3 und 4 (stufenweise Erarbeitung und Darstellung der Lösung) unter Beachtung der durch die Objektplanung integrierten Fachplanungen bis zur ausführungsreifen Lösung b) Fortschreiben der Berechnungen und Bemessungen zur Auslegung der technischen Anlagen und Anlagenteile Zeichnerische Darstellung der Anlagen in einem mit dem Objektplaner abgestimmten Ausgabemaßstab und Detaillierungsgrad einschließlich Dimensionen (keine Montage- oder Werkstattpläne)	▪ Prüfen und Anerkennen von Schalplänen des Tragwerksplaners auf Übereinstimmung mit der Schlitz- und Durchbruchsplanung ▪ Anfertigen von Plänen für Anschlüsse von beigestellten Betriebsmitteln und Maschinen (Maschinenanschlussplanung) mit besonderem Aufwand (zum Beispiel bei Produktionseinrichtungen) ▪ Leerrohrplanung mit besonderem Aufwand (zum Beispiel bei Sichtbeton oder Fertigteilen)

Grundleistungen	Besondere Leistungen
Anpassen und Detaillieren der Funktions- und Strangschemata der Anlagen bzw. der GA-Funktionslisten Abstimmen der Ausführungszeichnungen mit dem Objektplaner und den übrigen Fachplanern c) Anfertigen von Schlitz- und Durchbruchsplänen d) Fortschreibung des Terminplans e) Fortschreiben der Ausführungsplanung auf den Stand der Ausschreibungsergebnisse und der dann vorliegenden Ausführungsplanung des Objektplaners, Übergeben der fortgeschriebenen Ausführungsplanung an die ausführenden Unternehmen f) Prüfen und Anerkennen der Montage- und Werkstattpläne der ausführenden Unternehmen auf Übereinstimmung mit der Ausführungsplanung	▪ Mitwirkung bei Detailplanungen mit besonderem Aufwand, zum Beispiel Darstellung von Wandabwicklungen in hochinstallierten Bereichen ▪ Anfertigen von allpoligen Stromlaufplänen
LPH 6 Vorbereitung der Vergabe a) Ermitteln von Mengen als Grundlage für das Aufstellen von Leistungsverzeichnissen in Abstimmung mit Beiträgen anderer an der Planung fachlich Beteiligter b) Aufstellen der Vergabeunterlagen, insbesondere mit Leistungsverzeichnissen nach Leistungsbereichen, einschließlich der Wartungsleistungen auf Grundlage bestehender Regelwerke c) Mitwirken beim Abstimmen der Schnittstellen zu den Leistungsbeschreibungen der anderen an der Planung fachlich Beteiligten d) Ermitteln der Kosten auf Grundlage der vom Planer bepreisten Leistungsverzeichnisse e) Kostenkontrolle durch Vergleich der vom Planer bepreisten Leistungsverzeichnisse mit der Kostenberechnung f) Zusammenstellen der Vergabeunterlagen	▪ Erarbeiten der Wartungsplanung und -organisation ▪ Ausschreibung von Wartungsleistungen, soweit von bestehenden Regelwerken abweichend

Grundleistungen	Besondere Leistungen
LPH 7 Mitwirkung bei der Vergabe a) Einholen von Angeboten b) Prüfen und Werten der Angebote, Aufstellen der Preisspiegel nach Einzelpositionen, Prüfen und Werten der Angebote für zusätzliche oder geänderte Leistungen der ausführenden Unternehmen und der Angemessenheit der Preise c) Führen von Bietergesprächen d) Vergleichen der Ausschreibungsergebnisse mit den vom Planer bepreisten Leistungsverzeichnissen und der Kostenberechnung e) Erstellen der Vergabevorschläge, Mitwirken bei der Dokumentation der Vergabeverfahren f) Zusammenstellen der Vertragsunterlagen und bei der Auftragserteilung[57]	▪ Prüfen und Werten von Nebenangeboten ▪ Mitwirken bei der Prüfung von bauwirtschaftlich begründeten Angeboten (Claimabwehr)
LPH 8 Objektüberwachung (Bauüberwachung) und Dokumentation a) Überwachen der Ausführung des Objekts auf Übereinstimmung mit der öffentlich-rechtlichen Genehmigung oder Zustimmung, den Verträgen mit den ausführenden Unternehmen, den Ausführungsunterlagen, den Montage- und Werkstattplänen, den einschlägigen Vorschriften und den allgemein anerkannten Regeln der Technik b) Mitwirken bei der Koordination der am Projekt Beteiligten c) Aufstellen, Fortschreiben und Überwachen des Terminplans (Balkendiagramm) d) Dokumentation des Bauablaufs (Bautagebuch) e) Prüfen und Bewerten der Notwendigkeit geänderter oder zusätzlicher Leistungen der Unternehmer und der Angemessenheit der Preise f) Gemeinsames Aufmaß mit den ausführenden Unternehmen	▪ Durchführen von Leistungsmessungen und Funktionsprüfungen ▪ Werksabnahmen ▪ Fortschreiben der Ausführungspläne (zum Beispiel Grundrisse, Schnitte, Ansichten) bis zum Bestand ▪ Erstellen von Rechnungsbelegen anstelle der ausführenden Firmen, zum Beispiel Aufmaß ▪ Schlussrechnung (Ersatzvornahme) ▪ Erstellen fachübergreifender Betriebsanleitungen (zum Beispiel Betriebshandbuch, Reparaturhandbuch) oder computer-aided Facility Management-Konzepte ▪ Planung der Hilfsmittel für Reparaturzwecke

[57] Hierbei handelt es sich nach Auffassung der Autoren um einen redaktionellen Fehler des Verordnungsgebers. Analog zur HOAI 2009 muss es wohl „und Mitwirken bei der Auftragserteilung“ heißen.

Grundleistungen	Besondere Leistungen
g) Rechnungsprüfung in rechnerischer und fachlicher Hinsicht mit Prüfen und Bescheinigen des Leistungsstandes anhand nachvollziehbarer Leistungsnachweise	
h) Kostenkontrolle durch Überprüfen der Leistungsabrechnungen der ausführenden Unternehmen im Vergleich zu den Vertragspreisen und dem Kostenanschlag	
i) Kostenfeststellung	
j) Mitwirken bei Leistungs- und Funktionsprüfungen	
k) fachtechnische Abnahme der Leistungen auf Grundlage der vorgelegten Dokumentation, Erstellung eines Abnahmeprotokolls, Feststellen von Mängeln und Erteilen einer Abnahmeempfehlung	
l) Antrag auf behördliche Abnahmen und Teilnahme daran	
m) Prüfung der übergebenen Revisionsunterlagen auf Vollzähligkeit, Vollständigkeit und stichprobenartige Prüfung auf Übereinstimmung mit dem Stand der Ausführung	
n) Auflisten der Verjährungsfristen der Ansprüche auf Mängelbeseitigung	
o) Überwachen der Beseitigung der bei der Abnahme festgestellten Mängel	
p) Systematische Zusammenstellung der Dokumentation, der zeichnerischen Darstellungen und rechnerischen Ergebnisse des Objekts	
LPH 9 Objektbetreuung	
a) Fachliche Bewertung der innerhalb der Verjährungsfristen für Gewährleistungsansprüche festgestellten Mängel, längstens jedoch bis zum Ablauf von fünf Jahren seit Abnahme der Leistung, einschließlich notwendiger Begehungen b) Objektbegehung zur Mängelfeststellung vor Ablauf der Verjährungsfristen für Mängelansprüche gegenüber den ausführenden Unternehmen c) Mitwirken bei der Freigabe von Sicherheitsleistungen	▪ Überwachen der Mängelbeseitigung innerhalb der Verjährungsfrist ▪ Energiemonitoring innerhalb der Gewährleistungsphase, Mitwirkung bei den jährlichen Verbrauchsmessungen aller Medien ▪ Vergleich mit den Bedarfswerten aus der Planung, Vorschläge für die Betriebsoptimierung und zur Senkung des Medien- und Energieverbrauches

15.2 Objektliste

	Honorarzone		
	I	II	III
Anlagengruppe 1 Abwasser-, Wasser- oder Gasanlagen			
▪ Anlagen mit kurzen einfachen Netzen	X		
▪ Abwasser-, Wasser-, Gas- oder sanitärtechnische Anlagen mit verzweigten Netzen, Trinkwasserzirkulationsanlagen, Hebeanlagen, Druckerhöhungsanlagen		X	
▪ Anlagen zur Reinigung, Entgiftung oder Neutralisation von Abwasser, Anlagen zur biologischen, chemischen oder physikalischen Behandlung von Wasser, Anlagen mit besonderen hygienischen Anforderungen oder neuen Techniken (zum Beispiel Kliniken, Alten- oder Pflegeeinrichtungen) ▪ Gasdruckreglerstationen, mehrstufige Leichtflüssigkeitsabscheider			X
Anlagengruppe 2 Wärmeversorgungsanlagen			
▪ Einzelheizgeräte, Etagenheizung	X		
▪ Gebäudeheizungsanlagen, mono- oder bivalente Systeme (zum Beispiel Solaranlage zur Brauchwassererwärmung, Wärmepumpenanlagen) ▪ Flächenheizungen ▪ Hausstationen ▪ verzweigte Netze		X	
▪ Multivalente Systeme ▪ Systeme mit Kraft-Wärme-Kopplung, Dampfanlagen, Heißwasseranlagen, Deckenstrahlheizungen (zum Beispiel Sport- oder Industriehallen)			X
Anlagengruppe 3 Lufttechnische Anlagen			
▪ Einzelabluftanlagen	X		
▪ Lüftungsanlagen mit einer thermodynamischen Luftbehandlungsfunktion (zum Beispiel Heizen), Druckbelüftung		X	
▪ Lüftungsanlagen mit mindestens zwei thermodynamischen Luftbehandlungsfunktionen (zum Beispiel Heizen oder Kühlen), Teilklimaanlagen, Klimaanlagen ▪ Anlagen mit besonderen Anforderungen an die Luftqualität (zum Beispiel Operationsräume) ▪ Kühlanlagen, Kälteerzeugungsanlagen ohne Prozesskälteanlagen ▪ Hausstationen für Fernkälte, Rückkühlanlagen			X

	Honorarzone		
	I	II	III
Anlagengruppe 4 Starkstromanlagen			
▪ Niederspannungsanlagen mit bis zu zwei Verteilungsebenen ab Übergabe EVU einschließlich Beleuchtung oder Sicherheitsbeleuchtung mit Einzelbatterien ▪ Erdungsanlagen	X		
▪ Kompakt-Transformatorenstationen, Eigenstromerzeugungsanlagen (zum Beispiel zentrale Batterie- oder unterbrechungsfreie Stromversorgungsanlagen, Photovoltaik-Anlagen) ▪ Niederspannungsanlagen mit bis zu drei Verteilebenen ab Übergabe EVU einschließlich Beleuchtungsanlagen ▪ zentrale Sicherheitsbeleuchtungsanlagen ▪ Niederspannungsinstallationen einschließlich Bussystemen ▪ Blitzschutz- oder Erdungsanlagen, soweit nicht in HZ I oder HZ III erwähnt ▪ Außenbeleuchtungsanlagen		X	
▪ Hoch- oder Mittelspannungsanlagen, Transformatorenstationen, Eigenstromversorgungsanlagen mit besonderen Anforderungen (zum Beispiel Notstromaggregate, Blockheizkraftwerke, dynamische unterbrechungsfreie Stromversorgung) ▪ Niederspannungsanlagen mit mindestens vier Verteilebenen oder mehr als 1.000 A Nennstrom ▪ Beleuchtungsanlagen mit besonderen Planungsanforderungen (zum Beispiel Lichtsimulationen in aufwendigen Verfahren für Museen oder Sonderräume) ▪ Blitzschutzanlagen mit besonderen Anforderungen (zum Beispiel für Kliniken, Hochhäuser, Rechenzentren)			X
Anlagengruppe 5 Fernmelde- oder informationstechnische Anlagen			
▪ Einfache Fernmeldeinstallationen mit einzelnen Endgeräten	X		
▪ Fernmelde- oder informationstechnische Anlagen, soweit nicht in HZ I oder HZ III erwähnt		X	
▪ Fernmelde- oder informationstechnische Anlagen mit besonderen Anforderungen (zum Beispiel Konferenz- oder Dolmetscheranlagen, Beschallungsanlagen von Sonderräumen, Objektüberwachungsanlagen, aktive Netzwerkkomponenten, Fernübertragungsnetze, Fernwirkanlagen, Parkleitsysteme)			X
Anlagengruppe 6 Förderanlagen			
▪ Einzelne Standardaufzüge, Kleingüteraufzüge, Hebebühnen	X		
▪ Aufzugsanlagen, soweit nicht in Honorarzone I oder III erwähnt, Fahrtreppen oder Fahrsteige, Krananlagen, Ladebrücken, Stetigförderanlagen		X	
▪ Aufzugsanlagen mit besonderen Anforderungen, Fassadenaufzüge, Transportanlagen mit mehr als zwei Sende- oder Empfangsstellen			X

	Honorarzone		
	I	II	III
Anlagengruppe 7 Nutzungsspezifische oder verfahrenstechnische Anlagen **7.1 Nutzungsspezifische Anlagen**			
▪ Küchentechnische Geräte, zum Beispiel für Teeküchen	X		
▪ Küchentechnische Anlagen, zum Beispiel Küchen mittlerer Größe, Aufwärmküchen, Einrichtungen zur Speise- oder Getränkeaufbereitung, -ausgabe oder -lagerung (keine Produktionsküche) einschließlich zugehöriger Kälteanlagen		X	
▪ Küchentechnische Anlagen, zum Beispiel Großküchen, Einrichtungen für Produktionsküchen einschließlich der Ausgabe oder Lagerung sowie der zugehörigen Kälteanlagen, Gewerbekälte für Großküchen, große Kühlräume oder Kühlzellen			X
▪ Wäscherei- oder Reinigungsgeräte, zum Beispiel für Gemeinschaftswaschküchen	X		
▪ Wäscherei- oder Reinigungsanlagen, zum Beispiel Wäschereieinrichtungen für Waschsalons		X	
▪ Wäscherei- oder Reinigungsanlagen, zum Beispiel chemische oder physikalische Einrichtungen für Großbetriebe			X
▪ Medizin- oder labortechnische Anlagen, zum Beispiel für Einzelpraxen der Allgemeinmedizin	X		
▪ Medizin- oder labortechnische Anlagen, zum Beispiel für Gruppenpraxen der Allgemeinmedizin oder Einzelpraxen der Fachmedizin, Sanatorien, Pflegeeinrichtungen, Krankenhausabteilungen, Laboreinrichtungen für Schulen		X	
▪ Medizin- oder labortechnische Anlagen, zum Beispiel für Kliniken, Institute mit Lehr- oder Forschungsaufgaben, Laboratorien, Fertigungsbetriebe			X
▪ Feuerlöschgeräte, zum Beispiel Handfeuerlöscher	X		
▪ Feuerlöschanlagen, zum Beispiel manuell betätigte Feuerlöschanlagen		X	
▪ Feuerlöschanlagen, zum Beispiel selbsttätig auslösende Anlagen			X
▪ Entsorgungsanlagen, zum Beispiel Abwurfanlagen für Abfall oder Wäsche,	X		
▪ Entsorgungsanlagen, zum Beispiel zentrale Entsorgungsanlagen für Wäsche oder Abfall, zentrale Staubsauganlagen			X
▪ Bühnentechnische Anlagen, zum Beispiel technische Anlagen für Klein- oder Mittelbühnen		X	
▪ Bühnentechnische Anlagen, zum Beispiel für Großbühnen			X
▪ Medienversorgungsanlagen, zum Beispiel zur Erzeugung, Lagerung, Aufbereitung oder Verteilung medizinischer oder technischer Gase, Flüssigkeiten oder Vakuum			X
▪ Badetechnische Anlagen, zum Beispiel Aufbereitungsanlagen, Wellenerzeugungsanlagen, höhenverstellbare Zwischenböden			X

	Honorarzone		
	I	II	III
▪ Prozesswärmeanlagen, Prozesskälteanlagen, Prozessluftanlagen, zum Beispiel Vakuumanlagen, Prüfstände, Windkanäle, industrielle Ansauganlagen			X
▪ Technische Anlagen für Tankstellen, Fahrzeugwaschanlagen			X
▪ Lagertechnische Anlagen, zum Beispiel Regalbediengeräte (mit zugehörigen Regalanlagen), automatische Warentransportanlagen			X
▪ Taumittelsprühanlagen oder Enteisungsanlagen		X	
▪ Stationäre Enteisungsanlagen für Großanlagen, zum Beispiel Flughäfen			X
7.2 Verfahrenstechnische Anlagen			
▪ Einfache Technische Anlagen der Wasseraufbereitung (zum Beispiel Belüftung, Enteisenung, Entmanganung, chemische Entsäuerung, physikalische Entsäuerung)		X	
▪ Technische Anlagen der Wasseraufbereitung (zum Beispiel Membranfiltration, Flockungsfiltration, Ozonierung, Entarsenierung, Entaluminierung, Denitrifikation)			X
▪ Einfache technische Anlagen der Abwasserreinigung (zum Beispiel gemeinsame aerobe Stabilisierung)		X	
▪ Technische Anlagen der Abwasserreinigung (zum Beispiel für mehrstufige Abwasserbehandlungsanlagen)			X
▪ Einfache Schlammbehandlungsanlagen (zum Beispiel Schlammabsetzanlagen mit mechanischen Einrichtungen)		X	
▪ Anlagen für mehrstufige oder kombinierte Verfahren der Schlammbehandlung			X
▪ Einfache Technische Anlagen der Abwasserableitung		X	
▪ Technische Anlagen der Abwasserableitung			X
▪ Einfache Technische Anlagen der Wassergewinnung, -förderung, -speicherung		X	
▪ Technische Anlagen der Wassergewinnung, -förderung, -speicherung			X
▪ Einfache Regenwasserbehandlungsanlagen		X	
▪ Einfache Anlagen für Grundwasserdekontaminierungsanlagen		X	
▪ Komplexe Technische Anlagen für Grundwasserdekontaminierungsanlagen			X
▪ Einfache Technische Anlagen für die Ver- und Entsorgung mit Gasen (zum Beispiel Odorieranlage)		X	
▪ Einfache Technische Anlagen für die Ver- und Entsorgung mit Feststoffen		X	
▪ Technische Anlagen für die Ver- und Entsorgung mit Feststoffen			X

	Honorarzone		
	I	II	III
▪ Einfache Technische Anlagen der Abfallentsorgung (zum Beispiel für Kompostwerke, Anlagen zur Konditionierung von Sonderabfällen, Hausmülldeponien oder Monodeponien für Sonderabfälle, Anlagen für Untertagedeponien, Anlagen zur Behandlung kontaminierter Böden)		X	
▪ Technische Anlagen der Abfallentsorgung (zum Beispiel für Verbrennungsanlagen, Pyrolyseanlagen, mehrfunktionale Aufbereitungsanlagen für Wertstoffe)			X
Anlagengruppe 8 Gebäudeautomation			
▪ Herstellerneutrale Gebäudeautomationssysteme oder Automationssysteme mit anlagengruppenübergreifender Systemintegration			X

C Synopse HOAI 2013/2021 mit Amtlicher Begründung

Die nachfolgende Synopse soll lediglich darstellen, was sich gegenüber der HOAI 2013 geändert hat, um einen schnellen Überblick zu erhalten, auf was man

- bei der Gestaltung eines neuen Architekten- und oder Ingenieurvertrags oder
- bei der Berechnung des Honorars

achten muss. Blau sind im Verordnungstext der HOAI 2021 die Veränderungen gegenüber dem Wortlaut der HOAI 2013 dargestellt, um neu eingefügte Passagen, Umformulierungen, neue Nummerierungen und Ähnliches zu markieren.

Der Text der Amtlichen Begründung stammt aus der Bundesrats-Drucksache 539/20 vom 16.09.2020.

Erste Verordnung zur Änderung der Honorarordnung für Architekten und Ingenieure

Amtliche Begründung

A. Allgemeiner Teil

I. Zielsetzung und Notwendigkeit der Regelungen

In seinem Urteil vom 4. Juli 2019 hat der Europäische Gerichtshof entschieden, dass die verbindlichen Mindest- und Höchsthonorarsätze der Honorarordnung für Architekten und Ingenieure vom 10. Juli 2013 (BGBl. I S. 2276, HOAI) gegen Artikel 15 Absatz 1, Absatz 2 Buchstabe g und Absatz 3 der Richtlinie 2006/123/EG des Europäischen Parlaments und des Rates vom 12. Dezember 2006 über Dienstleistungen im Binnenmarkt (EU-Dienstleistungsrichtlinie) verstoßen (Rechtssache C-377/17). Mit Verkündung des Urteils besteht für die Bundesrepublik Deutschland die Pflicht, der Entscheidung nachzukommen und die nationale Rechtsordnung an die Vorgaben des Urteils anzupassen. Die vorliegende Verordnung dient der Umsetzung dieser Anpassungen in der HOAI.

II. Wesentlicher Inhalt des Entwurfs

Die Regelungen der HOAI werden in der Weise geändert, dass die Honorare für alle von der HOAI erfassten Leistungen künftig frei vereinbart werden können und es keine verbindlichen Mindest- und Höchsthonorarsätze mehr geben wird.

III. Alternativen

Keine.

IV. Regelungskompetenz

Die Kompetenz der Bundesregierung zum Erlass der Verordnung ergibt sich aus der Ermächtigungsgrundlage in § 1 Absatz 1 des Gesetzes zur Regelung von Ingenieur- und Architektenleistungen.

Die Verordnung bedarf der Zustimmung des Bundesrates.

V. Vereinbarkeit mit dem Recht der Europäischen Union und völkerrechtlichen Verträgen

Der Verordnungsentwurf dient der Umsetzung des Urteils des Europäischen Gerichtshofs vom 4. Juli 2019 in der Rechtssache C-377/17. Die bisher in der HOAI enthaltene Festlegung von verbindlichen Mindest- und Höchsthonorarsätzen, die nach dem Urteil mit der EU-Dienstleistungsrichtlinie (2006/123/EG, Abl. L 376 S. 36) nicht vereinbar war, wird durch diese Änderung der HOAI aufgehoben.

VI. Regelungsfolgen

Die Änderungen in der HOAI haben das Ziel, dem Urteil des Europäischen Gerichtshofs in der Rechtssache C-377/17 nachzukommen und die Regelungen der nationalen Rechtsordnung entsprechend der Vorgaben des Urteils anzupassen und so die Vereinbarkeit der Regelungen der HOAI mit dem Recht der Europäischen Union, wie es in der EU-Dienstleistungsrichtlinie zum Ausdruck kommt, herzustellen.

1. Rechts- und Verwaltungsvereinfachung

Die Änderungen in der HOAI dienen der Anpassung der Verordnung an die Vorgaben des Urteils des Europäischen Gerichtshofs und damit auch der Klarstellung der Rechtslage. Auch für die öffentliche Verwaltung wird auf diese Weise die Rechtsanwendung vereinfacht.

2. Nachhaltigkeitsaspekte

Das Regelungsvorhaben steht im Einklang mit den Leitgedanken der Bundesregierung zur nachhaltigen Entwicklung im Sinne der deutschen Nachhaltigkeitsstrategie, die der Umsetzung der UN-Agenda 2030 für nachhaltige Entwicklung dient.

Das Regelungsvorhaben ist insbesondere vereinbar mit SDG 8 (Menschenwürdige Arbeit und Wirtschaftswachstum). Es trägt zur Planungs- und Rechtssicherheit im betroffenen Sektor bei. Dies kann zu einem sichereren Investitionsumfeld und somit zu besseren Investitionsbedingungen im Sinne der nationalen Postulate zu SDG 8 beitragen.

Behinderungen etwaiger Nachhaltigkeitsziele oder Zielkonflikte zwischen verschiedenen Nachhaltigkeitszielen durch das Regelungsvorhaben wurden nicht festgestellt.

3. Haushaltsausgaben ohne Erfüllungsaufwand

Durch die Verordnung werden keine Haushaltsausgaben ohne Erfüllungsaufwand verursacht.

4. Erfüllungsaufwand

Die HOAI wird künftig für Honorare für Architekten- und Ingenieurleistungen keine verbindlichen Mindest- oder Höchsthonorarsätze mehr vorgeben. Die Regelungen, die die HOAI für die Kalkulation der Honorare enthält, werden aber beibehalten. Das entsprechend dieser Kalkulationsregeln ermittelte Honorar kann mittels eines Zu- oder Abschlags geändert werden. Die HOAI wird außerdem künftig unverbindliche Honorarempfehlungen enthalten, die eine wichtige Orientierung für die Honorarhöhe im Einzelfall bieten. Der durch die Änderung entstehende zusätzliche Prüfaufwand ist deshalb als so gering einzuschätzen, dass mit dieser Verordnung kein messbarer zusätzlicher Erfüllungsaufwand entsteht. Im Übrigen wird auf die Begründung des Gesetzes zur Änderung des Gesetzes zur Regelung von Ingenieur- und Architektenleistungen vom XX.XXX 2020 (BGBl. S. XXX)[58] verwiesen.

5. Weitere Kosten

Durch diese Verordnung entstehen keine direkten oder indirekten Kosten für die Wirtschaft. Auswirkungen auf das Preisniveau, insbesondere auf das Verbraucherpreisniveau, sind nicht zu erwarten. Mit der Verordnung werden die Honorarhöhen nicht geändert. Daher ergeben sich durch die Verordnung keine weiteren Kosten. Insbesondere werden auch die Honorartafeln, die künftig zur Honorarorientierung dienen, der Höhe nach beibehalten.

6. Weitere Regelungsfolgen

Auswirkungen auf Verbraucherinnen und Verbraucher oder demografische Auswirkungen sind nicht zu erwarten.

Im Zuge der gemäß § 2 der Gemeinsamen Geschäftsordnung der Bundesministerien vorzunehmenden Relevanzprüfung sind unter Berücksichtigung der unterschiedlichen Lebenssituationen von Frauen und Männern keine Auswirkungen erkennbar, die gleichstellungspolitischen Zielen zuwiderlaufen.

VII. Befristung; Evaluierung

Es sind keine Befristung und keine Evaluierung vorgesehen. Die Verordnung dient der Umsetzung der Vorgaben eines Urteils des Europäischen Gerichtshofs.

---

58 Zum Zeitpunkt der hier zitierten Bundesrats-Drucksache 539/20 vom 16.09.2020 war die in Bezug genommene Gesetzesänderung noch nicht beschlossen und veröffentlicht, sodass Datum und Fundstelle noch nicht angegeben werden konnten. Die Änderung wurde später am 12.11.2020 beschlossen und am 18.11.2020 im Bundesgesetzblatt, BGBl. Nr. 52, S. 2392 ff., veröffentlicht.

B. Besonderer Teil

Teil 1 Allgemeine Vorschriften

HOAI 2013	HOAI 2021
§ 1 Anwendungsbereich 2013	**§ 1 Anwendungsbereich 2021**
Diese Verordnung regelt die Berechnung der Entgelte für die Grundleistungen der Architekten und Architektinnen und der Ingenieure und Ingenieurinnen (Auftragnehmer oder Auftragnehmerinnen) mit Sitz im Inland, soweit die Grundleistungen durch diese Verordnung erfasst und vom Inland aus erbracht werden.	Diese Verordnung gilt für Honorare für Ingenieur- und Architektenleistungen, soweit diese Leistungen durch diese Verordnung erfasst sind. Die Regelungen dieser Verordnung können zum Zwecke der Honorarberechnung einer Honorarvereinbarung zugrunde gelegt werden.

Amtliche Begründung

Zu Artikel 1[59]

Zu Nummer 1

Die neue Formulierung des Anwendungsbereichs der HOAI in § 1 macht den neuen Charakter der Verordnung deutlich. Die HOAI enthält künftig kein verbindliches Preisrecht mehr und dementsprechend keine verbindlichen Regelungen für die Berechnung der Entgelte für bestimmte Leistungen. Der Anwendungsbereich der neuen Regelungen erstreckt sich aber weiterhin auf Honorare für Ingenieur- und Architektenleistungen, auch wenn der Regelungsinhalt ein anderer ist als bisher.

Zunächst wird in § 1 Satz 1 klargestellt, dass sich der Geltungsbereich der HOAI auf Honorare für Ingenieur- und Architektenleistungen bezieht. Schon nach bisheriger Rechtslage war insbesondere infolge eines Urteils des Bundesgerichtshofs (BGH, Urteil vom 22. Mai 1997 – VII ZR 290/95 –, BGHZ 136, 1–11) anerkannt, dass die HOAI auf alle Personen anzuwenden war, die Leistungen erbringen, für die die HOAI Regelungen enthielt. Nicht ausschlaggebend war, ob es sich um Leistungen von Personen handelte, die eine der Berufsbezeichnungen führen durften, die in der Verordnung genannt waren. Die Bestimmung des Anwendungsbereichs erfolgte leistungsbezogen, nicht berufsbezogen. Daran soll die jetzige Anpassung der HOAI nichts ändern. Daher stellt die Neuregelung ausdrücklich auf Ingenieur- und Architektenleistungen ab. Die Erwähnung der Berufsbezeichnung dient nur einer stärkeren Konturierung des Anwendungsbereichs in dem Sinne, dass es sich um Leistungen handelt, die üblicherweise von Ingenieuren oder Architekten erbracht werden. Damit ist aber gerade nicht ausgeschlossen, dass auch Vertreter anderer Berufe diese Leistungen ausführen. Wie der zweite Halbsatz des Satzes 1 klarstellt, ist damit auch keine Ausweitung des Anwendungsbereichs im Vergleich zur bisherigen Rechtslage bezweckt. Es sollen künftig dieselben Leistungen von der HOAI erfasst sein, welche auch schon bisher von der HOAI erfasst waren.

---

59 Anmerkung der Autoren: Die Nummerierung stammt aus der Ersten Verordnung zur Änderung der Honorarordnung für Architekten und Ingenieure, welche die Änderungen gegenüber der HOAI 2013 in durchnummerierter Reihenfolge auflistet. Die Nummerierungen weisen aber leider für sich genommen keinen Bezug auf die Paragrafen der HOAI auf. Sofern im Folgenden nur eine Änderung für einen bestimmten Paragrafen vorgenommen wurde und die Zuordnung damit klar ist, wird die Nummerierung der Änderungsverordnung kommentarlos übernommen. Bei Unklarheiten wird zusätzlich über Fußnoten der Bezug zu den entsprechenden Paragrafen der HOAI hergestellt.

Allerdings stellt der neu gefasste § 1 im Gegensatz zur vorherigen Fassung künftig auf den Oberbegriff der Leistungen ab, die Eingrenzung auf die Grundleistungen wird nicht wieder aufgegriffen. Damit soll jedoch nur klargestellt werden, dass die HOAI, wie bisher schon, nicht nur Regelungen zu den sogenannten Grundleistungen enthält, sondern auch zu den sogenannten Besonderen Leistungen. Diese werden aber auch in der neuen Fassung deutlich weniger detailliert geregelt als die Grundleistungen.

Durch § 1 Satz 2 werden der Charakter und die Zielrichtung der Regelungen der geänderten HOAI klargestellt. Auch wenn keine verbindlichen preisrechtlichen Vorgaben mehr enthalten sind, sieht die HOAI auch weiterhin Maßstäbe und Grundlagen für die Berechnung von Honoraren für die von der HOAI erfassten Leistungen vor. Diese Berechnungsparameter können durch eine entsprechende Vereinbarung von den Parteien eines Vertrages, der von der HOAI erfasste Leistungen zum Gegenstand hat, zur Kalkulation des Honorars genutzt werden. Sofern die Vertragsparteien durch entsprechende vertragliche Vereinbarung von diesen Berechnungsparametern, ohne deren Änderung, Gebrauch machen, dienen diese als die maßgeblichen und von den Parteien anzuwendenden Regeln zur Honorarermittlung. Die Ergebnisse der Anwendung dieser Honorarberechnungsregelungen sind aber nicht verbindlich, es kann immer, beispielsweise durch einen Zu- oder Abschlag, ein abweichendes Honorar vereinbart werden. Die Kalkulationsregeln der HOAI müssen aber auch nicht genutzt werden. Das Honorar für von der HOAI erfasste Leistungen kann auch immer auf anderem Wege, beispielsweise durch eine Stundensatzvereinbarung oder über eine Pauschale, ermittelt werden. Aus diesem Grund ist auch die Beschränkung auf Anwender mit Sitz im Inland und die Erbringung der Leistung im Inland entfallen. Die Anwendbarkeit der Regelungen hängt maßgeblich von der Vereinbarung der Vertragsparteien ab. Eine Verpflichtung, sie anzuwenden, besteht nicht.

Kurzkommentar

Die Begründung zur Änderung des § 1 HOAI stellt klar, dass der Anwendungsbereich der HOAI nach wie vor leistungsbezogen und nicht berufsbezogen eröffnet sein soll. Auch Vertreter anderer Berufe können Leistungen erbringen, die üblicherweise von Architekten oder Ingenieuren erbracht werden. Das Urteil des Europäischen Gerichtshofs vom 04.07.2019 hatte es als inkohärent bezeichnet, dass die verbindlichen Mindest- und Höchstsätze der vorigen HOAI-Fassungen dazu beitragen sollten, die Qualität der Planung und damit letztlich die Bauqualität hochzuhalten, gleichzeitig aber unabhängig von der Ausbildung und deren Qualität Planungsleistungen erbracht und nach der HOAI abgerechnet werden konnten. Hieraus hatte sich der Denkansatz ergeben, bei der Neufassung der HOAI das System der Mindest- und Höchstsätze zu erhalten, aber die gerügte Inkohärenz zu beseitigen, indem die Erbringung von Planungsleistungen und damit indirekt auch der Anwendungsbereich der HOAI an eine qualifizierte Ausbildung gekoppelt wird. Diesen Weg hat der Verordnungsgeber bei der Neufassung der HOAI aber nicht eingeschlagen.

Maßgeblich geändert wurden stattdessen „der Charakter und die Zielrichtung der Regelungen“ der HOAI. Sie soll nun „Maßstäbe und Grundlagen für die Berechnung von Honoraren“ bieten, aber keine verbindlichen preisrechtlichen Regelungen mehr beinhalten.

Die Anwendbarkeit der HOAI hängt daher maßgeblich von den zwischen den Vertragsparteien getroffenen Vereinbarungen ab. Diese Vereinbarungen können dahin gehen, der Honorarberechnung die Anwendung des Systems der HOAI in Reinform oder auch in abgewandelter Form zugrunde zu legen.

Die für die Zukunft noch größere Bedeutung der Honorarvereinbarung wurde nun in § 1 Satz 2 HOAI auch ausdrücklich betont.

Verbindlich anzuwenden ist die HOAI nur noch dann, wenn keine individuelle Vereinbarung in Textform getroffen wurde. Ob dies, wie vom Verordnungsgeber angenommen, wirklich nur noch in Einzelfällen vorkommt, bleibt abzuwarten, ist aber zu bezweifeln.

	§ 2a Honorartafeln und Basishonorarsatz 2021
Anmerkung der Autoren: Vgl. hierzu auch § 3 Abs. 1 HOAI 2013.	(1) Die Honorartafeln dieser Verordnung weisen Orientierungswerte aus, die an der Art und dem Umfang der Aufgabe sowie an der Leistung ausgerichtet sind. Die Honorartafeln enthalten für jeden Leistungsbereich Honorarspannen vom Basishonorarsatz bis zum oberen Honorarsatz, gegliedert nach den einzelnen Honorarzonen und den zugrunde liegenden Ansätzen für Flächen, anrechenbare Kosten oder Verrechnungseinheiten.
	(2) Basishonorarsatz ist der jeweils untere in den Honorartafeln dieser Verordnung enthaltene Honorarsatz.

Amtliche Begründung

Zu Nummer 2

Der neu eingefügte § 2a dient der Erläuterung des künftigen Zwecks der Honorartafeln. Bisher war diesen der verbindliche Preisrahmen für die Honorare zu entnehmen. Künftig sollen die in den Honorartafeln enthaltenen Werte der Orientierung der Vertragsparteien dienen und damit eine Hilfestellung bei der Ermittlung des angemessenen Honorars bieten. Dies erfolgt auch vor dem Hintergrund, dass der Europäische Gerichtshof in seinem Urteil vom 4. Juli 2019 festgestellt hat, dass Preisorientierungen zum Verbraucherschutz beitragen können (vgl. Rechtssache C-377/17, Randnummer 94 f.). Gleichzeitig sollen die Orientierungswerte einen Beitrag zur Gewährleistung der Planungsqualität leisten. Ansonsten bleiben Aufbau und Inhalt der Honorartafeln im Wesentlichen gleich. Die in den Tafeln enthaltenen Werte sind an Art und Umfang der Planungsaufgabe und der Leistung des Planenden ausgerichtet und erstrecken sich über Honorarspannen. Mit Art und Umfang der Planungsaufgabe wird der Auftragsgegenstand in Bezug genommen, beispielsweise das Gebäude oder Ingenieurbauwerk, auf das sich der Auftrag bezieht. Der Begriff der Leistung erfasst die Arbeitsschritte, die der Planende auszuführen hat, wie zum Beispiel die Vorplanung oder die Ausführungsplanung. Die Gliederung der Honorarspannen richtet sich nach den Honorarzonen und den zugrunde liegenden Berechnungsparametern. Damit werden bei der Ermittlung der in den Honorartafeln enthaltenen Honorarspannen die maßgeblichen Parameter berücksichtigt, die sicherstellen sollen, dass ein Honorar, das auf Grundlage der HOAI-Regelungen und unter Anwendung der Orientierungswerte der jeweiligen Honorartafel ermittelt wurde, angemessen ist.

Außerdem wird in § 2a der neu eingeführte Begriff des Basishonorarsatzes erläutert. Als Basishonorarsatz wird der jeweils untere in den Honorartafeln enthaltene Honorarwert bezeichnet. Die Definition ist erforderlich, da in § 7 auf die entsprechenden, in den Honorartafeln enthaltenen, Werte verwiesen wird.

Kurzkommentar

Die in den Honorartafeln ausgewiesenen Beträge bleiben gleich. Die von den Architekten und Ingenieuren im Zusammenhang mit der Neufassung der HOAI erhoffte Honorarerhöhung durch Erhöhung der Tafelwerte ist also nicht umgesetzt worden. Eine Erhöhung der Honorare kommt also allenfalls durch die Berücksichtigung höherer anrechenbarer Kosten aufgrund der allgemeinen Baupreissteigerung zustande.

Auch die Art und Weise der Berechnung des Honorars ist gleich geblieben, vorausgesetzt, es wird aufgrund individueller Vereinbarung nach der Systematik der HOAI in Reinform, also ohne große Abwandlung, abgerechnet.

Ihrem Wesen nach sollen die Honorartafeln nun jedoch vor allem der „Orientierung der Vertragsparteien dienen" und „eine Hilfestellung bei der Ermittlung des angemessenen Honorars bieten".

Neu ist der Begriff der „Honorarspanne", der das bisherige Gegensatzpaar der Mindest- und Höchstsätze ersetzen soll. Neu ist auch der Begriff „Basishonorarsatz", der anstelle des Begriffs der Mindestsätze zum Einsatz kommt. Dabei handelt es sich nach § 2a Abs. 2 HOAI 2021 um den jeweils unteren in den Honorartafeln enthaltenen Honorarsatz. Für den ehemaligen Höchstsatz wurde nicht explizit ein neuer Begriff eingeführt. Er wird in § 2a Abs. 1 als „oberer Honorarsatz" bezeichnet.

Der Begriff des Basishonorars ist aus Sicht der Autoren nicht glücklich gewählt. Denn er suggeriert, dass von einer gewissen Basis aus auch noch nach oben, vor allem aber nach unten verhandelt werden kann. Dies ist nach der neuen Fassung der HOAI gewollt und in diesem Sinne auch richtig. Es besteht jedoch die Gefahr, dass dieser Verhandlungsspielraum in Zukunft vor allem nach unten ausgelotet werden wird. Von der Intention des Verordnungsgebers früherer HOAI-Fassungen, wonach der Mittelsatz als durchschnittlicher, üblicher und auskömmlicher Honorarsatz gedacht war, ist die Neufassung der HOAI mit ihrem Begriff „Basishonorar" inzwischen sehr weit entfernt.

§ 3 Leistungen und Leistungsbilder 2013	§ 3 Leistungen und Leistungsbilder 2021
(1) Die Honorare für Grundleistungen der Flächen-, Objekt- und Fachplanung sind in den Teilen 2 bis 4 dieser Verordnung verbindlich geregelt. Die Honorare für Beratungsleistungen der Anlage 1 sind nicht verbindlich geregelt.	Anmerkung der Autoren: Vgl. hierzu auch § 2a Abs. 1 HOAI 2021 sowie § 3 Abs. 1 HOAI 2013.
(2) Grundleistungen, die zur ordnungsgemäßen Erfüllung eines Auftrags im Allgemeinen erforderlich sind, sind in Leistungsbildern erfasst. Die Leistungsbilder gliedern sich in Leistungsphasen gemäß den Regelungen in den Teilen 2 bis 4.	(1) Grundleistungen sind Leistungen, die regelmäßig im Rahmen von Flächen-, Objekt- oder Fachplanungen auszuführen sind. Sie sind zur ordnungsgemäßen Erfüllung eines Auftrags im Allgemeinen erforderlich und in Leistungsbildern erfasst. Die Leistungsbilder gliedern sich in Leistungsphasen nach den Regelungen in den Teilen 2 bis 4 und der Anlage 1.
(3) Die Aufzählung der Besonderen Leistungen in dieser Verordnung und in den Leistungsbildern ihrer Anlagen ist nicht abschließend. Die Besonderen Leistungen können auch für Leistungsbilder und Leistungsphasen, denen sie nicht zugeordnet sind, vereinbart werden, soweit sie dort keine Grundleistungen darstellen. Die Honorare für Besondere Leistungen können frei vereinbart werden.	(2) Neben den Grundleistungen können Besondere Leistungen vereinbart werden. Die Aufzählung der Besonderen Leistungen in dieser Verordnung und in den Leistungsbildern ihrer Anlagen ist nicht abschließend. Die Besonderen Leistungen können auch für Leistungsbilder und Leistungsphasen, denen sie nicht zugeordnet sind, vereinbart werden, soweit sie dort keine Grundleistungen darstellen.
(4) Die Wirtschaftlichkeit der Leistung ist stets zu beachten.	(3) Die Wirtschaftlichkeit der Leistung ist stets zu beachten.

Amtliche Begründung

Zu Nummer 3

Der neu gefasste § 3 enthält in Absatz 1 Satz 1 die der Neufassung von § 1 Absatz 2 des Gesetzes zur Regelung von Ingenieur- und Architektenleistungen (ArchLG) angeglichene Definition der Grundleistungen. Auch hier gilt, dass sich an der Rechtslage im Vergleich zur bisherigen Fassung im Ergebnis nichts ändern soll. Dabei dient die Definition der Abgrenzung der Grundleistungen von den Besonderen Leistungen für die Zwecke der Honorierung nach der HOAI. Grundleistungen zeichnen sich, insbesondere in Abgrenzung von den Besonderen Leistungen, dadurch aus, dass sie regelmäßig im Rahmen von Flächen-, Objekt- und Fachplanungen auszuführen sind. Es handelt sich also um das in Standardfällen durchzuführende Arbeitsprogramm bei solchen Planungsvorhaben. Gleichzeitig soll die neue Definition klarstellen, dass die Leistungsbilder zwar den Regelfall abbilden, sich der konkrete Leistungsumfang aber letztlich nach der Vereinbarung der Parteien richtet. Diesen steht es frei, auch Teile von Leistungsbildern zu vereinbaren. Das bedeutet, dass es immer auch Ausnahmen geben kann, in denen weniger oder andere als die regelmäßig durchzuführenden Leistungen vereinbart werden. Das Leistungsprogramm ist immer abhängig von der Vereinbarung der Parteien im Einzelfall. Um die grundsätzliche Fortschreibung der bisherigen Rechtslage zu unterstreichen, enthält Absatz 1 Satz 2 zur näheren inhaltlichen

Ausgestaltung der Definition in Absatz 1 Satz 1 einen Bezug zu der in der bisher geltenden Fassung der HOAI (§ 3 Absatz 2 HOAI in der Fassung vom 10. Juli 2013) enthaltenen Definition der Grundleistungen. Zusätzlich wird klargestellt, dass die Grundleistungen in der HOAI auch künftig in Leistungsbildern erfasst sind und diese sich in Leistungsphasen gliedern, die in späteren Teilen der HOAI inhaltlich genauer ausgestaltet werden.

Ein Unterschied zur bisherigen Rechtslage besteht darin, dass die Leistungen der Anlage 1 künftig den sonstigen Grundleistungen der HOAI gleichgestellt werden. Daher verweist Absatz 1 Satz 3 auch auf die Beschreibung der Leistungsphasen in der Anlage 1. Bisher hatten die Leistungen der Anlage 1 eine Sonderstellung, da sie nicht dem verbindlichen Preisrecht unterlagen. Künftig werden sie in der neuen Regelung der HOAI den übrigen Grundleistungen gleichgestellt.

Die Beschreibung der Besonderen Leistungen in Absatz 2 entspricht im Wesentlichen der bisherigen Formulierung in § 3 Absatz 3 der HOAI vom 10. Juli 2013. Hier ist keine Änderung der Rechtslage intendiert. Gleiches gilt für den Grundsatz der Wirtschaftlichkeit in Absatz 3. Zu den Besonderen Leistungen zählt auch weiterhin die Örtliche Bauüberwachung in den Objektplanungen Ingenieurbauwerke und Verkehrsanlagen. Als Orientierungswert für das Honorar kann hier analog der amtlichen Begründung zur HOAI 2009 weiterhin eine Höhe von 2,3 bis 3,5 % der anrechenbaren Kosten angenommen oder ein Honorar als Festbetrag unter Zugrundelegung der geschätzten Bauzeit bzw. nach nachgewiesenem Zeitbedarf vereinbart werden.

Kurzkommentar

Ein Teil des Regelungsgehalts des § 3 Abs. 1 HOAI 2013, wonach die HOAI für Grundleistungen verbindlich geregelt sein sollte, ist vom Verordnungsgeber gestrichen worden. Stattdessen sieht nun § 2a HOAI 2021 vor, dass die Honorartafeln zukünftig nur noch als Orientierungswerte dienen.

Darüber hinaus bringt § 3 HOAI 2021 nur geringe Änderungen mit sich. Die Amtliche Begründung hebt besonders den Umstand hervor, dass es maßgeblicher Bestandteil der vertraglichen Vereinbarungen zwischen den Parteien ist, auch den Umfang der zu erbringenden Grundleistungen und Besonderen Leistungen zu bestimmen. Dies ist nicht neu, macht aber nochmals deutlich, wie wichtig es in Zukunft ist, konkrete Vereinbarungen zu treffen, die sich mit sämtlichen Parametern befassen und die Leistungen des Architekten oder Ingenieurs auf der einen Seite und die Gegenleistung des Bauherrn in Form von Honorar beeinflussen.

Im Zusammenhang mit dieser deutlichen Betonung der Vertragsfreiheit der Parteien wirkt der Hinweis darauf, dass für die Örtliche Bauüberwachung im Rahmen der Objektplanung für Ingenieurbauwerke und Verkehrsanlagen „weiterhin“ 2,3 bis 3,5 % der anrechenbaren Kosten als Orientierungswert angenommen werden könne, wie ein Fremdkörper. Denn selbstverständlich ist auch dieses Honorar frei verhandel- und vereinbar.

§ 4 Anrechenbare Kosten 2013	§ 4 Anrechenbare Kosten 2021
(3) Der Umfang der mitzuverarbeitenden Bausubstanz im Sinne des § 2 Absatz 7 ist bei den anrechenbaren Kosten angemessen zu berücksichtigen. Umfang und Wert der mitzuverarbeitenden Bausubstanz sind zum Zeitpunkt der Kostenberechnung oder, sofern keine Kostenberechnung vorliegt, zum Zeitpunkt der Kostenschätzung objektbezogen zu ermitteln und schriftlich zu vereinbaren.	(3) Der Umfang der mitzuverarbeitenden Bausubstanz im Sinne des § 2 Absatz 7 ist bei den anrechenbaren Kosten angemessen zu berücksichtigen. Umfang und Wert der mitzuverarbeitenden Bausubstanz sind zum Zeitpunkt der Kostenberechnung oder, sofern keine Kostenberechnung vorliegt, zum Zeitpunkt der Kostenschätzung objektbezogen zu ermitteln und in Textform zu vereinbaren.

Amtliche Begründung

Zu Nummer 31[60]

Folgeänderungen wegen der geänderten Formanforderungen an die Honorarvereinbarung.

Kurzkommentar

Die von der HOAI 2013 wie von den vorigen Fassungen der HOAI vorgegebenen Formvorschriften sind mit der HOAI 2021 gelockert worden. Während die Vereinbarung bisher in „Schriftform" erfolgen musste, um wirksam zu sein, reicht nach der Neufassung im Regelfall die „Textform" aus. Was darunter zu verstehen ist, ergibt sich aus § 126b BGB. Danach muss zur Einhaltung der Textform eine „lesbare Erklärung, in der die Person des Erklärenden genannt ist, auf einem dauerhaften Datenträger abgegeben werden".[61]

Ein schriftlicher Vertrag, der von beiden Vertragsparteien unterschrieben wird, oder zwei gleichlautende Vertragsurkunden, die jeweils von der anderen Vertragspartei unterschrieben werden, sind nach wie vor geeignet, die Formvorgaben der HOAI zu erfüllen, gehen sie doch über die Textform sogar hinaus.

Darüber hinaus kann der genannte dauerhafte Datenträger beispielsweise eine CD-ROM, eine DVD, ein Telefax oder eine vom Empfänger nach dem Erhalt gespeicherte Mail sein.

Nur mündliche Absprachen oder eine Vereinbarung „per Handschlag" entsprechen aber nach wie vor nicht den Formvorgaben der HOAI und führen zu einer unwirksamen Honorarvereinbarung.

---

60 Die Nummer 31 der Amtlichen Begründung enthält eine Auflistung mehrerer Paragrafen, in denen das Wort „schriftlich" durch die Worte „in Textform" zu ersetzen sind. Um die Amtliche Begründung direkt den Änderungen zuordnen zu können, wird die Nummer 31 hier vorgezogen und im Verlauf des Textes mehrfach aufgeführt.

61 § 126b BGB lautet:
„[1]Ist durch Gesetz Textform vorgeschrieben, so muss eine lesbare Erklärung, in der die Person des Erklärenden genannt ist, auf einem dauerhaften Datenträger abgegeben werden. [2]Ein dauerhafter Datenträger ist jedes Medium, das
1. es dem Empfänger ermöglicht, eine auf dem Datenträger befindliche, an ihn persönlich gerichtete Erklärung so aufzubewahren oder zu speichern, dass sie ihm während eines für ihren Zweck angemessenen Zeitraums zugänglich ist, und
2. geeignet ist, die Erklärung unverändert wiederzugeben."

§ 5	Honorarzonen 2013	§ 5	Honorarzonen 2021
(1)	Die Objekt- und Tragwerksplanung wird den folgenden Honorarzonen zugeordnet: 1. Honorarzone I: sehr geringe Planungsanforderungen, 2. Honorarzone II: geringe Planungsanforderungen, 3. Honorarzone III: durchschnittliche Planungsanforderungen, 4. Honorarzone IV: hohe Planungsanforderungen, 5. Honorarzone V: sehr hohe Planungsanforderungen.	(1)	Die Grundleistungen der Flächen-, Objekt- oder Fachplanungen werden zur Berechnung der Honorare nach den jeweiligen Planungsanforderungen Honorarzonen zugeordnet, die von der Honorarzone I aus ansteigend den Schwierigkeitsgrad der Planung einstufen.
(2)	Flächenplanungen und die Planung der Technischen Ausrüstung werden den folgenden Honorarzonen zugeordnet: 1. Honorarzone I: geringe Planungsanforderungen, 2. Honorarzone II: durchschnittliche Planungsanforderungen 3. Honorarzone III: hohe Planungsanforderungen.		
(3)	Die Honorarzonen sind anhand der Bewertungsmerkmale in den Honorarregelungen der jeweiligen Leistungsbilder der Teile 2 bis 4 zu ermitteln. Die Zurechnung zu den einzelnen Honorarzonen ist nach Maßgabe der Bewertungsmerkmale und gegebenenfalls der Bewertungspunkte sowie unter Berücksichtigung der Regelbeispiele in den Objektlisten der Anlagen dieser Verordnung vorzunehmen.	(2)	Die Honorarzonen sind anhand der Bewertungsmerkmale in den Honorarregelungen der jeweiligen Leistungsbilder der Teile 2 bis 4 und der Anlage 1 zu ermitteln. Die Zurechnung zu den einzelnen Honorarzonen ist nach Maßgabe der Bewertungsmerkmale und gegebenenfalls der Bewertungspunkte sowie unter Berücksichtigung der Regelbeispiele in den Objektlisten der Anlagen dieser Verordnung vorzunehmen.

Amtliche Begründung

Zu Nummer 4

Zu Buchstabe a[62]

Mit der Neufassung des § 5 Absatz 1 soll keine inhaltliche Änderung, sondern nur eine redaktionelle Korrektur vorgenommen werden. Die bisherige Auflistung der Honorarzonen war nicht in allen Fällen deckungsgleich mit den spezifischen Regelungen in den verschiedenen Leistungsbereichen der HOAI, weshalb eine abstraktere Formulierung gewählt wird.

[62] Änderung in § 5 Abs. 1 HOAI 2021

Zu Buchstabe b[63]

Der bisherige Absatz 2 ist wegen der Neufassung des Absatzes 1 obsolet geworden.

Zu Buchstabe c[64]

Folgeänderung vor dem Hintergrund der Gleichstellung der Leistungen der Anlage 1 mit den übrigen Grundleistungen.

Kurzkommentar

Nach der in der soeben zitierten Passage der Amtlichen Begründung soll die Neufassung keine inhaltliche Änderung mit sich bringen. Es bleibt abzuwarten, wie dieser hier ausdrücklich geäußerte Wille des Verordnungsgebers in die Praxis Eingang findet. Denn der neue Wortlaut des § 5 HOAI ließe sich durchaus auch anders lesen. Während die bisherige Regelung vorsah, das Objekt als Ganzes und den gesamten darauf bezogenen Planungsprozess den verschiedenen Honorarzonen zuzuordnen, bezieht sich die neu gefasste Regelung nun auf die Grundleistungen, welche zugeordnet werden sollen. Der an den reinen Wortlaut anknüpfende Gedanke, dass nun möglicherweise einzelne Grundleistungen mit Blick auf die objektiv richtige Honorarzone untersucht werden sollen, ist aus Sicht der Autoren für die Praxis allerdings absolut untauglich und wird hoffentlich zu keiner Zeit mehr als allenfalls akademisch-theoretisch diskutiert werden müssen. Mit Blick auf den Wortlaut und eventuelle kreative Ideen der Anwender der HOAI könnte es zukünftig empfehlenswert sein, bei der Vereinbarung einer Honorarzone klarzustellen, dass sich diese auf sämtliche zu erbringenden Grundleistungen beziehen soll.

63 Wegfall des bisherigen § 5 Abs. 2 HOAI 2013

64 Änderung in § 5 Abs. 2 HOAI 2021

§ 6 Grundlagen des Honorars 2013	§ 6 Grundlagen des Honorars 2021
(1) Das Honorar für Grundleistungen nach dieser Verordnung richtet sich 1. für die Leistungsbilder des Teils 2 nach der Größe der Fläche und für die Leistungsbilder der Teile 3 und 4 nach den anrechenbaren Kosten des Objekts auf der Grundlage der Kostenberechnung oder, sofern keine Kostenberechnung vorliegt, auf der Grundlage der Kostenschätzung, 2. nach dem Leistungsbild, 3. nach der Honorarzone, 4. nach der dazugehörigen Honorartafel.	(1) Bei der Ermittlung des Honorars für Grundleistungen im Sinne des § 3 Absatz 1 sind zugrunde zu legen 1. das Leistungsbild, 2. die Honorarzone und 3. die dazugehörige Honorartafel zur Honorarorientierung. Zusätzlich zu den Grundlagen nach Satz 1 ermittelt sich das Honorar 1. für die Leistungsbilder des Teils 2 und der Anlage 1 Nummer 1.1 nach der Größe der Fläche, 2. für die Leistungsbilder der Teile 3 und 4 und der Anlage 1 Nummer 1.2, 1.3 und 1.4.5 nach den anrechenbaren Kosten des Objekts auf der Grundlage der Kostenberechnung oder, sofern keine Kostenberechnung vorliegt, auf der Grundlage der Kostenschätzung, 3. für das Leistungsbild der Anlage 1 Nummer 1.4.2 nach Verrechnungseinheiten.
(2) Honorare für Leistungen bei Umbauten und Modernisierungen gemäß § 2 Absatz 5 und 6 sind zu ermitteln nach 1. den anrechenbaren Kosten, 2. der Honorarzone, welcher der Umbau oder die Modernisierung in sinngemäßer Anwendung der Bewertungsmerkmale zuzuordnen ist, 3. den Leistungsphasen, 4. der Honorartafel und 5. dem Umbau- oder Modernisierungszuschlag auf das Honorar. Der Umbau- oder Modernisierungszuschlag ist unter Berücksichtigung des Schwierigkeitsgrads der Leistungen schriftlich zu vereinbaren. Die Höhe des Zuschlags auf das Honorar ist in den jeweiligen Honorarregelungen der Leistungsbilder der Teile 3 und 4 geregelt. Sofern keine schriftliche Vereinbarung getroffen wurde, wird unwiderleglich vermutet, dass ein Zuschlag von 20 Prozent ab einem durchschnittlichen Schwierigkeitsgrad vereinbart ist.	(2) Honorare für Grundleistungen bei Umbauten und Modernisierungen gemäß § 2 Absatz 5 und 6 sind zu ermitteln nach 1. den anrechenbaren Kosten, 2. der Honorarzone, welcher der Umbau oder die Modernisierung in sinngemäßer Anwendung der Bewertungsmerkmale zuzuordnen ist, 3. den Leistungsphasen, 4. der Honorartafel zur Honorarorientierung und 5. dem Umbau- oder Modernisierungszuschlag auf das Honorar. Der Umbau- oder Modernisierungszuschlag ist unter Berücksichtigung des Schwierigkeitsgrads der Leistungen in Textform zu vereinbaren. Die Höhe des Zuschlags auf das Honorar ist in den jeweiligen Honorarregelungen der Leistungsbilder der Teile 3 und 4 und in Anlage 1 Nummer 1.2 geregelt. Sofern keine Vereinbarung in Textform getroffen wurde, gilt ein Zuschlag von 20 Prozent ab einem durchschnittlichen Schwierigkeitsgrad als vereinbart.

§ 6 Grundlagen des Honorars 2013	§ 6 Grundlagen des Honorars 2021
(3) Wenn zum Zeitpunkt der Beauftragung noch keine Planungen als Voraussetzung für eine Kostenschätzung oder Kostenberechnung vorliegen, können die Vertragsparteien abweichend von Absatz 1 schriftlich vereinbaren, dass das Honorar auf der Grundlage der anrechenbaren Kosten einer Baukostenvereinbarung nach den Vorschriften dieser Verordnung berechnet wird. Dabei werden nachprüfbare Baukosten einvernehmlich festgelegt.	

Amtliche Begründung

Zu Nummer 5

Zu Buchstabe a[65]

Die Neufassung des § 6 Absatz 1 stellt klar, dass die Honorartafeln künftig der Honorarorientierung dienen. Die Honorartafeln enthalten für jedes Leistungsbild, zugeordnet nach den Honorarzonen gemäß § 5, Honorarorientierungen für die im Einzelfall jeweils angemessene Honorarhöhe. Hinsichtlich der Leistungen der Anlage 1 regelt § 6 Absatz 1 neu, welche Bezugsgrößen für die Honorarberechnung dieser Leistungsbilder herangezogen werden sollen.

Zu Buchstabe b[66]

Zu Doppelbuchstabe aa[67]

Zu Dreifachbuchstabe aaa

Die Änderung dient der Klarstellung. Die in § 6 Absatz 2 aufgeführten Grundsätze gelten – wie die Grundsätze des Absatzes 1 – nur für die Honorierung von Grundleistungen bei Umbauten oder Modernisierungen.

Zu Dreifachbuchstabe bbb

Mit der Ergänzung soll der neue Charakter der Honorartafeln als Honorarorientierungen hervorgehoben werden.

Zu Doppelbuchstabe bb[68]

Die Ergänzung dient der Gleichstellung der Leistungsbilder der Anlage 1 mit den Leistungsbildern der Teile 2 bis 4.

---

65 Änderung in § 6 Abs. 1 HOAI 2021

66 Änderung in § 6 Abs. 2 HOAI 2021

67 Änderung in § 6 Abs. 2 Satz 1 HOAI 2021

68 Änderung in § 6 Abs. 2 Satz 3 HOAI 2021

Zu Doppelbuchstabe cc[69]

Im Gegensatz zur bisherigen Rechtslage reicht gemäß § 7 Absatz 1 Satz 1 künftig für den Abschluss einer wirksamen Honorarvereinbarung die Einhaltung der Textform gemäß § 126b des Bürgerlichen Gesetzbuchs (BGB) aus. Dementsprechend wird § 6 Absatz 2 Satz 4 ebenfalls hinsichtlich des Formerfordernisses angepasst. Fehlt es an einer Vereinbarung in Textform, wird im Wege einer gesetzlichen Fiktion ab einem durchschnittlichen Schwierigkeitsgrad von einem Zuschlag in Höhe von 20 Prozent ausgegangen.

Zu Buchstabe c[70]

Die in § 6 Absatz 3 a. F. ausdrücklich vorgesehene Möglichkeit einer schriftlichen Abweichung ist nicht mehr erforderlich, da die HOAI kein verbindliches Preisrecht mehr enthält.

Zu Nummer 31[71]

Folgeänderungen wegen der geänderten Formanforderungen an die Honorarvereinbarung.

Kurzkommentar

Bei den Änderungen in § 6 HOAI 2021 handelt es sich im Wesentlichen um redaktionelle Änderungen, die dem Umstand Rechnung tragen, dass die HOAI nun insgesamt nur noch Orientierungshilfe, aber nicht mehr verbindliches Preisrecht sein soll, und die bisherigen formalen Anforderungen an Honorarvereinbarungen vereinfacht werden sollen.

Rückgängig gemacht wurde die in § 6 Abs. 2 Satz 4 HOAI bisher enthaltene unwiderlegliche Vermutung für einen Umbauzuschlag von 20 %. Sofern keine Vereinbarung in Textform über den Umbauzuschlag getroffen wurde, gilt dieser zwar auch in Zukunft noch ab einem durchschnittlichen Schwierigkeitsgrad der Planung als vereinbart. Doch liegt nun keine unwiderlegliche Vermutung mehr vor, sondern eine widerlegbare Vermutung.

Entfallen ist die in der HOAI 2013 noch festgeschriebene Möglichkeit, eine sog. Baukostenvereinbarung vorzunehmen. Diese Regelung war – kurz zusammengefasst – rechtlich nicht haltbar,[72] hat sich nun aber endgültig erledigt. Denn wenn die HOAI nur noch unverbindliche Orientierungsgrundlage ist, müssen sich die vertraglichen Vereinbarungen zwischen den Vertragsparteien im Regelfall nicht mehr an der HOAI messen lassen. Dennoch kann auch für die Zukunft nur davon abgeraten werden, verbindliche, der Höhe nach bereits abschließend fixierte Vereinbarungen über die anrechenbaren Kosten zu treffen, so lange die Planungsaufgabe als solche noch nicht feststeht und daher noch keine Einschätzung über die tatsächlich zu erwartenden Kosten des Bauvorhabens erfolgen kann.

---

69 Änderung in § 6 Abs. 2 Satz 4 HOAI 2021

70 Aufhebung des § 6 Abs. 3 HOAI 2013

71 Einfügen der Worte „in Textform" in § 6 Abs. 2 Satz 2 HOAI 2021

72 Der Bundesgerichtshof hatte die Regelung des § 6 Abs. 2 HOAI 2009 bzw. § 6 Abs. 3 HOAI 2013 für unwirksam erklärt, da er nicht von der gesetzlichen Ermächtigungsgrundlage in Art. 10 §§ 1 und 2 MRVG gedeckt war. Vgl. BGH, Urteil vom 24.04.2014 – VII ZR 164/13.

§ 7 Honorarvereinbarung 2013	§ 7 Honorarvereinbarung 2021
(1) Das Honorar richtet sich nach der schriftlichen Vereinbarung, die die Vertragsparteien bei Auftragserteilung im Rahmen der durch diese Verordnung festgesetzten Mindest- und Höchstsätze treffen.	(1) Das Honorar richtet sich nach der Vereinbarung, die die Vertragsparteien in Textform treffen. Sofern keine Vereinbarung über die Höhe des Honorars in Textform getroffen wurde, gilt für Grundleistungen der jeweilige Basishonorarsatz als vereinbart, der sich bei der Anwendung der Honorargrundlagen des § 6 ergibt.
(2) Liegen die ermittelten anrechenbaren Kosten oder Flächen außerhalb der in den Honorartafeln dieser Verordnung festgelegten Honorarsätze, sind die Honorare frei vereinbar.	
(3) Die in dieser Verordnung festgesetzten Mindestsätze können durch schriftliche Vereinbarung in Ausnahmefällen unterschritten werden.	
(4) Die in dieser Verordnung festgesetzten Höchstsätze dürfen nur bei außergewöhnlichen oder ungewöhnlich lange dauernden Grundleistungen durch schriftliche Vereinbarung überschritten werden. Dabei bleiben Umstände, soweit sie bereits für die Einordnung in die Honorarzonen oder für die Einordnung in den Rahmen der Mindest- und Höchstsätze mitbestimmend gewesen sind, außer Betracht.	
(5) Sofern nicht bei Auftragserteilung etwas anderes schriftlich vereinbart worden ist, wird unwiderleglich vermutet, dass die jeweiligen Mindestsätze gemäß Absatz 1 vereinbart sind.	
(6) Für Planungsleistungen, die technisch-wirtschaftliche oder umweltverträgliche Lösungsmöglichkeiten nutzen und zu einer wesentlichen Kostensenkung ohne Verminderung des vertraglich festgelegten Standards führen, kann ein Erfolgshonorar schriftlich vereinbart werden. Das Erfolgshonorar kann bis zu 20 Prozent des vereinbarten Honorars betragen. Für den Fall, dass schriftlich festgelegte anrechenbare Kosten überschritten werden, kann ein Malus-Honorar in Höhe von bis zu 5 Prozent des Honorars schriftlich vereinbart werden.	

§ 7 Honorarvereinbarung 2013	§ 7 Honorarvereinbarung 2021
	(2) Der Auftragnehmer hat den Auftraggeber, sofern dieser Verbraucher ist, vor Abgabe von dessen verbindlicher Vertragserklärung zur Honorarvereinbarung in Textform darauf hinzuweisen, dass ein höheres oder niedrigeres Honorar als die in den Honorartafeln dieser Verordnung enthaltenen Werte vereinbart werden kann. Erfolgt der Hinweis nach Satz 1 nicht oder nicht rechtzeitig, gilt für die zwischen den Vertragsparteien vereinbarten Grundleistungen anstelle eines höheren Honorars ein Honorar in Höhe des jeweiligen Basishonorarsatzes als vereinbart.

Amtliche Begründung

Zu Nummer 6

Die Neufassung des § 7 stellt ein wesentliches Element der Umsetzung des Urteils des Europäischen Gerichtshofs in der Rechtssache C-377/17 zur HOAI dar. Die bisher in § 7 a. F. enthaltenen Regelungen zu den verbindlichen Mindest- und Höchsthonorarsätzen werden durch den Grundsatz ersetzt, dass sich das Honorar nach der Vereinbarung der Vertragsparteien richtet, ohne preisrechtliche Eingrenzungen. Gleichzeitig wird die Möglichkeit, eine wirksame Honorarvereinbarung zu treffen, insofern erleichtert, als künftig eine Vereinbarung in Textform gemäß § 126b BGB ausreicht. Die Honorarvereinbarung muss damit künftig nicht mehr, wie bisher, schriftlich und zum Zeitpunkt der Auftragserteilung geschlossen werden, um wirksam zu sein. Diese Anforderung hat sich in der Praxis als schwer umsetzbar erwiesen, da schon die Bestimmung des genauen Zeitpunkts der Auftragserteilung nicht in allen Fällen zweifelsfrei möglich war.

Das Ziel der Neuregelung ist es, den Parteien auch im Sinne der Rechtssicherheit eine praxisnahe und einfach umzusetzende Möglichkeit zum Abschluss wirksamer Honorarvereinbarungen zu eröffnen. Im Hinblick darauf, dass sich im Rahmen entsprechender Planungsprojekte auch später immer wieder Änderungen an den Vertragsinhalten ergeben können, soll es den Vertragsparteien auch möglich sein, erst im späteren Verlauf der Vertragsbeziehung eine Honorarvereinbarung zu schließen oder eine bereits geschlossene Honorarvereinbarung später bei Bedarf anzupassen. Auf einen bestimmten Zeitpunkt, zu dem die Honorarvereinbarung getroffen werden muss, kommt es deshalb künftig nicht mehr an.

Sollte es trotz dieser vereinfachten Möglichkeit, eine wirksame Honorarvereinbarung zu treffen, Fälle geben, in denen eine solche nicht getroffen wurde, enthält § 7 Absatz 1 Satz 2 künftig eine gesetzliche Fiktion hinsichtlich der Honorarhöhe. Um in solchen Fällen Rechtssicherheit zu gewährleisten, sollen die Honorarberechnungsgrundlagen der HOAI zur Anwendung kommen. Als vereinbart gilt dann der jeweilige Basishonorarsatz (§ 2a Satz 1), der sich unter Anwendung der Honorargrundlagen des § 6 und nach der im Einzelfall anzuwendenden Honorartafel ergibt. Die neue Regelung übernimmt damit die Wertung des § 7 Absatz 5 der HOAI vom 13. Juli 2013. Sie stellt damit eine Auffangregelung dar, die nur in den, voraussichtlich wenigen, Fällen zur Anwendung kommt, in denen eine wirksame Honorarvereinbarung nicht zustande gekommen ist. Mit dieser, dem § 1 Absatz 1 der Steuerberatervergütungsverordnung vom 17. Dezember 1981 (BGBl. I S. 1442), die zuletzt durch Artikel 8 der Verordnung vom 25. Juni 2020 (BGBl. I S. 1495) geändert worden ist (StBVV), vergleichbaren Regelung, sollen langwierige Streitigkeiten über die Honorarhöhe vermieden werden. Die Norm bezieht sich allerdings nur auf die Grundleistungen, da nur für diese Honorartafeln vorgesehen sind, deren Werte für die Festlegung der konkreten Honorarhöhe herangezogen werden können. Dabei sind die Leistungen der Anlage 1 den übrigen Grundleistungen künftig gleichgestellt, so dass § 7 Absatz 1 Satz 2 auch in Vertragsverhältnissen zur Anwendung kommen kann, die Leistungen der Anlage 1 zum Gegenstand haben.

Um sicherzustellen, dass der Orientierungscharakter der in den Honorartafeln enthaltenen Honorarwerte allen Vertragsparteien bekannt ist, sieht § 7 Absatz 2 eine neu eingeführte Hinweispflicht des Auftragnehmers vor, also desjenigen, der die in der HOAI geregelten Leistungen erbringt. Dieser hat seinen Auftraggeber in Textform darauf hinzuweisen, dass auch ein höheres oder niedrigeres Honorar als die in den Honorartafeln enthaltenen Werte vereinbart werden kann. Diese Regelung orientiert sich ebenfalls an dem Konzept der StBVV, die in § 4 Absatz 4 StBVV eine ähnliche Vorschrift enthält. Die Hinweispflicht nach § 7 Absatz 2 gilt aber nur in den Vertragsverhältnissen, in denen der Auftraggeber Verbraucher im Sinne des § 13 BGB ist. In allen anderen Fällen, beispielsweise auch bei Vertragsverhältnissen, die nach Durchführung eines Vergabeverfahrens zustande gekommen sind, besteht kein entsprechendes Schutzbedürfnis des Auftraggebers. Da sich die Hinweispflicht maßgeblich auf die Höhe des Honorars bezieht, muss ihr der Auftragnehmer nachgekommen sein, bevor der Auftraggeber seine rechtlich verbindliche Erklärung zu der Honorarvereinbarung abgegeben hat. Der Auftraggeber soll Gelegenheit haben, von der Information Kenntnis zu erhalten, bevor eine bindende Honorarvereinbarung geschlossen wird. Dabei muss dieser Hinweis ebenfalls in Textform erfolgen. An den Inhalt des Hinweises sind allerdings insofern keine hohen Anforderungen zu stellen, als nicht erforderlich ist, dass der Auftragnehmer die im Einzelfall gültigen Honorarwerte identifizieren muss. Es soll der allgemeine Hinweis ausreichen, dass es sich bei den vereinbarten Leistungen um solche handelt, für die es in der HOAI Honorartafeln als Orientierungswerte gibt, und dass für die Leistungen auch Honorare oberhalb und unterhalb der in den Honorartafeln enthaltenen Honorarwerte vereinbart werden können. Es muss also insbesondere auf die Existenz und die Anwendbarkeit der HOAI sowie den Charakter der Honorartafeln als Orientierungswerte hingewiesen werden. Erfolgt der Hinweis nach § 7 Absatz 2 Satz 1 nicht, hat dies zur Folge, dass für die zwischen den Vertragsparteien vereinbarten Grundleistungen anstelle eines höheren Honorars der Basishonorarsatz als vereinbart gilt.

Eine ausdrückliche Regelung der bisher in § 7 Absatz 6 a. F. vorgesehenen Möglichkeit, ein Erfolgs- oder ein Malushonorar zu vereinbaren, ist vor dem Hintergrund des Wegfalls des verbindlichen Preisrechts nicht mehr erforderlich. Den Parteien der Honorarvereinbarung steht es nach der neuen Rechtslage ohnehin frei, entsprechende Absprachen in ihrer Honorarvereinbarung zu treffen.

Kurzkommentar

Wesentlich sind die Änderungen des § 7 HOAI 2021.

Dieser stellt klar, dass eine Honorarvereinbarung zukünftig auch dann rechtswirksam ist, wenn sie in Textform geschlossen wurde. Wie zu den Änderungen des § 4 HOAI bereits ausgeführt, ergibt sich hieraus eine Lockerung der bisherigen Formvorschriften.

Wo die Vereinbarung bisher in „Schriftform“ erfolgen musste, um wirksam zu sein, reicht nach der Neufassung im Regelfall die „Textform“. Was darunter zu verstehen ist, ergibt sich aus § 126b BGB. Danach muss zur Einhaltung der Textform eine „lesbare Erklärung, in der die Person des Erklärenden genannt ist, auf einem dauerhaften Datenträger abgegeben werden“.

Ein schriftlicher Vertrag, der von beiden Vertragsparteien unterschrieben wird, oder zwei gleichlautende Vertragsurkunden, die jeweils von der anderen Vertragspartei unterschrieben werden, sind nach wie vor geeignet, die Formvorgaben der HOAI zu erfüllen, gehen sie doch über die Textform sogar hinaus.

Darüber hinaus kann der genannte dauerhafte Datenträger beispielsweise eine CD-ROM, eine DVD, ein Telefax oder eine vom Empfänger nach dem Erhalt gespeicherte Mail sein.

Nur mündliche Absprachen oder eine Vereinbarung „per Handschlag“ entsprechen aber nach wie vor nicht den Formvorgaben der HOAI und führen zu einer unwirksamen Honorarvereinbarung.

Für den Zeitpunkt einer rechtswirksamen Honorarvereinbarung macht die HOAI zukünftig keine Vorgaben mehr. Bisher musste diese „bei Auftragserteilung“ getroffen werden, was oftmals zu Diskussionen über die Wirksamkeit der Honorarvereinbarung führte. So beispielsweise dann, wenn die Vertragsparteien die Zusammenarbeit bereits „auf Zuruf“ begonnen hatten, aber die Honorarvereinbarung erst einige Tage oder Wochen später schriftlich gefasst wurde. In Zukunft kommt es auf den Zeitpunkt der Vereinbarung nicht mehr an, sodass auch eine in Textform gefasste Honorarvereinbarung nach Beginn und während des Verlaufs der Zusammenarbeit wirksam ist.

Wird eine Honorarvereinbarung in Textform nicht getroffen, so bleibt die Honorierung des Architekten oder Ingenieurs nicht ungeklärt. Vielmehr greift in diesem Fall die Regelung des § 7 Abs. 1 Satz 2 ein, wonach dann für die Grundleistungen der jeweilige Basishonorarsatz als vereinbart gilt.

Diese Konstellation ist also vergleichbar mit der bisherigen Regelung der HOAI 2013. Es bleibt allerdings abzuwarten, wie die Rechtsprechung und Literatur mit den Fällen umgehen, in welchen zunächst keine Vereinbarung in Textform zustande kommt, diese aber zu einem späteren Zeitpunkt nachgeholt wird. Nach dem Wortlaut der Honorarordnung ist dies möglich, da es auf den Zeitpunkt nicht mehr ankommt. Allerdings setzt auch eine spätere Vereinbarung voraus, dass sich beide Vertragsparteien darüber verständigen und einigen. Fehlt es am Einigungswillen, weil beispielsweise der Auftraggeber nachträglich ein Honorar unterhalb des Basishonorars vereinbaren will, der Auftragnehmer sich aber hierauf nachträglich nicht mehr einlassen möchte, weil er dadurch seine Position verschlechtern würde, so wird über die Folgen zu diskutieren sein.

Es ist und bleibt also ratsam, dass sich die Vertragspartner möglichst frühzeitig über die Leistungen des Architekten oder Ingenieurs auf der einen Seite und seine Vergütung auf der anderen Seite Gedanken machen, sich darüber austauschen und konkrete vertragliche Vereinbarungen treffen.

Eine weitere Änderung in § 7 HOAI ist der Entfall der Absätze 2, 3 und 4. Dass diese gestrichen wurden, ist dem Umstand geschuldet, dass diese Absätze Regelungen enthielten, die an die bisherige Rechtsnatur der HOAI als zwingendes, nicht zu umgehendes Preisrecht anknüpften. Da die HOAI nun im Wesentlichen nur noch Orientierungshilfe sein soll, liegt es in der Natur der

Sache, dass vielfältige individuelle Regelungen möglich werden, welche vorher nicht oder nur eingeschränkt möglich waren. Die Regelungen der Absätze 2, 3 und 4 des § 7 HOAI sind daher nicht mehr notwendig.

Grundsätzlich neu ist die Regelung des neuen Absatzes 2. Danach gelten Besonderheiten für den Fall, dass der Auftraggeber Verbraucher ist.[73] Diesen muss der Architekt oder Ingenieur vor dem Vertragsabschluss in Textform darüber informieren, dass es eine Honorarordnung gibt, diese aber nicht verbindlich ist und daher auch ein höheres oder niedrigeres Honorar vereinbart werden kann, als die jeweiligen Honorartafeln es ausweisen. Wird ein Honorar in Höhe des Basishonorars oder darunter vereinbart, bleibt das Unterlassen dieses Hinweises im Grunde folgenlos. Wurde aber ein höheres Honorar als das Basishonorar vereinbart, so führt ein nicht oder nicht rechtzeitig erteilter Hinweis dazu, dass der Auftragnehmer anstelle des vereinbarten höheren Honorars nur den jeweiligen Basishonorarsatz verlangen kann.[74]

In diesem Zusammenhang stellt sich eine weitere Frage, die von der Rechtsprechung zukünftig zu lösen sein wird. Wie soeben geschildert, führt ein nicht oder nicht rechtzeitig erteilter Hinweis auf die Möglichkeit der Honorarvereinbarung jenseits des Rahmens zwischen dem Basishonorarsatz und dem oberen Honorarsatz dazu, dass der Auftragnehmer nur das Basishonorar verlangen kann. Da eine Honorarvereinbarung aber zeitlich nicht mehr „bei Auftragserteilung" erfolgen muss, sondern auch später noch wirksam getroffen oder auch abgeändert werden kann, könnte es dazu kommen, dass der Architekt den Hinweis nachholt und der Bauherr im Anschluss daran und im Wissen darum den zuvor vereinbarten Vertragsinhalt inklusive einer über den Basishonorarsatz hinausgehenden Honorarvereinbarung aktiv bestätigt. Da generell Vertragsfreiheit herrscht und in dieser Konstellation zudem dem Schutzzweck des § 7 Abs. 2 HOAI 2021 Genüge getan ist, weil der Auftraggeber den Hinweis vor seiner bestätigenden zweiten, rechtlich verbindlichen Erklärung zur Honorarvereinbarung erhalten hat, müsste eine solche Vereinbarung wirksam sein und der Auftragnehmer im Ergebnis dann auch das höhere Honorar verlangen können.

[73] Die Definition des Verbrauchers findet sich in § 13 BGB, welcher lautet:
„Verbraucher ist jede natürliche Person, die ein Rechtsgeschäft zu Zwecken abschließt, die überwiegend weder ihrer gewerblichen noch ihrer selbstständigen beruflichen Tätigkeit zugerechnet werden können."

[74] Ob der „Basishonorarsatz" in diesem Zusammenhang so gemeint ist, dass ausschließlich der untere Tafelwert und somit nur das absolute Minimum an Honorar verlangt werden kann, oder ob in den „Basishonorarsatz" nach § 7 Abs. 2 HOAI auch die in § 7 Abs. 1 einbezogenen Worte „Basishonorarsatz […], der sich bei der Anwendung der Honorargrundlagen des § 6 ergibt", hineingelesen werden können, sodass beispielsweise auch ein Umbauzuschlag nach § 6 Abs. 2 Satz 4 HOAI zu zahlen ist, ist weder aus dem Verordnungstext noch aus der Amtlichen Begründung abschließend und widerspruchsfrei zu erkennen. Die Autoren tendieren dazu, dass Letzteres der Fall ist, da der Verbraucher andernfalls dann bessergestellt wäre, wenn er ohne vorausgegangene Belehrung eine Honorarvereinbarung getroffen hat, als wenn er von Anfang an gar keine (oder keine in Textform gefasste) Honorarvereinbarung getroffen hätte.

§ 8 Berechnung des Honorars in besonderen Fällen 2013	§ 8 Berechnung des Honorars in besonderen Fällen 2021
(1) Werden dem Auftragnehmer nicht alle Leistungsphasen eines Leistungsbildes übertragen, so dürfen nur die für die übertragenen Phasen vorgesehenen Prozentsätze berechnet und vereinbart werden. Die Vereinbarung hat schriftlich zu erfolgen.	(1) Werden dem Auftragnehmer nicht alle Leistungsphasen eines Leistungsbildes übertragen, so dürfen nur die für die übertragenen Phasen vorgesehenen Prozentsätze berechnet und vereinbart werden. Die Vereinbarung hat in Textform zu erfolgen.
(2) Werden dem Auftragnehmer nicht alle Grundleistungen einer Leistungsphase übertragen, so darf für die übertragenen Grundleistungen nur ein Honorar berechnet und vereinbart werden, das dem Anteil der übertragenen Grundleistungen an der gesamten Leistungsphase entspricht. Die Vereinbarung hat schriftlich zu erfolgen. Entsprechend ist zu verfahren, wenn dem Auftragnehmer wesentliche Teile von Grundleistungen nicht übertragen werden.	(2) Werden dem Auftragnehmer nicht alle Grundleistungen einer Leistungsphase übertragen, so darf für die übertragenen Grundleistungen nur ein Honorar berechnet und vereinbart werden, das dem Anteil der übertragenen Grundleistungen an der gesamten Leistungsphase entspricht. Die Vereinbarung hat in Textform zu erfolgen. Entsprechend ist zu verfahren, wenn dem Auftragnehmer wesentliche Teile von Grundleistungen nicht übertragen werden.
(3) Die gesonderte Vergütung eines zusätzlichen Koordinierungs- oder Einarbeitungsaufwands ist schriftlich zu vereinbaren.	(3) Die gesonderte Vergütung eines zusätzlichen Koordinierungs- oder Einarbeitungsaufwands ist in Textform zu vereinbaren.

Amtliche Begründung

Zu Nummer 31[75]

Folgeänderungen wegen der geänderten Formanforderungen an die Honorarvereinbarung.

Kurzkommentar

Die unverändert beibehaltene Regelung in § 8 Abs. 1 HOAI 2021, wonach nur die auf die dem Auftragnehmer übertragenen Leistungsphasen entfallenden Prozentpunkte „berechnet und vereinbart werden dürfen", stellt einen Fehler im System dar. Denn die Neufassung der HOAI 2021 folgt dem Grundgedanken, dass sämtliche Honorare der freien Vereinbarung der Vertragsparteien unterliegen sollen. Vorschriften, welche Begrenzungen nach oben beinhalten, sind hiermit nicht in Einklang zu bringen.

Bedeutung haben kann diese Regelung – in Bezug auf die Berechnung des Honorars, nicht in Bezug auf dessen Vereinbarung – allenfalls dann, wenn die HOAI mangels Vereinbarung in Textform oder bei fehlendem bzw. nicht rechtzeitigem Hinweis an einen Verbraucher anzuwenden ist.

---

75 Einfügen der Worte „in Textform" in § 8 Abs. 1 Satz 2, Abs. 2 Satz 2 und Abs. 3 HOAI 2021

§ 9 Berechnung des Honorars bei Beauftragung von Einzelleistungen 2013	§ 9 Berechnung des Honorars bei Beauftragung von Einzelleistungen 2021
(1) Wird die Vorplanung oder Entwurfsplanung bei Gebäuden und Innenräumen, Freianlagen, Ingenieurbauwerken, Verkehrsanlagen, der Tragwerksplanung und der Technischen Ausrüstung als Einzelleistung in Auftrag gegeben, können für die Leistungsbewertung der jeweiligen Leistungsphase 1. für die Vorplanung höchstens der Prozentsatz der Vorplanung und der Prozentsatz der Grundlagenermittlung und 2. für die Entwurfsplanung höchstens der Prozentsatz der Entwurfsplanung und der Prozentsatz der Vorplanung herangezogen werden. Die Vereinbarung hat schriftlich zu erfolgen.	(1) Wird die Vorplanung oder Entwurfsplanung bei Gebäuden und Innenräumen, Freianlagen, Ingenieurbauwerken, Verkehrsanlagen, der Tragwerksplanung und der Technischen Ausrüstung als Einzelleistung in Auftrag gegeben, können für die Leistungsbewertung der jeweiligen Leistungsphase 1. für die Vorplanung höchstens der Prozentsatz der Vorplanung und der Prozentsatz der Grundlagenermittlung und 2. für die Entwurfsplanung höchstens der Prozentsatz der Entwurfsplanung und der Prozentsatz der Vorplanung zum Zweck der Honorarberechnung herangezogen werden. Die Vereinbarung hat in Textform zu erfolgen.
(2) Zur Bauleitplanung ist Absatz 1 Satz 1 Nummer 2 für den Entwurf der öffentlichen Auslegung entsprechend anzuwenden. Bei der Landschaftsplanung ist Absatz 1 Satz 1 Nummer 1 für die vorläufige Fassung sowie Absatz 1 Satz 1 Nummer 2 für die abgestimmte Fassung entsprechend anzuwenden. Die Vereinbarung hat schriftlich zu erfolgen.	(2) Zur Bauleitplanung ist Absatz 1 Satz 1 Nummer 2 für den Entwurf der öffentlichen Auslegung entsprechend anzuwenden. Bei der Landschaftsplanung ist Absatz 1 Satz 1 Nummer 1 für die vorläufige Fassung sowie Absatz 1 Satz 1 Nummer 2 für die abgestimmte Fassung entsprechend anzuwenden. Die Vereinbarung hat in Textform zu erfolgen.
(3) Wird die Objektüberwachung bei der Technischen Ausrüstung oder bei Gebäuden als Einzelleistung in Auftrag gegeben, können für die Leistungsbewertung der Objektüberwachung höchstens der Prozentsatz der Objektüberwachung und die Prozentsätze der Grundlagenermittlung und Vorplanung herangezogen werden. Die Vereinbarung hat schriftlich zu erfolgen.	(3) Wird die Objektüberwachung bei der Technischen Ausrüstung oder bei Gebäuden als Einzelleistung in Auftrag gegeben, können für die Leistungsbewertung der Objektüberwachung zum Zweck der Honorarberechnung höchstens der Prozentsatz der Objektüberwachung und die Prozentsätze der Grundlagenermittlung und Vorplanung herangezogen werden. Die Vereinbarung hat in Textform zu erfolgen.

Amtliche Begründung

Zu Nummer 7

Zu Buchstabe a[76]

Die Ergänzung dient der Klarstellung, dass es nur um die Durchführung der Honorarberechnung geht. Die Höhe des auf diesem Rechenweg ermittelten Honorars ist nicht verbindlich festgelegt.

Zu Buchstabe b[77]

Siehe die Begründung zu Nummer 7 Buchstabe a.

Zu Nummer 31[78]

Folgeänderungen wegen der geänderten Formanforderungen an die Honorarvereinbarung.

Kurzkommentar

Auch die in § 9 Abs. 1 und Abs. 3 HOAI 2021 unverändert beibehaltenen Regelungen stellen vor dem Hintergrund, dass die HOAI nur noch unverbindliche Orientierungshilfe sein soll, einen Fehler im System dar. Denn es wird vorgeschrieben, dass bei einer Beauftragung der Vorplanung, Entwurfsplanung oder Objektüberwachung als Einzelleistung nur ein bestimmter Prozentsatz dieser Leistungsphase(n) „zum Zweck der Honorarberechnung" herangezogen werden kann. Diese Vorgabe widerspricht dem mit der HOAI 2021 allgemein eingeführten Grundsatz, dass sämtliche Honorare frei vereinbar sind. Bei konsequenter Umsetzung dieses Grundsatzes dürfte die HOAI auch keine Grenzen nach oben beinhalten.

Bedeutung haben kann diese Regelung nur dann, wenn die HOAI mangels Vereinbarung in Textform oder bei fehlendem bzw. nicht rechtzeitigem Hinweis an einen Verbraucher anzuwenden ist.

---

76 Änderung in § 9 Abs. 1 Satz 1 HOAI 2021

77 Änderung in § 9 Abs. 3 Satz 1 HOAI 2021

78 Einfügen der Worte „in Textform" in § 9 Abs. 1 Satz 2, Abs. 2 Satz 3 und Abs. 3 Satz 2 HOAI 2021

§ 10 Berechnung des Honorars bei vertraglichen Änderungen des Leistungsumfangs 2013	§ 10 Berechnung des Honorars bei vertraglichen Änderungen des Leistungsumfangs 2021
(1) Einigen sich Auftraggeber und Auftragnehmer während der Laufzeit des Vertrags darauf, dass der Umfang der beauftragten Leistung geändert wird, und ändern sich dadurch die anrechenbaren Kosten oder Flächen, so ist die Honorarberechnungsgrundlage für die Grundleistungen, die infolge des veränderten Leistungsumfangs zu erbringen sind, durch schriftliche Vereinbarung anzupassen.	(1) Einigen sich Auftraggeber und Auftragnehmer während der Laufzeit des Vertrags darauf, dass der Umfang der beauftragten Leistung geändert wird, und ändern sich dadurch die anrechenbaren Kosten, Flächen oder Verrechnungseinheiten, so ist die Honorarberechnungsgrundlage für die Grundleistungen, die infolge des veränderten Leistungsumfangs zu erbringen sind, durch Vereinbarung in Textform anzupassen.
(2) Einigen sich Auftraggeber und Auftragnehmer über die Wiederholung von Grundleistungen, ohne dass sich dadurch die anrechenbaren Kosten oder Flächen ändern, ist das Honorar für diese Grundleistungen entsprechend ihrem Anteil an der jeweiligen Leistungsphase schriftlich zu vereinbaren.	(2) Einigen sich Auftraggeber und Auftragnehmer über die Wiederholung von Grundleistungen, ohne dass sich dadurch die anrechenbaren Kosten, Flächen oder Verrechnungseinheiten ändern, ist das Honorar für diese Grundleistungen entsprechend ihrem Anteil an der jeweiligen Leistungsphase in Textform zu vereinbaren.

Amtliche Begründung

Zu Nummer 8

§ 10 wird neu gefasst, um die Regelung sowohl an die geänderten Formanforderungen bezüglich der Honorarvereinbarung anzupassen als auch den Begriff der Verrechnungseinheiten zu ergänzen. Letzteres ist infolge der Gleichstellung der Leistungen der Anlage 1 mit den übrigen Grundleistungen erforderlich.

§ 12 Instandsetzungen und Instandhaltungen 2013	§ 12 Instandsetzungen und Instandhaltungen 2021
(1) Honorare für Grundleistungen bei Instandsetzungen und Instandhaltungen von Objekten sind nach den anrechenbaren Kosten, der Honorarzone, den Leistungsphasen und der Honorartafel, der die Instandhaltungs- und Instandsetzungsmaßnahme zuzuordnen sind, zu ermitteln.	(1) Honorare für Grundleistungen bei Instandsetzungen und Instandhaltungen von Objekten sind nach den anrechenbaren Kosten, der Honorarzone, den Leistungsphasen und der Honorartafel zur Honorarorientierung, der die Instandhaltungs- oder Instandsetzungsmaßnahme zuzuordnen ist, zu ermitteln.
(2) Für Grundleistungen bei Instandsetzungen und Instandhaltungen von Objekten kann schriftlich vereinbart werden, dass der Prozentsatz für die Objektüberwachung oder Bauoberleitung um bis zu 50 Prozent der Bewertung dieser Leistungsphase erhöht wird.	(2) Für Grundleistungen bei Instandsetzungen und Instandhaltungen von Objekten kann in Textform vereinbart werden, dass der Prozentsatz für die Objektüberwachung oder Bauoberleitung um bis zu 50 Prozent der Bewertung dieser Leistungsphase erhöht wird.

Amtliche Begründung

Zu Nummer 9[79]

§ 12 Absatz 1 wird neu gefasst, um in der Regelung klarzustellen, dass die Honorartafeln künftig der Honorarorientierung dienen.

Zu Nummer 31[80]

Folgeänderungen wegen der geänderten Formanforderungen an die Honorarvereinbarung.

§ 13 Interpolation 2013	§ 13 Interpolation 2021
Die Mindest- und Höchstsätze für Zwischenstufen der in den Honorartafeln angegebenen anrechenbaren Kosten und Flächen sind durch lineare Interpolation zu ermitteln.	Zwischenstufen der in den Honorartafeln angegebenen anrechenbaren Kosten und Flächen oder Verrechnungseinheiten sind durch lineare Interpolation zu ermitteln.

Amtliche Begründung

Zu Nummer 10

Die Änderungen in § 13 sind aufgrund des Wegfalls der verbindlichen Mindest- und Höchsthonorarsätze sowie infolge der Gleichstellung der Leistungen der Anlage 1 mit den übrigen Grundleistungen erforderlich.

79 Änderung in § 12 Abs. 1 HOAI 2021

80 Einfügen der Worte „in Textform" in § 12 Abs. 2 HOAI 2021

Kurzkommentar

Die Änderung in § 13 HOAI 2021, aufgrund welcher der Bezug auf die „Mindest- und Höchstsätze für Zwischenstufen“ entfallen ist, bringt rein praktisch keinerlei Veränderungen mit sich. Die Interpolation zwischen den verschiedenen in den Honorartafeln ausgewiesenen Werten erfolgt unverändert wie bisher.

§ 14 Nebenkosten 2013	**§ 14 Nebenkosten 2021**
(1) Der Auftragnehmer kann neben den Honoraren dieser Verordnung auch die für die Ausführung des Auftrags erforderlichen Nebenkosten in Rechnung stellen; ausgenommen sind die abziehbaren Vorsteuern gemäß § 15 Absatz 1 des Umsatzsteuergesetzes in der Fassung der Bekanntmachung vom 21. Februar 2005 (BGBl. I S. 386), das zuletzt durch Artikel 2 des Gesetzes vom 8. Mai 2012 (BGBl. I S. 1030) geändert worden ist. Die Vertragsparteien können bei Auftragserteilung schriftlich vereinbaren, dass abweichend von Satz 1 eine Erstattung ganz oder teilweise ausgeschlossen ist.	(1) Der Auftragnehmer kann neben den Honoraren dieser Verordnung auch die für die Ausführung des Auftrags erforderlichen Nebenkosten in Rechnung stellen; ausgenommen sind die abziehbaren Vorsteuern gemäß § 15 Absatz 1 des Umsatzsteuergesetzes in der jeweils geltenden Fassung. Die Vertragsparteien können in Textform vereinbaren, dass abweichend von Satz 1 eine Erstattung ganz oder teilweise ausgeschlossen ist.
(2) Zu Nebenkosten gehören insbesondere: 1. Versandkosten, Kosten für Datenübertragungen, 2. Kosten für Vervielfältigungen von Zeichnungen und schriftlichen Unterlagen sowie für die Anfertigung von Filmen und Fotos, 3. Kosten für ein Baustellenbüro einschließlich der Einrichtung, Beleuchtung und Beheizung, 4. Fahrtkosten für Reisen, die über einen Umkreis von 15 Kilometern um den Geschäftssitz des Auftragnehmers hinausgehen, in Höhe der steuerlich zulässigen Pauschalsätze, sofern nicht höhere Aufwendungen nachgewiesen werden, 5. Trennungsentschädigungen und Kosten für Familienheimfahrten in Höhe der steuerlich zulässigen Pauschalsätze, sofern nicht höhere Aufwendungen an Mitarbeiter oder Mitarbeiterinnen des Auftragnehmers auf Grund von tariflichen Vereinbarungen bezahlt werden,	(2) Zu Nebenkosten gehören insbesondere: 1. Versandkosten, Kosten für Datenübertragungen, 2. Kosten für Vervielfältigungen von Zeichnungen und schriftlichen Unterlagen sowie für die Anfertigung von Filmen und Fotos, 3. Kosten für ein Baustellenbüro einschließlich der Einrichtung, Beleuchtung und Beheizung, 4. Fahrtkosten für Reisen, die über einen Umkreis von 15 Kilometern um den Geschäftssitz des Auftragnehmers hinausgehen, in Höhe der steuerlich zulässigen Pauschalsätze, sofern nicht höhere Aufwendungen nachgewiesen werden, 5. Trennungsentschädigungen und Kosten für Familienheimfahrten in Höhe der steuerlich zulässigen Pauschalsätze, sofern nicht höhere Aufwendungen an Mitarbeiter oder Mitarbeiterinnen des Auftragnehmers auf Grund von tariflichen Vereinbarungen bezahlt werden,

§ 14 Nebenkosten 2013	§ 14 Nebenkosten 2021
6. Entschädigungen für den sonstigen Aufwand bei längeren Reisen nach Nummer 4, sofern die Entschädigungen vor der Geschäftsreise schriftlich vereinbart worden sind, 7. Entgelte für nicht dem Auftragnehmer obliegende Leistungen, die von ihm im Einvernehmen mit dem Auftraggeber Dritten übertragen worden sind.	6. Entschädigungen für den sonstigen Aufwand bei längeren Reisen nach Nummer 4, sofern die Entschädigungen vor der Geschäftsreise in Textform vereinbart worden sind, 7. Entgelte für nicht dem Auftragnehmer obliegende Leistungen, die von ihm im Einvernehmen mit dem Auftraggeber Dritten übertragen worden sind.
(3) Nebenkosten können pauschal oder nach Einzelnachweis abgerechnet werden. Sie sind nach Einzelnachweis abzurechnen, sofern bei Auftragserteilung keine pauschale Abrechnung schriftlich vereinbart worden ist.	(3) Nebenkosten können pauschal oder nach Einzelnachweis abgerechnet werden. Sie sind nach Einzelnachweis abzurechnen, sofern keine pauschale Abrechnung in Textform vereinbart worden ist.

Amtliche Begründung

Zu Nummer 11

Zu Buchstabe a

Zu Doppelbuchstabe aa[81]

Mit der Änderung wird eine dynamische Verweisung eingeführt, um sicherzustellen, dass sich der Verweis in § 14 Absatz 1 stets auf die aktuell geltende Fassung des Umsatzsteuergesetzes bezieht.

Zu Doppelbuchstabe bb[82]

§ 14 Absatz 1 Satz 2 wird geändert, um die Regelung an die geänderten Formanforderungen an die Honorarvereinbarung anzupassen.

Zu Buchstabe b[83]

§ 14 Absatz 3 Satz 2 wird geändert, um die Regelung an die geänderten Formanforderungen an die Honorarvereinbarung anzupassen.

Zu Nummer 31[84]

Folgeänderungen wegen der geänderten Formanforderungen an die Honorarvereinbarung.

Kurzkommentar

Auch für Vereinbarungen über die Erstattung von Nebenkosten ist künftig die Textform ausreichend.

81 Änderung in § 14 Abs. 1 Satz 1 HOAI 2021

82 Änderung in § 14 Abs. 1 Satz 2 HOAI 2021

83 Änderung in § 14 Abs. 3 Satz 2 HOAI 2021

84 Einfügen der Worte „in Textform“ in § 14 Abs. 2 Nummer 6 HOAI 2021

§ 15 Zahlungen **2013**	**§ 15 Fälligkeit des Honorars, Abschlagszahlungen** **2021**
(1) Das Honorar wird fällig, wenn die Leistung abgenommen und eine prüffähige Honorarschlussrechnung überreicht worden ist, es sei denn, es wurde etwas anderes schriftlich vereinbart. (2) Abschlagszahlungen können zu den schriftlich vereinbarten Zeitpunkten oder in angemessenen zeitlichen Abständen für nachgewiesene Grundleistungen gefordert werden.	Für die Fälligkeit der Honorare für die von dieser Verordnung erfassten Leistungen gilt § 650g Absatz 4 des Bürgerlichen Gesetzbuchs entsprechend. Für das Recht, Abschlagszahlungen zu verlangen, gilt § 632a des Bürgerlichen Gesetzbuchs entsprechend.
(3) Die Nebenkosten sind auf Einzelnachweis oder bei pauschaler Abrechnung mit der Honorarrechnung fällig.	
(4) Andere Zahlungsweisen können schriftlich vereinbart werden.	

Amtliche Begründung

Zu Nummer 12

Seit dem 01.01.2018 enthält das BGB für Architekten- und Ingenieurverträge im Sinne von § 650q Absatz 1 BGB eine spezifische Regelung zur Fälligkeit des Honorars in § 650q Absatz 1 in Verbindung mit § 650g Absatz 4 BGB. Vor diesem Hintergrund wird in Satz 1 des neugefassten § 15 geregelt, dass diese Fälligkeitsregelung für alle Leistungen zur Anwendung kommt, die vom Anwendungsbereich der HOAI umfasst sind, insbesondere auch Leistungen der Flächenplanung. § 15 Satz 2 stellt zudem klar, dass sich das Recht des Auftragnehmers, Abschlagszahlungen zu verlangen, nach § 632a BGB richtet.

Kurzkommentar

Während in § 15 HOAI 2013 die Fälligkeitsvoraussetzungen für Architekten- und Ingenieurhonorare ausdrücklich aufgelistet wurden, beschränkt sich die Neufassung der HOAI 2021 nun mit dem Verweis auf die maßgeblichen Vorschriften des BGB.

Dabei schreibt § 650g Abs. 4 BGB[85] vor, dass die Vergütung zu entrichten ist, wenn das (Architekten- oder Ingenieur-)Werk abgenommen ist und dem Auftraggeber eine prüffähige Schlussrechnung erteilt worden ist. An den Fälligkeitsvoraussetzungen als solchen hat sich also nichts geändert.

---

85 § 650g Abs. 4 BGB lautet:
„(4) Die Vergütung ist zu entrichten, wenn
1. der Besteller das Werk abgenommen hat oder die Abnahme nach § 641 Absatz 2 entbehrlich ist und
2. der Unternehmer dem Besteller eine prüffähige Schlussrechnung erteilt hat.
Die Schlussrechnung ist prüffähig, wenn sie eine übersichtliche Aufstellung der erbrachten Leistungen enthält und für den Besteller nachvollziehbar ist. Sie gilt als prüffähig, wenn der Besteller nicht innerhalb von 30 Tagen nach Zugang der Schlussrechnung begründete Einwendungen gegen ihre Prüffähigkeit erhoben hat."

Für Abschlagszahlungen sieht § 632a BGB[86] vor, dass eine Abschlagszahlung in Höhe des Wertes der nach dem Vertrag geschuldeten erbrachten Leistungen verlangt werden kann. Dies setzt voraus, dass in der entsprechenden Abschlagszahlungsanforderung dargestellt wird, welche Leistungen bereits erbracht wurden und welchen „Wert“ diese haben. Wurde die Abrechnung nach der Systematik der HOAI vereinbart oder ist die HOAI aus anderen Gründen anwendbar, so kann zum Zweck dieser Darstellung auf die Leistungsphasen der HOAI und ggf. die Bewertung einzelner Teilleistungen nach einer der gängigen Tabellen zur Bewertung der Grundleistungen zurückgegriffen werden.

Dieses Vorgehen ist im Fall der vorzeitigen Beendigung des Vertragsverhältnisses, beispielsweise nach einer Kündigung, auch für die Erstellung der Schlussrechnung notwendig, um die erbrachten von den nicht mehr erbrachten Leistungen abgrenzen und beide nachvollziehbar darstellen zu können.

---

86 § 632a Abs. 1 BGB lautet:
„(1) Der Unternehmer kann von dem Besteller eine Abschlagszahlung in Höhe des Wertes der von ihm erbrachten und nach dem Vertrag geschuldeten Leistungen verlangen. Sind die erbrachten Leistungen nicht vertragsgemäß, kann der Besteller die Zahlung eines angemessenen Teils des Abschlags verweigern. Die Beweislast für die vertragsgemäße Leistung verbleibt bis zur Abnahme beim Unternehmer. § 641 Abs. 3 gilt entsprechend. Die Leistungen sind durch eine Aufstellung nachzuweisen, die eine rasche und sichere Beurteilung der Leistungen ermöglichen muss. Die Sätze 1 bis 5 gelten auch für erforderliche Stoffe oder Bauteile, die angeliefert oder eigens angefertigt und bereitgestellt sind, wenn dem Besteller nach seiner Wahl Eigentum an den Stoffen oder Bauteilen übertragen oder entsprechende Sicherheit hierfür geleistet wird.“

Teil 2 Flächenplanung

HOAI 2013		HOAI 2021	
§ 17	**Anwendungsbereich 2013**	**§ 17**	**Anwendungsbereich 2021**
(1)	Leistungen der Bauleitplanung umfassen die Vorbereitung der Aufstellung von Flächennutzungs- und Bebauungsplänen im Sinne des § 1 Absatz 2 des Baugesetzbuches in der Fassung der Bekanntmachung vom 23. September 2004 (BGBl. I S. 2414), das zuletzt durch Artikel 1 des Gesetzes vom 22. Juli 2011 (BGBl. I S. 1509) geändert worden ist, die erforderlichen Ausarbeitungen und Planfassungen sowie die Mitwirkung beim Verfahren.	(1)	Leistungen der Bauleitplanung umfassen die Vorbereitung der Aufstellung von Flächennutzungs- und Bebauungsplänen im Sinne des § 1 Absatz 2 des Baugesetzbuches in der jeweils geltenden Fassung, die erforderlichen Ausarbeitungen und Planfassungen sowie die Mitwirkung beim Verfahren.
(2)	Honorare für Leistungen beim Städtebaulichen Entwurf können als Besondere Leistungen frei vereinbart werden.	(2)	Leistungen beim Städtebaulichen Entwurf sind Besondere Leistungen.

Amtliche Begründung

Zu Nummer 13

Zu Buchstabe a[87]

Mit der Änderung wird eine dynamische Verweisung eingeführt, um sicherzustellen, dass sich der Verweis in § 17 Absatz 1 stets auf die aktuell geltende Fassung des Baugesetzbuches bezieht.

Zu Buchstabe b[88]

Da künftig sowohl das Honorar für Grundleistungen als auch für Besondere Leistungen frei vereinbar ist, bedarf es der Festlegung nicht mehr, dass die Leistungen beim Städtebaulichen Entwurf frei vereinbar sind. Daher enthält die Regelung in § 17 Absatz 2 künftig nur noch die Einordnung dieser Leistungen als Besondere Leistungen.

[87] Änderung in § 17 Abs. 1 HOAI 2021

[88] Änderung in § 17 Abs. 2 HOAI 2021

§ 20 Honorare für Grundleistungen bei Flächennutzungsplänen 2013	§ 20 Honorare für Grundleistungen bei Flächennutzungsplänen 2021
(1) Die Mindest- und Höchstsätze der Honorare für die in § 18 und Anlage 2 aufgeführten Grundleistungen bei Flächennutzungsplänen sind in der folgenden Honorartafel festgesetzt: […]	(1) Für die in § 18 und Anlage 2 genannten Grundleistungen bei Flächennutzungsplänen sind die in der nachstehenden Honorartafel aufgeführten Honorarspannen Orientierungswerte: […]
[…]	[…]
(6) Werden Teilflächen bereits aufgestellter Flächennutzungspläne (Planausschnitte) geändert oder überarbeitet, so ist das Honorar frei zu vereinbaren.	(6) Werden Teilflächen bereits aufgestellter Flächennutzungspläne (Planausschnitte) geändert oder überarbeitet, kann das Honorar auch abweichend von den Grundsätzen des Absatzes 2 vereinbart werden.

Amtliche Begründung

Zu Nummer 14

Zu Buchstabe a[89]

Da die HOAI keine verbindlichen Preisregelungen mehr vorgibt, war § 20 Absatz 1 anzupassen. Die Honorartafeln setzen künftig keine Mindest- und Höchstsätze für Honorare mehr fest, sondern enthalten Honorarspannen als Orientierungswerte.

Zu Buchstabe b[90]

Die bisherige Regelung in § 20 Absatz 6, nach der in den von der Regelung erfassten Fällen das Honorar frei vereinbar ist, ist aufgrund der Tatsache anzupassen, dass künftig die Honorare für alle Leistungen frei vereinbar sind. Daher wird durch die Änderung klargestellt, dass in diesen Fallkonstellationen die Grundsätze des Absatzes 2 möglicherweise nicht passend sind. Wenn die Parteien grundsätzlich vereinbart haben, zur Honorarermittlung die Regelungen der HOAI anzuwenden, wird durch die Regelung des Absatzes 6 klargestellt, dass es in diesen Fällen sachgerecht sein kann, das Honorar abweichend von den Grundsätzen des Absatzes 2 zu ermitteln.

89 Änderung in § 20 Abs. 1 HOAI 2021

90 Änderung in § 20 Abs. 6 HOAI 2021

§ 21 Honorare für Grundleistungen bei Bebauungsplänen 2013	§ 21 Honorare für Grundleistungen bei Bebauungsplänen 2021
(1) Die Mindest- und Höchstsätze der Honorare für die in § 19 und Anlage 3 aufgeführten Grundleistungen bei Bebauungsplänen sind in der folgenden Honorartafel festgesetzt: […]	(1) Für die in § 19 und Anlage 3 genannten Grundleistungen bei Bebauungsplänen sind die in der nachstehenden Honorartafel aufgeführten Honorarspannen Orientierungswerte: […]

Amtliche Begründung

Zu Nummer 15

Siehe die Begründung zu Nummer 14 Buchstabe a.

§ 28 Honorare für Grundleistungen bei Landschaftsplänen 2013	§ 28 Honorare für Grundleistungen bei Landschaftsplänen 2021
(1) Die Mindest- und Höchstsätze der Honorare für die in § 23 und Anlage 4 aufgeführten Grundleistungen bei Landschaftsplänen sind in der folgenden Honorartafel festgesetzt: […]	(1) Für die in § 23 und Anlage 4 genannten Grundleistungen bei Landschaftsplänen sind die in der nachstehenden Honorartafel aufgeführten Honorarspannen Orientierungswerte: […]
[…]	[…]
(6) Werden Teilflächen bereits aufgestellter Landschaftspläne (Planausschnitte) geändert oder überarbeitet, so ist das Honorar frei zu vereinbaren.	(6) Werden Teilflächen bereits aufgestellter Landschaftspläne (Planausschnitte) geändert oder überarbeitet, kann das Honorar abweichend von den Grundsätzen des Absatzes 2 vereinbart werden.

Amtliche Begründung

Zu Nummer 16

Zu Buchstabe a[91]

Siehe die Begründung zu Nummer 14 Buchstabe a.

Zu Buchstabe b[92]

Siehe die Begründung zu Nummer 14 Buchstabe b.

91 Änderung in § 28 Abs. 1 HOAI 2021

92 Änderung in § 28 Abs. 6 HOAI 2021

§ 29 Honorare für Grundleistungen bei Grünordnungsplänen 2013	§ 29 Honorare für Grundleistungen bei Grünordnungsplänen 2021
(1) Die Mindest- und Höchstsätze der Honorare für die in § 24 und Anlage 5 aufgeführten Grundleistungen bei Grünordnungsplänen sind in der folgenden Honorartafel festgesetzt: […]	(1) Für die in § 24 und Anlage 5 genannten Grundleistungen bei Grünordnungsplänen und Landschaftsplanerischen Fachbeiträgen sind die in der nachstehenden Honorartafel aufgeführten Honorarspannen Orientierungswerte: […]

Amtliche Begründung

Zu Nummer 17

Siehe die Begründung zu Nummer 14 Buchstabe a.

§ 30 Honorare für Grundleistungen bei Landschaftsrahmenplänen 2013	§ 30 Honorare für Grundleistungen bei Landschaftsrahmenplänen 2021
(1) Die Mindest- und Höchstsätze der Honorare für die in § 25 und Anlage 6 aufgeführten Grundleistungen bei Landschaftsrahmenplänen sind in der folgenden Honorartafel festgesetzt: […]	(1) Für die in § 25 und Anlage 6 genannten Grundleistungen bei Landschaftsrahmenplänen sind die in der nachstehenden Honorartafel aufgeführten Honorarspannen Orientierungswerte: […]

Amtliche Begründung

Zu Nummer 18

Siehe die Begründung zu Nummer 14 Buchstabe a.

§ 31 Honorare für Grundleistungen bei Landschaftspflegerischen Begleitplänen 2013	§ 31 Honorare für Grundleistungen bei Landschaftspflegerischen Begleitplänen 2021
(1) Die Mindest- und Höchstsätze der Honorare für die in § 26 und Anlage 7 aufgeführten Grundleistungen bei Landschaftspflegerischen Begleitplänen sind in der folgenden Honorartafel festgesetzt: […]	(1) Für die in § 26 und Anlage 7 genannten Grundleistungen bei Landschaftspflegerischen Begleitplänen sind die in der nachstehenden Honorartafel aufgeführten Honorarspannen Orientierungswerte: […]

Amtliche Begründung

Zu Nummer 19

Siehe die Begründung zu Nummer 14 Buchstabe a.

§ 32 Honorare für Grundleistungen bei Pflege- und Entwicklungsplänen 2013	§ 32 Honorare für Grundleistungen bei Pflege- und Entwicklungsplänen 2021
(1) Die Mindest- und Höchstsätze der Honorare für die in § 27 und Anlage 8 aufgeführten Grundleistungen bei Pflege- und Entwicklungsplänen sind in der folgenden Honorartafel festgesetzt: [...]	(1) Für die in § 27 und Anlage 8 genannten Grundleistungen bei bei Pflege- und Entwicklungsplänen sind die in der nachstehenden Honorartafel aufgeführten Honorarspannen Orientierungswerte: [...]

Amtliche Begründung

Zu Nummer 20

Siehe die Begründung zu Nummer 14 Buchstabe a.

Teil 3 Objektplanung

HOAI 2013		HOAI 2021	
§ 35	**Honorare für Grundleistungen bei Gebäuden und Innenräumen 2013**	**§ 35**	**Honorare für Grundleistungen bei Gebäuden und Innenräumen 2021**
(1)	Die Mindest- und Höchstsätze der Honorare für die in § 34 und der Anlage 10 Nummer 10.1 aufgeführten Grundleistungen für Gebäude und Innenräume sind in der folgenden Honorartafel festgesetzt: […]	(1)	Für die in § 34 und der Anlage 10 Nummer 10.1 genannten Grundleistungen für Gebäude und Innenräume sind die in der nachstehenden Honorartafel aufgeführten Honorarspannen Orientierungswerte: […]

Amtliche Begründung

Zu Nummer 21

Siehe die Begründung zu Nummer 14 Buchstabe a.

§ 36	**Umbauten und Modernisierungen von Gebäuden und Innenräumen 2013**	**§ 36**	**Umbauten und Modernisierungen von Gebäuden und Innenräumen 2021**
(1)	Für Umbauten und Modernisierungen von Gebäuden kann bei einem durchschnittlichen Schwierigkeitsgrad ein Zuschlag gemäß § 6 Absatz 2 Satz 3 bis 33 Prozent auf das ermittelte Honorar schriftlich vereinbart werden.	(1)	Für Umbauten und Modernisierungen von Gebäuden kann bei einem durchschnittlichen Schwierigkeitsgrad ein Zuschlag gemäß § 6 Absatz 2 Satz 3 bis 33 Prozent auf das ermittelte Honorar in Textform vereinbart werden.
(2)	Für Umbauten und Modernisierungen von Innenräumen in Gebäuden kann bei einem durchschnittlichen Schwierigkeitsgrad ein Zuschlag gemäß § 6 Absatz 2 Satz 3 bis 50 Prozent auf das ermittelte Honorar schriftlich vereinbart werden.	(2)	Für Umbauten und Modernisierungen von Innenräumen in Gebäuden kann bei einem durchschnittlichen Schwierigkeitsgrad ein Zuschlag gemäß § 6 Absatz 2 Satz 3 bis 50 Prozent auf das ermittelte Honorar in Textform vereinbart werden.

Amtliche Begründung

Zu Nummer 31[93]

Folgeänderungen wegen der geänderten Formanforderungen an die Honorarvereinbarung.

Kurzkommentar

Auch für die Vereinbarung eines Umbau- und Modernisierungszuschlags ist in Zukunft die Textform ausreichend. Die Vereinbarung kann wie bisher auch generell zu jedem Zeitpunkt getroffen werden.

---

[93] Einfügen der Worte „in Textform“ in § 36 Abs. 1 und 2 HOAI 2021

Es ist jedoch die Regelung des § 6 Abs. 2 HOAI 2021 im Blick zu behalten, wonach ab durchschnittlichem Schwierigkeitsgrad ein Zuschlag von 20 % als vereinbart gilt, sofern keine Vereinbarung in Textform getroffen wurde.

Systemfremd ist nach der Neufassung der HOAI, welche der Maßgabe folgt, dass sämtliche Honorare frei vereinbart werden können, die aus der HOAI 2013 unverändert übernommene, in § 36 HOAI formulierte Beschränkung des Zuschlags auf 33 bzw. 50 %. Denn eine Deckelung des Umbauzuschlags widerspricht dem allgemeinen Grundsatz der freien Vereinbarkeit.

Dies gilt für sämtliche Paragrafen der HOAI 2021 entsprechend, in denen ähnlich lautende Regelungen getroffen und die Vertragsparteien in ihrer Vereinbarungsfreiheit eingeschränkt werden.

§ 37 Aufträge für Gebäude und Freianlagen oder für Gebäude und Innenräume 2013	§ 37 Aufträge für Gebäude und Freianlagen oder für Gebäude und Innenräume 2021
(2) Werden Grundleistungen für Innenräume in Gebäuden, die neu gebaut, wiederaufgebaut, erweitert oder umgebaut werden, einem Auftragnehmer übertragen, dem auch Grundleistungen für dieses Gebäude nach § 34 übertragen werden, so sind die Grundleistungen für Innenräume im Rahmen der festgesetzten Mindest- und Höchstsätze bei der Vereinbarung des Honorars für die Grundleistungen am Gebäude zu berücksichtigen. Ein gesondertes Honorar nach § 11 Absatz 1 darf für die Grundleistungen für Innenräume nicht berechnet werden.	(2) Werden Grundleistungen für Innenräume in Gebäuden, die neu gebaut, wiederaufgebaut, erweitert oder umgebaut werden, einem Auftragnehmer übertragen, dem auch Grundleistungen für dieses Gebäude nach § 34 übertragen werden, so sind die Grundleistungen für Innenräume bei der Vereinbarung des Honorars für die Grundleistungen am Gebäude zu berücksichtigen. Ein gesondertes Honorar nach § 11 Absatz 1 darf für die Grundleistungen für Innenräume nicht berechnet werden.

Amtliche Begründung

Zu Nummer 22

Infolge des Wegfalls der verbindlichen Mindest- und Höchsthonorarsätze werden die entsprechenden Begrifflichkeiten in § 37 Absatz 2 Satz 1 gestrichen.

Kurzkommentar

Aus der Amtlichen Begründung geht hervor, dass der Verordnungsgeber mit der Änderung in § 37 HOAI an sich nur berücksichtigen wollte, dass der Bezug auf den „Rahmen der festgesetzten Mindest- und Höchstsätze“ im Text nicht mehr auftaucht, weil es diesen Rahmen mangels verbindlicher Mindest- und Höchstsätze zukünftig nicht mehr gibt.

Dies scheint insgesamt zwar gut gemeint, ist aber zu kurz gedacht. Denn in der Regelung des § 37 HOAI 2021 bleibt der Hinweis darauf enthalten, dass ein gesondertes Honorar für die Grundleistungen der Innenraumplanung nicht berechnet werden dürfe, wenn diese mit Grundleistungen der Objektplanung für Gebäude zusammen beauftragt werden. Dies kann nur noch dann gelten, wenn die HOAI anwendbar ist, weil eine Honorarvereinbarung in Textform fehlt oder der neuen Hinweispflicht des § 7 Abs. 2 HOAI 2021 nicht hinreichend nachgekommen wurde.

Geht man jedoch davon aus, dass beides korrekt erfolgt ist und die HOAI nur noch Empfehlung und Orientierungshilfe sein soll, so ist an sich auch dieser Teil der Vorschrift überholt, aber in der Neufassung dennoch erhalten geblieben. Die Vertragsparteien tun also gut daran, auch in diesem Punkt klare vertragliche Regelungen zu treffen.

§ 40	**Honorare für Grundleistungen bei Freianlagen 2013**	**§ 40**	**Honorare für Grundleistungen bei Freianlagen 2021**
(1)	Die Mindest- und Höchstsätze der Honorare für die in § 39 und der Anlage 11 Nummer 11.1 aufgeführten Grundleistungen für Freianlagen sind in der folgenden Honorartafel festgesetzt: […]	(1)	Für die in § 39 und der Anlage 11 Nummer 11.1 genannten Grundleistungen für Freianlagen sind die in der nachstehenden Honorartafel aufgeführten Honorarspannen Orientierungswerte: […]

Amtliche Begründung

Zu Nummer 23

Siehe die Begründung zu Nummer 14 Buchstabe a.

§ 43	**Leistungsbild Ingenieurbauwerke 2013**	**§ 43**	**Leistungsbild Ingenieurbauwerke 2021**
(3)	Die Vertragsparteien können abweichend von Absatz 1 schriftlich vereinbaren, dass […].	(3)	Die Vertragsparteien können abweichend von Absatz 1 in Textform vereinbaren, dass […]

Amtliche Begründung

Zu Nummer 31[94]

Folgeänderungen wegen der geänderten Formanforderungen an die Honorarvereinbarung.

94 Einfügen der Worte „in Textform“ in § 43 Abs. 3 HOAI 2021

§ 44 Honorare für Grundleistungen bei Ingenieurbauwerken 2013	§ 44 Honorare für Grundleistungen bei Ingenieurbauwerken 2021
(1) Die Mindest- und Höchstsätze der Honorare für die in § 43 und der Anlage 12 Nummer 12.1 aufgeführten Grundleistungen bei Ingenieurbauwerken sind in der folgenden Honorartafel für den Anwendungsbereich des § 41 festgesetzt: […]	(1) Für die in § 43 und der Anlage 12 Nummer 12.1 genannten Grundleistungen bei Ingenieurbauwerken sind die in der nachstehenden Honorartafel aufgeführten Honorarspannen Orientierungswerte: […]
[…]	[…]
(6) Für Umbauten und Modernisierungen von Ingenieurbauwerken kann bei einem durchschnittlichen Schwierigkeitsgrad ein Zuschlag gemäß § 6 Absatz 2 Satz 3 bis 33 Prozent schriftlich vereinbart werden.	(6) Für Umbauten und Modernisierungen von Ingenieurbauwerken kann bei einem durchschnittlichen Schwierigkeitsgrad ein Zuschlag gemäß § 6 Absatz 2 Satz 3 bis 33 Prozent in Textform vereinbart werden.
(7) Steht der Planungsaufwand für Ingenieurbauwerke mit großer Längenausdehnung, die unter gleichen baulichen Bedingungen errichtet werden, in einem Missverhältnis zum ermittelten Honorar, ist § 7 Absatz 3 anzuwenden.	

Amtliche Begründung

Zu Nummer 24

Zu Buchstabe a[95]

Siehe die Begründung zu Nummer 14 Buchstabe a.

Zu Buchstabe b[96]

Da die HOAI kein verbindliches Preisrecht mehr enthält und die Honorare frei vereinbar sind, bedarf es der bisherigen Regelung in § 44 Absatz 7 nicht mehr, die die Möglichkeit eröffnete, in bestimmten Fällen ein geringeres Honorar zu vereinbaren als es die Anwendung der Honorarermittlungsregelungen ergeben hätte.

Zu Nummer 31[97]

Folgeänderungen wegen der geänderten Formanforderungen an die Honorarvereinbarung.

95 Änderung in § 44 Abs. 1 HOAI 2021

96 Aufhebung des § 44 Abs. 7 HOAI 2013

97 Einfügen der Worte „in Textform“ in § 44 Abs. 6 HOAI 2021

§ 46 Besondere Grundlagen des Honorars 2013	§ 46 Besondere Grundlagen des Honorars 2021
(5) Die nach den Absätzen 1 bis 4 ermittelten Kosten sind für Grundleistungen des § 47 Absatz 1 Satz 2 Nummer 1 bis 7 und 9 1. bei Straßen, die mehrere durchgehende Fahrspuren mit einer gemeinsamen Entwurfsachse und einer gemeinsamen Entwurfsgradiente haben, wie folgt anteilig anrechenbar: a) bei dreistreifigen Straßen zu 85 Prozent, b) bei vierstreifigen Straßen zu 70 Prozent und c) bei mehr als vierstreifigen Straßen zu 60 Prozent, 2. bei Gleis- und Bahnsteiganlagen, die zwei Gleise mit einem gemeinsamen Planum haben, zu 90 Prozent anrechenbar. Das Honorar für Gleis- und Bahnsteiganlagen mit mehr als zwei Gleisen oder Bahnsteigen kann frei vereinbart werden.	(5) Die nach den Absätzen 1 bis 4 ermittelten Kosten sind für Grundleistungen des § 47 Absatz 1 Satz 2 Nummer 1 bis 7 und 9 1. bei Straßen, die mehrere durchgehende Fahrspuren mit einer gemeinsamen Entwurfsachse und einer gemeinsamen Entwurfsgradiente haben, wie folgt anteilig anrechenbar: a) bei dreistreifigen Straßen zu 85 Prozent, b) bei vierstreifigen Straßen zu 70 Prozent und c) bei mehr als vierstreifigen Straßen zu 60 Prozent, 2. bei Gleis- und Bahnsteiganlagen, die zwei Gleise mit einem gemeinsamen Planum haben, zu 90 Prozent anrechenbar. Das Honorar für Gleis- und Bahnsteiganlagen mit mehr als zwei Gleisen oder Bahnsteigen kann abweichend von den Grundsätzen des Satzes 1, der Absätze 1 bis 4 und der §§ 47 und 48 vereinbart werden.

Amtliche Begründung

Zu Nummer 25

Siehe die Begründung zu Nummer 14 Buchstabe b.

§ 48 Honorare für Grundleistungen bei Verkehrsanlagen 2013	§ 48 Honorare für Grundleistungen bei Verkehrsanlagen 2021
(1) Die Mindest- und Höchstsätze der Honorare für die in § 47 und der Anlage 13 Nummer 13.1 aufgeführten Grundleistungen bei Verkehrsanlagen sind in der folgenden Honorartafel für den Anwendungsbereich des § 45 festgesetzt: […]	(1) Für die in § 47 und der Anlage 13 Nummer 13.1 genannten Grundleistungen bei Verkehrsanlagen sind die in der nachstehenden Honorartafel aufgeführten Honorarspannen Orientierungswerte: […]
[…]	[…]
(6) Für Umbauten und Modernisierungen von Verkehrsanlagen kann bei einem durchschnittlichen Schwierigkeitsgrad ein Zuschlag gemäß § 6 Absatz 2 Satz 3 bis 33 Prozent schriftlich vereinbart werden.	(6) Für Umbauten und Modernisierungen von Verkehrsanlagen kann bei einem durchschnittlichen Schwierigkeitsgrad ein Zuschlag gemäß § 6 Absatz 2 Satz 3 bis 33 Prozent in Textform vereinbart werden.

Amtliche Begründung

Zu Nummer 26[98]

Siehe die Begründung zu Nummer 14 Buchstabe a.

Zu Nummer 31[99]

Folgeänderungen wegen der geänderten Formanforderungen an die Honorarvereinbarung.

98 Änderung in § 48 Abs. 1 HOAI 2021

99 Einfügen der Worte „in Textform“ in § 48 Abs. 6 HOAI 2021

Teil 4 Fachplanung

HOAI 2013		HOAI 2021	
§ 50	**Besondere Grundlagen des Honorars 2013**	**§ 50**	**Besondere Grundlagen des Honorars 2021**
(2)	Die Vertragsparteien können bei Gebäuden mit einem hohen Anteil an Kosten der Gründung und der Tragkonstruktionen schriftlich vereinbaren, dass die anrechenbaren Kosten abweichend von Absatz 1 nach Absatz 3 ermittelt werden.	(2)	Die Vertragsparteien können bei Gebäuden mit einem hohen Anteil an Kosten der Gründung und der Tragkonstruktionen in Textform vereinbaren, dass die anrechenbaren Kosten abweichend von Absatz 1 nach Absatz 3 ermittelt werden.

Amtliche Begründung

Zu Nummer 31[100]

Folgeänderungen wegen der geänderten Formanforderungen an die Honorarvereinbarung.

§ 52	**Honorare für Grundleistungen bei Tragwerksplanungen 2013**	**§ 52**	**Honorare für Grundleistungen bei Tragwerksplanungen 2021**
(1)	Die Mindest- und Höchstsätze der Honorare für die in § 51 und der Anlage 14 Nummer 14.1 aufgeführten Grundleistungen der Tragwerksplanungen sind in der folgenden Honorartafel festgesetzt: […]	(1)	Für die in § 51 und der Anlage 14 Nummer 14.1 genannten Grundleistungen der Tragwerksplanungen sind die in der nachstehenden Honorartafel aufgeführten Honorarspannen Orientierungswerte: […]
[…]		[…]	
(4)	Für Umbauten und Modernisierungen kann bei einem durchschnittlichen Schwierigkeitsgrad ein Zuschlag gemäß § 6 Absatz 2 Satz 3 bis 50 Prozent schriftlich vereinbart werden.	(4)	Für Umbauten und Modernisierungen kann bei einem durchschnittlichen Schwierigkeitsgrad ein Zuschlag gemäß § 6 Absatz 2 Satz 3 bis 50 Prozent in Textform vereinbart werden.
(5)	Steht der Planungsaufwand für Tragwerke bei Ingenieurbauwerken mit großer Längenausdehnung, die unter gleichen baulichen Bedingungen errichtet werden, in einem Missverhältnis zum ermittelten Honorar, ist § 7 Absatz 3 anzuwenden.		

100 Einfügen der Worte „in Textform" in § 50 Abs. 2 HOAI 2021

Amtliche Begründung

Zu Nummer 27

Zu Buchstabe a[101]

Siehe die Begründung zu Nummer 14 Buchstabe a.

Zu Buchstabe b[102]

Siehe die Begründung zu Nummer 24 Buchstabe b.

Zu Nummer 31[103]

Folgeänderungen wegen der geänderten Formanforderungen an die Honorarvereinbarung.

§ 54 Besondere Grundlagen des Honorars 2013	§ 54 Besondere Grundlagen des Honorars 2021
(5) Werden Teile der Technischen Ausrüstung in Baukonstruktionen ausgeführt, so können die Vertragsparteien schriftlich vereinbaren, dass die Kosten hierfür ganz oder teilweise zu den anrechenbaren Kosten gehören. Satz 1 ist entsprechend für Bauteile der Kostengruppe Baukonstruktionen anzuwenden, deren Abmessung oder Konstruktion durch die Leistung der Technischen Ausrüstung wesentlich beeinflusst wird.	(5) Werden Teile der Technischen Ausrüstung in Baukonstruktionen ausgeführt, so können die Vertragsparteien in Textform vereinbaren, dass die Kosten hierfür ganz oder teilweise zu den anrechenbaren Kosten gehören. Satz 1 ist entsprechend für Bauteile der Kostengruppe Baukonstruktionen anzuwenden, deren Abmessung oder Konstruktion durch die Leistung der Technischen Ausrüstung wesentlich beeinflusst wird.

Amtliche Begründung

Zu Nummer 31[104]

Folgeänderungen wegen der geänderten Formanforderungen an die Honorarvereinbarung.

---

101 Änderung in § 52 Abs. 1 HOAI 2021

102 Aufhebung des § 52 Abs. 5 HOAI 2013

103 Einfügen der Worte „in Textform" in § 52 Abs. 4 HOAI 2021

104 Einfügen der Worte „in Textform" in § 54 Abs. 5 HOAI 2021

§ 56 Honorare für Grundleistungen der Technischen Ausrüstung 2013	§ 56 Honorare für Grundleistungen der Technischen Ausrüstung 2021
(1) Die Mindest- und Höchstsätze der Honorare für die in § 55 und der Anlage 15.1 aufgeführten Grundleistungen bei einzelnen Anlagen sind in der folgenden Honorartafel festgesetzt: […]	(1) Für die in § 55 und der Anlage 15 Nummer 15.1 genannten Grundleistungen bei einzelnen Anlagen sind die in der nachstehenden Honorartafel aufgeführten Honorarspannen Orientierungswerte: […]
[…]	[…]
(5) Für Umbauten und Modernisierungen kann bei einem durchschnittlichen Schwierigkeitsgrad ein Zuschlag gemäß § 6 Absatz 2 Satz 3 bis 50 Prozent schriftlich vereinbart werden.	(5) Für Umbauten und Modernisierungen kann bei einem durchschnittlichen Schwierigkeitsgrad ein Zuschlag gemäß § 6 Absatz 2 Satz 3 bis 50 Prozent in Textform vereinbart werden.
(6) Steht der Planungsaufwand für die Technische Ausrüstung von Ingenieurbauwerken mit großer Längenausdehnung, die unter gleichen baulichen Bedingungen errichtet werden, in einem Missverhältnis zum ermittelten Honorar, ist § 7 Absatz 3 anzuwenden.	

Amtliche Begründung

Zu Nummer 28

Zu Buchstabe a[105]

Siehe die Begründung zu Nummer 14 Buchstabe a.

Zu Buchstabe b[106]

Siehe die Begründung zu Nummer 24 Buchstabe b.

Zu Nummer 31[107]

Folgeänderungen wegen der geänderten Formanforderungen an die Honorarvereinbarung.

---

105 Änderung in § 56 Abs. 1 HOAI 2021

106 Aufhebung des § 56 Abs. 6 HOAI 2013

107 Einfügen der Worte „in Textform“ in § 56 Abs. 5 HOAI 2021

Teil 5 Übergangs- und Schlussvorschriften

HOAI 2013	HOAI 2021
§ 57 Übergangsvorschrift 2013	**§ 57 Übergangsvorschrift 2021**
Diese Verordnung ist nicht auf Grundleistungen anzuwenden, die vor ihrem Inkrafttreten vertraglich vereinbart wurden; insoweit bleiben die bisherigen Vorschriften anwendbar.	(1) Diese Verordnung ist nicht auf Grundleistungen anzuwenden, die vor dem 17. Juli 2013 vertraglich vereinbart wurden; insoweit bleiben die bisherigen Vorschriften anwendbar.
	(2) Die durch die Erste Verordnung zur Änderung der Honorarordnung für Architekten und Ingenieure vom 2. Dezember 2020 (BGBl. I S. 2636) geänderten Vorschriften sind erst auf diejenigen Vertragsverhältnisse anzuwenden, die nach Ablauf des 31. Dezember 2020 begründet worden sind.

Amtliche Begründung

Zu Nummer 29

Zu Buchstabe a[108]

Absatz 1 enthält die Übergangsvorschrift, die sich auf die im Jahr 2013 in Kraft getretene HOAI-Novelle bezieht. Da mit dieser Änderungsverordnung weitere Anpassungen vorgenommen werden, wird durch Einfügung des Datums des Inkrafttretens der vorherigen Novelle klargestellt, auf welche vertraglich vereinbarten Grundleistungen sich die Vorschrift des Absatzes 1 bezieht.

Zu Buchstabe b[109]

Um für die Rechtsanwender Rechtssicherheit zu gewährleisten, wird der Zeitpunkt des Inkrafttretens der vorliegenden Änderungsverordnung auf den 1. Januar 2021 festgesetzt. Absatz 2 regelt, dass die durch die vorliegende Änderungsverordnung geänderten Regelungen der HOAI auf diejenigen Vertragsverhältnisse anzuwenden sind, die ab dem Zeitpunkt des Inkrafttretens erstmalig begründet wurden.

Kurzkommentar

Sowohl die Regelung des § 57 HOAI 2021 als auch die entsprechende Amtliche Begründung sind nicht sonderlich glücklich formuliert.

Nach § 57 Absatz 1 HOAI 2021 sind für Vertragsverhältnisse, die vor dem 17.07.2013 vertraglich vereinbart wurden, „die bisherigen Regelungen“ anwendbar. Dies kann aber, ungeachtet des insoweit verwirrenden Textes der Amtlichen Begründung, nur bedeuten, dass für diese Vertragsverhältnisse die HOAI 2009 Gültigkeit hat.

---

108 Änderung in § 57 Abs. 1 HOAI 2021

109 Ergänzung durch § 57 Abs. 2 HOAI 2021

Diejenigen Vertragsverhältnisse, die nach diesem Stichtag des 17.07.2013 bis zum 31.12.2020 begründet wurden, liegen im zeitlichen Anwendungsbereich der HOAI 2013, d. h., die mit der jetzigen Überarbeitung geänderten Vorschriften finden hier keine Anwendung.

Die Diskussion darüber, inwieweit diese beiden HOAI-Fassungen nach dem Urteil des EuGH vom 04.07.2019 aus europarechtlichen Gründen noch angewendet dürfen oder nicht, führte an dieser Stelle zu weit und muss an anderer Stelle abschließend ausgehandelt werden.[110]

Die HOAI in der nun vorliegenden neuen Fassung von 2021 ist für diejenigen Vertragsverhältnisse maßgeblich, die nach Ablauf des 31.12.2020 geschlossen wurden und werden.

---

[110] Hierüber wird in der Literatur und Rechtsprechung umfangreich kontrovers diskutiert. Der Bundesgerichtshof hat diese Frage inzwischen zur Klärung an den Europäischen Gerichtshof weitergereicht, vgl. BGH, Beschluss vom 14.05.2020 – VII ZR 174/19.

Anlage 1 Weitere Fachplanungs- und Beratungsleistungen

HOAI 2013 **HOAI 2021**

Anlage 1 (zu § 3 Absatz 1) **Beratungsleistungen 2013**	**Anlage 1 (zu § 3 Absatz 1)** **Weitere Fachplanungs- und Beratungsleistungen 2021**
1.1.1 Leistungsbild Umweltverträglichkeitsstudie 2013	**1.1.1 Leistungsbild Umweltverträglichkeitsstudie 2021**
(1) Die Grundleistungen bei Umweltverträglichkeitsstudien können in vier Leistungsphasen unterteilt und wie folgt in Prozentsätzen der Honorare in Nummer 1.1.2 bewertet werden. Die Bewertung der Leistungsphasen der Honorare erfolgt 1. für die Leistungsphase 1 (Klären der Aufgabenstellung und Ermitteln des Leistungsumfangs) mit 3 Prozent, 2. für die Leistungsphase 2 (Grundlagenermittlung) mit 37 Prozent, 3. für die Leistungsphase 3 (Vorläufige Fassung) mit 50 Prozent, 4. für die Leistungsphase 4 (Abgestimmte Fassung) mit 10 Prozent.	(1) Die Grundleistungen bei Umweltverträglichkeitsstudien sind in vier Leistungsphasen unterteilt und werden wie folgt in Prozentsätzen der Honorare in Nummer 1.1.2. bewertet: 1. für die Leistungsphase 1 (Klären der Aufgabenstellung und Ermitteln des Leistungsumfangs) mit 3 Prozent, 2. für die Leistungsphase 2 (Grundlagenermittlung) mit 37 Prozent, 3. für die Leistungsphase 3 (Vorläufige Fassung) mit 50 Prozent, 4. für die Leistungsphase 4 (Abgestimmte Fassung) mit 10 Prozent.
(2) Das Leistungsbild kann sich wie folgt zusammensetzen: […]	(2) Das Leistungsbild setzt sich wie folgt zusammen: […]

Amtliche Begründung

Zu Nummer 30

Zu Buchstabe a[111]

Durch die Erweiterung der Überschrift soll eine Klarstellung hinsichtlich der Art der von der Anlage 1 erfassten Leistungen erfolgen. Die Leistungsbilder der Anlage 1 werden systematisch den Leistungsbildern der Teile 2 bis 4 gleichgestellt (siehe auch die Begründung zu Nummer 3), entsprechend wird in Regelungen der Allgemeinen Vorschriften des Teils 1 auf sie Bezug genommen.

Zu Buchstabe b

Zu Doppelbuchstabe aa[112]

Die Änderungen in der Formulierung dienen der Gleichstellung der Leistungen der Anlage 1 mit den übrigen Grundleistungen.

---

111 Änderung der Überschrift der Anlage 1

112 Änderung in Nummer 1.1.1 Abs. 1 HOAI 2021

Zu Doppelbuchstabe bb[113]

Siehe die Begründung zu Nummer 30 Buchstabe b Doppelbuchstabe aa.

1.1.2 Honorare für Grundleistungen bei Umweltverträglichkeitsstudien 2013	**1.1.2 Honorare für Grundleistungen bei Umweltverträglichkeitsstudien 2021**
(1) Die Mindest- und Höchstsätze der Honorare für die in Nummer 1.1.1 aufgeführten Grundleistungen bei Umweltverträglichkeitsstudien können anhand der folgenden Honorartafel bestimmt werden: […]	(1) Für die in Nummer 1.1.1 genannten Grundleistungen bei Umweltverträglichkeitsstudien sind die in der nachstehenden Honorartafel aufgeführten Honorarspannen Orientierungswerte: […]
(2) Das Honorar für die Erstellung von Umweltverträglichkeitsstudien kann nach der Gesamtfläche des Untersuchungsraums in Hektar und nach der Honorarzone berechnet werden.	(2) Das Honorar für die Erstellung von Umweltverträglichkeitsstudien berechnet sich nach der Gesamtfläche des Untersuchungsraumes in Hektar und nach der Honorarzone.
(3) Umweltverträglichkeitsstudien können folgenden Honorarzonen zugeordnet werden: […]	(3) Umweltverträglichkeitsstudien sind folgenden Honorarzonen zuzuordnen: […]
(4) Die Zuordnung zu den Honorarzonen kann anhand folgender Bewertungsmerkmale für zu erwartende nachteilige Auswirkungen auf die Umwelt ermittelt werden: […]	(4) Die Zuordnung zu den Honorarzonen ist anhand folgender Bewertungsmerkmale für zu erwartende nachteilige Auswirkungen auf die Umwelt zu ermitteln: […]
(5) Sind für eine Umweltverträglichkeitsstudie Bewertungsmerkmale aus mehreren Honorarzonen anwendbar und bestehen deswegen Zweifel, welcher Honorarzone die Umweltverträglichkeitsstudie zugeordnet werden kann, kann die Anzahl der Bewertungspunkte nach Absatz 4 ermittelt werden; die Umweltverträglichkeitsstudie kann nach der Summe der Bewertungspunkte folgenden Honorarzonen zugeordnet werden: […]	(5) Sind für eine Umweltverträglichkeitsstudie Bewertungsmerkmale aus mehreren Honorarzonen anwendbar und bestehen deswegen Zweifel, welcher Honorarzone die Umweltverträglichkeitsstudie zugeordnet werden kann, ist die Anzahl der Bewertungspunkte nach Absatz 4 zu ermitteln; die Umweltverträglichkeitsstudie ist nach der Summe der Bewertungspunkte folgenden Honorarzonen zuzuordnen: […]
(6) Bei der Zuordnung einer Umweltverträglichkeitsstudie zu den Honorarzonen können nach dem Schwierigkeitsgrad der Anforderungen die Bewertungsmerkmale wie folgt gewichtet werden: […]	(6) Bei der Zuordnung einer Umweltverträglichkeitsstudie zu den Honorarzonen werden nach dem Schwierigkeitsgrad der Anforderungen die Bewertungsmerkmale wie folgt gewichtet: […]
(7) Wird die Größe des Untersuchungsraums während der Leistungserbringung geändert, so kann das Honorar für die Leistungsphasen, die bis zur Änderung noch nicht erbracht sind, nach der geänderten Größe des Untersuchungsraums berechnet werden.	(7) Wird die Größe des Untersuchungsraums während der Leistungserbringung geändert, so ist das Honorar für die Leistungsphasen, die bis zur Änderung noch nicht erbracht sind, nach der geänderten Größe des Untersuchungsraums zu berechnen.

113 Änderung in Nummer 1.1.1 Abs. 2 HOAI 2021

Amtliche Begründung

Zu Nummer 30

Zu Buchstabe c

Zu Doppelbuchstabe aa[114]

Die Leistungen der Anlage 1 werden den übrigen Grundleistungen gleichgestellt. Deshalb gilt auch für die Leistungen der Anlage 1, dass die Honorartafeln künftig Honorarspannen als Orientierungswerte enthalten.

Zu Doppelbuchstabe bb[115]

Siehe die Begründung zu Nummer 30 Buchstabe b Doppelbuchstabe aa.

Zu Doppelbuchstabe cc[116]

Siehe die Begründung zu Nummer 30 Buchstabe b Doppelbuchstabe aa.

Zu Doppelbuchstabe dd[117]

Siehe die Begründung zu Nummer 30 Buchstabe b Doppelbuchstabe aa.

Zu Doppelbuchstabe ee[118]

Siehe die Begründung zu Nummer 30 Buchstabe b Doppelbuchstabe aa.

Zu Doppelbuchstabe ff[119]

Siehe die Begründung zu Nummer 30 Buchstabe b Doppelbuchstabe aa.

Zu Doppelbuchstabe gg[120]

Siehe die Begründung zu Nummer 30 Buchstabe b Doppelbuchstabe aa.

---

114 Änderung in Nummer 1.1.2 Abs. 1 HOAI 2021
115 Änderung in Nummer 1.1.2 Abs. 2 HOAI 2021
116 Änderung in Nummer 1.1.2 Abs. 3 HOAI 2021
117 Änderung in Nummer 1.1.2 Abs. 4 HOAI 2021
118 Änderung in Nummer 1.1.2 Abs. 5 HOAI 2021
119 Änderung in Nummer 1.1.2 Abs. 6 HOAI 2021
120 Änderung in Nummer 1.1.2 Abs. 7 HOAI 2021

1.2.1 Anwendungsbereich 2013	1.2.1 Anwendungsbereich 2021
(1) Zu den Grundleistungen für Bauphysik können gehören: […]	(1) Zu den Grundleistungen für Bauphysik gehören: […]
(2) Wärmeschutz und Energiebilanzierung kann den Wärmeschutz von Gebäuden und Ingenieurbauwerken und die fachübergreifende Energiebilanzierung umfassen.	(2) Wärmeschutz und Energiebilanzierung umfassen den Wärmeschutz von Gebäuden und Ingenieurbauwerken und die fachübergreifende Energiebilanzierung.
(3) Die Bauakustik kann den Schallschutz von Objekten zur Erreichung eines regelgerechten Luft- und Trittschallschutzes und zur Begrenzung der von außen einwirkenden Geräusche sowie der Geräusche von Anlagen der Technischen Ausrüstung umfassen. Dazu kann auch der Schutz der Umgebung vor schädlichen Umwelteinwirkungen durch Lärm (Schallimmissionsschutz) gehören.	(3) Die Bauakustik umfasst den Schallschutz von Objekten zur Erreichung eines regelgerechten Luft- und Trittschallschutzes und zur Begrenzung der von außen einwirkenden Geräusche sowie der Geräusche von Anlagen der Technischen Ausrüstung. Dazu gehört auch der Schutz der Umgebung vor schädlichen Umwelteinwirkungen durch Lärm (Schallimmissionsschutz).
(4) Die Raumakustik kann die Beratung zu Räumen mit besonderen raumakustischen Anforderungen umfassen.	(4) Die Raumakustik umfasst die Beratung zu Räumen mit besonderen raumakustischen Anforderungen.

Amtliche Begründung

Zu Nummer 30

Zu Buchstabe d

Zu Doppelbuchstabe aa[121]

Siehe die Begründung zu Nummer 30 Buchstabe b Doppelbuchstabe aa.

Zu Doppelbuchstabe bb[122]

Siehe die Begründung zu Nummer 30 Buchstabe b Doppelbuchstabe aa.

Zu Doppelbuchstabe cc[123]

Siehe die Begründung zu Nummer 30 Buchstabe b Doppelbuchstabe aa.

Zu Doppelbuchstabe dd[124]

Siehe die Begründung zu Nummer 30 Buchstabe b Doppelbuchstabe aa.

---

121 Änderung in Nummer 1.2.1 Abs. 1 HOAI 2021

122 Änderung in Nummer 1.2.1 Abs. 2 HOAI 2021

123 Änderung in Nummer 1.2.1 Abs. 3 HOAI 2021

124 Änderung in Nummer 1.2.1 Abs. 4 HOAI 2021

1.2.2 Leistungsbild Bauphysik 2013	1.2.2 Leistungsbild Bauphysik 2021
(1) Die Grundleistungen für Bauphysik können in sieben Leistungsphasen unterteilt und wie folgt in Prozentsätzen der Honorare in Nummer 1.2.3 bewertet werden: […]	(1) Die Grundleistungen für Bauphysik sind in sieben Leistungsphasen unterteilt und werden wie folgt in Prozentsätzen der Honorare in Nummer 1.2.3 bewertet: […]
(2) Das Leistungsbild kann sich wie folgt zusammensetzen: […]	(2) Das Leistungsbild setzt sich wie folgt zusammen: […]

Amtliche Begründung

Zu Nummer 30

Zu Buchstabe e

Zu Doppelbuchstabe aa[125]

Siehe die Begründung zu Nummer 30 Buchstabe b Doppelbuchstabe aa.

Zu Doppelbuchstabe bb[126]

Siehe die Begründung zu Nummer 30 Buchstabe b Doppelbuchstabe aa.

1.2.3 Honorare für Grundleistungen für Wärmeschutz und Energiebilanzierung 2013	1.2.3 Honorare für Grundleistungen für Wärmeschutz und Energiebilanzierung 2021
(1) Das Honorar für die Grundleistungen nach Nummer 1.2.2 Absatz 2 kann sich nach den anrechenbaren Kosten des Gebäudes gemäß § 33 nach der Honorarzone nach § 35, der das Gebäude zuzuordnen ist, und nach der Honorartafel in Absatz 2 richten.	(1) Das Honorar für die Grundleistungen nach Nummer 1.2.2 Absatz 2 richtet sich nach den anrechenbaren Kosten des Gebäudes gemäß § 33, nach der Honorarzone nach § 35, der das Gebäude zuzuordnen ist und nach der Honorartafel in Absatz 2.
(2) Die Mindest- und Höchstsätze der Honorare für die in Nummer 1.2.2 Absatz 2 aufgeführten Grundleistungen für Wärmeschutz und Energiebilanzierung können anhand der folgenden Honorartafel bestimmt werden: […]	(2) Für die in Nummer 1.2.2 Absatz 2 genannten Grundleistungen für Wärmeschutz und Energiebilanzierung sind die in der nachstehenden Honorartafel aufgeführten Honorarspannen Orientierungswerte: […]
(3) Für Umbauten und Modernisierungen kann bei einem durchschnittlichen Schwierigkeitsgrad ein Zuschlag bis 33 Prozent auf das Honorar schriftlich vereinbart werden.	(3) Für Umbauten und Modernisierungen kann bei einem durchschnittlichen Schwierigkeitsgrad ein Zuschlag gemäß § 6 Absatz 2 Satz 3 bis 33 Prozent auf das Honorar in Textform vereinbart werden.

125 Änderung in Nummer 1.2.2 Abs. 1 HOAI 2021

126 Änderung in Nummer 1.2.2 Abs. 2 HOAI 2021

Amtliche Begründung

Zu Nummer 30

Zu Buchstabe f

Zu Doppelbuchstabe aa[127]

Siehe die Begründung zu Nummer 30 Buchstabe b Doppelbuchstabe aa.

Zu Doppelbuchstabe bb[128]

Siehe die Begründung zu Nummer 30 Buchstabe c Doppelbuchstabe aa.

Zu Doppelbuchstabe cc[129]

Klarstellende Verweisung.

Zu Nummer 31[130]

Folgeänderungen wegen der geänderten Formanforderungen an die Honorarvereinbarung.

---

127 Änderung in Nummer 1.2.3 Abs. 1 HOAI 2021

128 Änderung in Nummer 1.2.3 Abs. 2 HOAI 2021

129 Änderung in Nummer 1.2.3 Abs. 3 HOAI 2021, hier der Einschub „gemäß § 6 Absatz 2 Satz 3“

130 Einfügen der Worte „in Textform“ in Nummer 1.2.3 Abs. 3 HOAI 2021

	1.2.4 Honorare für Grundleistungen der Bauakustik 2013		1.2.4 Honorare für Grundleistungen der Bauakustik 2021
(1)	Die Kosten für Baukonstruktionen und Anlagen der Technischen Ausrüstung können zu den anrechenbaren Kosten gehören. Der Umfang der mitzuverarbeitenden Bausubstanz kann angemessen berücksichtigt werden.	(1)	Für Grundleistungen der Bauakustik sind die Kosten für Baukonstruktionen und Anlagen der Technischen Ausrüstung anrechenbar. Der Umfang der mitzuverarbeitenden Bausubstanz kann angemessen berücksichtigt werden.
[...]		[...]	
(3)	Die Mindest- und Höchstsätze der Honorare für die in Nummer 1.2.2 Absatz 2 aufgeführten Grundleistungen der Bauakustik können anhand der folgenden Honorartafel bestimmt werden: [...]	(3)	Für die in Nummer 1.2.2 Absatz 2 genannten Grundleistungen der Bauakustik sind die in der nachstehenden Honorartafel aufgeführten Honorarspannen Orientierungswerte: [...]
(4)	Für Umbauten und Modernisierungen kann bei einem durchschnittlichen Schwierigkeitsgrad ein Zuschlag bis 33 Prozent auf das Honorar schriftlich vereinbart werden.	(4)	Für Umbauten und Modernisierungen kann bei einem durchschnittlichen Schwierigkeitsgrad ein Zuschlag gemäß § 6 Absatz 2 Satz 3 bis 33 Prozent auf das Honorar in Textform vereinbart werden.
(5)	Die Leistungen der Bauakustik können den Honorarzonen anhand folgender Bewertungsmerkmale zugeordnet werden: [...]	(5)	Die Leistungen der Bauakustik werden den Honorarzonen anhand folgender Bewertungsmerkmale zugeordnet: [...]
(6)	§ 52 Absatz 3 kann sinngemäß angewendet werden.	(6)	§ 52 Absatz 3 ist sinngemäß anzuwenden.
(7)	Objektliste für die Bauakustik Die nachstehend aufgeführten Innenräume können in der Regel den Honorarzonen wie folgt zugeordnet werden: [...]	(7)	Objektliste für die Bauakustik Die nachstehend aufgeführten Innenräume werden in der Regel den Honorarzonen wie folgt zugeordnet: [...]

Amtliche Begründung

Zu Nummer 30

Zu Buchstabe g

Zu Doppelbuchstabe aa[131]

Siehe die Begründung zu Nummer 30 Buchstabe b Doppelbuchstabe aa. Die Formulierung des Satzes 2 wurde beibehalten, um klarzustellen, dass im jeweiligen Einzelfall zu klären ist, ob und inwieweit die mitzuverarbeitende Bausubstanz berücksichtigt wird.

Zu Doppelbuchstabe bb[132]

Siehe die Begründung zu Nummer 30 Buchstabe c Doppelbuchstabe aa.

---

131 Änderung in Nummer 1.2.4 Abs. 1 HOAI 2021

132 Änderung in Nummer 1.2.4 Abs. 3 HOAI 2021

Zu Doppelbuchstabe cc[133]

Klarstellende Verweisung.

Zu Doppelbuchstabe dd[134]

Siehe die Begründung zu Nummer 30 Buchstabe b Doppelbuchstabe aa.

Zu Doppelbuchstabe ee[135]

Siehe die Begründung zu Nummer 30 Buchstabe b Doppelbuchstabe aa.

Zu Doppelbuchstabe ff[136]

Siehe die Begründung zu Nummer 30 Buchstabe b Doppelbuchstabe aa.

Zu Nummer 31[137]

Folgeänderungen wegen der geänderten Formanforderungen an die Honorarvereinbarung.

---

133 Änderung in Nummer 1.2.4 Abs. 4 HOAI 2021, hier Einschub „gemäß § 6 Absatz 2 Satz 3“

134 Änderung in Nummer 1.2.4 Abs. 5 HOAI 2021

135 Änderung in Nummer 1.2.4 Abs. 6 HOAI 2021

136 Änderung in Nummer 1.2.4 Abs. 7 HOAI 2021

137 Einfügen der Worte „in Textform“ in Nummer 1.2.4 Abs. 4 HOAI 2021

1.2.5 Honorare für Grundleistungen der Raumakustik 2013	**1.2.5 Honorare für Grundleistungen der Raumakustik 2021**
(1) Das Honorar für jeden Innenraum, für den Grundleistungen zur Raumakustik erbracht werden, kann sich nach den anrechenbaren Kosten nach Absatz 2, nach der Honorarzone, der der Innenraum zuzuordnen ist, sowie nach der Honorartafel in Absatz 3 richten.	(1) Das Honorar für jeden Innenraum, für den Grundleistungen zur Raumakustik erbracht werden, richtet sich nach den anrechenbaren Kosten nach Absatz 2, nach der Honorarzone, der der Innenraum zuzuordnen ist, sowie nach der Honorartafel in Absatz 3.
(2) Die Kosten für Baukonstruktionen und Technische Ausrüstung sowie die Kosten für die Ausstattung (DIN 276-1:2008-12, Kostengruppe 610) des Innenraums können zu den anrechenbaren Kosten gehören. Die Kosten für die Baukonstruktionen und Technische Ausrüstung werden für die Anrechnung durch den Bruttorauminhalt des Gebäudes geteilt und mit dem Rauminhalt des Innenraums multipliziert. Der Umfang der mitzuverarbeitenden Bausubstanz kann angemessen berücksichtigt werden.	(2) Für Grundleistungen der Raumakustik sind die Kosten für Baukonstruktionen und Technische Ausrüstung sowie die Kosten für die Ausstattung (DIN 276-1:2008-12, Kostengruppe 610) des Innenraums anrechenbar. Die Kosten für die Baukonstruktionen und Technische Ausrüstung werden für die Anrechnung durch den Bruttorauminhalt des Gebäudes geteilt und mit dem Rauminhalt des Innenraums multipliziert. Der Umfang der mitzuverarbeitenden Bausubstanz kann angemessen berücksichtigt werden.
(3) Die Mindest- und Höchstsätze der Honorare für die in Nummer 1.2.2 Absatz 2 aufgeführten Grundleistungen der Raumakustik können anhand der folgenden Honorartafel bestimmt werden: […]	(3) Für die in Nummer 1.2.2 Absatz 2 genannten Grundleistungen der Raumakustik sind die in der nachstehenden Honorartafel aufgeführten Honorarspannen Orientierungswerte: […]
(4) Für Umbauten und Modernisierungen kann bei einem durchschnittlichen Schwierigkeitsgrad ein Zuschlag bis 33 Prozent auf das Honorar vereinbart werden.	(4) Für Umbauten und Modernisierungen kann bei einem durchschnittlichen Schwierigkeitsgrad ein Zuschlag gemäß § 6 Absatz 2 Satz 3 bis 33 Prozent auf das Honorar in Textform vereinbart werden.
(5) Innenräume können nach den in Absatz 6 genannten Bewertungsmerkmalen folgenden Honorarzonen zugeordnet werden: […]	(5) Innenräume werden nach den im Absatz 6 genannten Bewertungsmerkmalen folgenden Honorarzonen zugeordnet: […]
(6) Für die Zuordnung zu den Honorarzonen können folgende Bewertungsmerkmale herangezogen werden: […]	(6) Die Leistungen der Raumakustik werden den Honorarzonen anhand folgender Bewertungsmerkmale zugeordnet: […]
(7) Objektliste für die Raumakustik Die nachstehend aufgeführten Innenräume können in der Regel den Honorarzonen wie folgt zugeordnet werden: […]	(7) Objektliste für die Raumakustik Die nachstehend aufgeführten Innenräume werden in der Regel den Honorarzonen wie folgt zugeordnet: […]

Amtliche Begründung

Zu Nummer 30

Zu Buchstabe h

Zu Doppelbuchstabe aa[138]

Siehe die Begründung zu Nummer 30 Buchstabe b Doppelbuchstabe aa.

Zu Doppelbuchstabe bb[139]

Siehe die Begründung zu Nummer 30 Buchstabe b Doppelbuchstabe aa. Die Formulierung des Satzes 3 wurde beibehalten, um klarzustellen, dass im jeweiligen Einzelfall zu klären ist, ob und inwieweit die mitzuverarbeitende Bausubstanz berücksichtigt wird.

Zu Doppelbuchstabe cc[140]

Siehe die Begründung zu Nummer 30 Buchstabe c Doppelbuchstabe aa.

Zu Doppelbuchstabe dd[141]

Einfügung eines klarstellenden Verweises und Folgeänderung wegen der geänderten Formanforderungen an die Honorarvereinbarung.

Zu Doppelbuchstabe ee[142]

Siehe die Begründung zu Nummer 30 Buchstabe b Doppelbuchstabe aa.

Zu Doppelbuchstabe ff[143]

Siehe die Begründung zu Nummer 30 Buchstabe b Doppelbuchstabe aa.

Zu Doppelbuchstabe gg[144]

Siehe die Begründung zu Nummer 30 Buchstabe b Doppelbuchstabe aa.

---

138 Änderung in Nummer 1.2.5 Abs. 1 HOAI 2021

139 Änderung in Nummer 1.2.5 Abs. 2 HOAI 2021

140 Änderung in Nummer 1.2.5 Abs. 3 HOAI 2021

141 Änderung in Nummer 1.2.5 Abs. 4 HOAI 2021

142 Änderung in Nummer 1.2.5 Abs. 5 HOAI 2021

143 Änderung in Nummer 1.2.5 Abs. 6 HOAI 2021

144 Änderung in Nummer 1.2.5 Abs. 7 HOAI 2021

1.3.1 Anwendungsbereich 2013	1.3.1 Anwendungsbereich 2021
(1) Die Leistungen für Geotechnik können die Beschreibung und Beurteilung der Baugrund- und Grundwasserverhältnisse für Gebäude und Ingenieurbauwerke im Hinblick auf das Objekt und die Erarbeitung einer Gründungsempfehlung umfassen. Dazu gehört auch die Beschreibung der Wechselwirkung zwischen Baugrund und Bauwerk sowie die Wechselwirkung mit der Umgebung.	(1) Die Leistungen für Geotechnik umfassen die Beschreibung und Beurteilung der Baugrund- und Grundwasserverhältnisse für Gebäude und Ingenieurbauwerke im Hinblick auf das Objekt und die Erarbeitung einer Gründungsempfehlung. Dazu gehört auch die Beschreibung der Wechselwirkung zwischen Baugrund und Bauwerk sowie die Wechselwirkung mit der Umgebung.
(2) Die Leistungen können insbesondere das Festlegen von Baugrundkennwerten und von Kennwerten für rechnerische Nachweise zur Standsicherheit und Gebrauchstauglichkeit des Objektes, die Abschätzung zum Schwankungsbereich des Grundwassers sowie die Einordnung des Baugrunds nach bautechnischen Klassifikationsmerkmalen umfassen.	(2) Die Leistungen umfassen insbesondere das Festlegen von Baugrundkennwerten und von Kennwerten für rechnerische Nachweise zur Standsicherheit und Gebrauchstauglichkeit des Objektes, die Abschätzung zum Schwankungsbereich des Grundwassers sowie die Einordnung des Baugrunds nach bautechnischen Klassifikationsmerkmalen.

Amtliche Begründung

Zu Nummer 30

Zu Buchstabe i

Zu Doppelbuchstabe aa[145]

Siehe die Begründung zu Nummer 30 Buchstabe b Doppelbuchstabe aa.

Zu Doppelbuchstabe bb[146]

Siehe die Begründung zu Nummer 30 Buchstabe b Doppelbuchstabe aa.

145 Änderung in Nummer 1.3.1 Abs. 1 HOAI 2021

146 Änderung in Nummer 1.3.1 Abs. 2 HOAI 2021

1.3.2 Besondere Grundlagen des Honorars 2013	1.3.2 Besondere Grundlagen des Honorars 2021
(1) Das Honorar der Grundleistungen kann sich nach den anrechenbaren Kosten der Tragwerksplanung nach § 50 Absatz 1 bis 3 für das gesamte Objekt aus Bauwerk und Baugrube richten.	(1) Das Honorar der Grundleistungen richtet sich nach den anrechenbaren Kosten der Tragwerksplanung nach § 50 Absatz 1 bis 3 für das gesamte Objekt aus Bauwerk und Baugrube.
(2) Das Honorar für Ingenieurbauwerke mit großer Längenausdehnung (Linienbauwerke) kann ergänzend frei vereinbart werden.	

Amtliche Begründung

Zu Nummer 30

Zu Buchstabe j

Zu Doppelbuchstabe aa[147]

Siehe die Begründung zu Nummer 30 Buchstabe b Doppelbuchstabe aa.

Zu Doppelbuchstabe bb[148]

Siehe die Begründung zu Nummer 24 Buchstabe b.

---

147 Änderung in Nummer 1.3.2 Abs. 1 HOAI 2021

148 Aufhebung der Nummer 1.3.2 Abs. 2 HOAI 2013

1.3.3 Leistungsbild Geotechnik 2013	1.3.3 Leistungsbild Geotechnik 2021
(1) Grundleistungen können die Beschreibung und Beurteilung der Baugrund- und Grundwasserverhältnisse sowie die daraus abzuleitenden Empfehlungen für die Gründung einschließlich der Angabe der Bemessungsgrößen für eine Flächen- oder Pfahlgründung, Hinweise zur Herstellung und Trockenhaltung der Baugrube und des Bauwerks, Angaben zur Auswirkung des Bauwerks auf die Umgebung und auf Nachbarbauwerke sowie Hinweise zur Bauausführung umfassen. Die Darstellung der Inhalte kann im Geotechnischen Bericht erfolgen.	(1) Grundleistungen umfassen die Beschreibung und Beurteilung der Baugrund- und Grundwasserverhältnisse sowie die daraus abzuleitenden Empfehlungen für die Gründung einschließlich der Angabe der Bemessungsgrößen für eine Flächen- oder Pfahlgründung, Hinweise zur Herstellung und Trockenhaltung der Baugrube und des Bauwerks, Angaben zur Auswirkung des Bauwerks auf die Umgebung und auf Nachbarbauwerke sowie Hinweise zur Bauausführung. Die Darstellung der Inhalte erfolgt im Geotechnischen Bericht.
(2) Die Grundleistungen können in folgenden Teilleistungen zusammengefasst und wie folgt in Prozentsätzen der Honorare der Nummer 1.3.4 bewertet werden: […]	(2) Die Grundleistungen werden in folgenden Teilleistungen zusammengefasst und wie folgt in Prozentsätzen der Honorare der Nummer 1.3.4 bewertet: […]
(3) Das Leistungsbild kann sich wie folgt zusammensetzen: […]	(3) Das Leistungsbild setzt sich wie folgt zusammen: […]9

Amtliche Begründung

Zu Nummer 30

Zu Buchstabe k

Zu Doppelbuchstabe aa[149]

Siehe die Begründung zu Nummer 30 Buchstabe b Doppelbuchstabe aa.

Zu Doppelbuchstabe bb[150]

Siehe die Begründung zu Nummer 30 Buchstabe b Doppelbuchstabe aa.

Zu Doppelbuchstabe cc[151]

Siehe die Begründung zu Nummer 30 Buchstabe b Doppelbuchstabe aa.

149 Änderung in Nummer 1.3.3 Abs. 1 HOAI 2021

150 Änderung in Nummer 1.3.3 Abs. 2 HOAI 2021

151 Änderung in Nummer 1.3.3 Abs. 3 HOAI 2021

1.3.4 Honorare Geotechnik 2013	1.3.4 Honorare Geotechnik 2021
(1) Honorare für die in Nummer 1.3.3 Absatz 3 aufgeführten Grundleistungen können nach der folgenden Honorartafel bestimmt werden: [...]	(1) Für die in Nummer 1.3.3 Absatz 3 genannten Grundleistungen sind die in der nachstehenden Honorartafel aufgeführten Honorarspannen Orientierungswerte: [...]
(2) Die Honorarzone kann bei den geotechnischen Grundleistungen auf Grund folgender Bewertungsmerkmale ermittelt werden: [...]	(2) Die Honorarzone wird bei den geotechnischen Grundleistungen auf Grund folgender Bewertungsmerkmale ermittelt: [...]
(3) § 52 Absatz 3 kann sinngemäß angewendet werden.	(3) § 52 Absatz 3 ist sinngemäß anzuwenden.
(4) Die Aspekte des Grundwassereinflusses auf das Objekt und die Nachbarbebauung können bei der Festlegung der Honorarzone zusätzlich berücksichtigt werden.	(4) Die Aspekte des Grundwassereinflusses auf das Objekt und die Nachbarbebauung sind bei der Festlegung der Honorarzone zusätzlich zu berücksichtigen.

Amtliche Begründung

Zu Nummer 30

Zu Buchstabe l

Zu Doppelbuchstabe aa[152]

Siehe die Begründung zu Nummer 30 Buchstabe c Doppelbuchstabe aa.

Zu Doppelbuchstabe bb[153]

Siehe die Begründung zu Nummer 30 Buchstabe b Doppelbuchstabe aa.

Zu Doppelbuchstabe cc[154]

Siehe die Begründung zu Nummer 30 Buchstabe b Doppelbuchstabe aa.

Zu Doppelbuchstabe dd[155]

Siehe die Begründung zu Nummer 30 Buchstabe b Doppelbuchstabe aa.

---

152 Änderung in Nummer 1.3.4 Abs. 1 HOAI 2021

153 Änderung in Nummer 1.3.4 Abs. 2 HOAI 2021

154 Änderung in Nummer 1.3.4 Abs. 3 HOAI 2021

155 Änderung in Nummer 1.3.4 Abs. 4 HOAI 2021

1.4.1 Anwendungsbereich 2013	1.4.1 Anwendungsbereich 2021
(1) Leistungen der Ingenieurvermessung können das Erfassen raumbezogener Daten über Bauwerke und Anlagen, Grundstücke und Topographie, das Erstellen von Plänen, das Übertragen von Planungen in die Örtlichkeit sowie das vermessungstechnische Überwachen der Bauausführung einbeziehen, soweit die Leistungen mit besonderen instrumentellen und vermessungstechnischen Verfahrensanforderungen erbracht werden müssen. Ausgenommen von Satz 1 sind Leistungen, die nach landesrechtlichen Vorschriften für Zwecke der Landesvermessung und des Liegenschaftskatasters durchgeführt werden.	(1) Leistungen der Ingenieurvermessung beziehen das Erfassen raumbezogener Daten über Bauwerke und Anlagen, Grundstücke und Topographie, das Erstellen von Plänen, das Übertragen von Planungen in die Örtlichkeit sowie das vermessungstechnische Überwachen der Bauausführung ein, soweit die Leistungen mit besonderen instrumentellen und vermessungstechnischen Verfahrensanforderungen erbracht werden müssen. Ausgenommen von Satz 1 sind Leistungen, die nach landesrechtlichen Vorschriften für Zwecke der Landesvermessung und des Liegenschaftskatasters durchgeführt werden.
(2) Zur Ingenieurvermessung können gehören: [...]	(2) Zur Ingenieurvermessung gehören: [...]

Amtliche Begründung

Zu Nummer 30

Zu Buchstabe m

Zu Doppelbuchstabe aa[156]

Siehe die Begründung zu Nummer 30 Buchstabe b Doppelbuchstabe aa.

Zu Doppelbuchstabe bb[157]

Siehe die Begründung zu Nummer 30 Buchstabe b Doppelbuchstabe aa.

156 Änderung in Nummer 1.4.1 Abs. 1 HOAI 2021

157 Änderung in Nummer 1.4.1 Abs. 2 HOAI 2021

1.4.2 Grundlagen des Honorars bei der Planungsbegleitenden Vermessung 2013	1.4.2 Grundlagen des Honorars bei der Planungsbegleitenden Vermessung 2021
(1) Das Honorar für Grundleistungen der Planungsbegleitenden Vermessung kann sich nach der Summe der Verrechnungseinheiten, der Honorarzone in Nummer 1.4.3 und der Honorartafel in Nummer 1.4.8 richten.	(1) Das Honorar für Grundleistungen der Planungsbegleitenden Vermessung richtet sich nach der Summe der Verrechnungseinheiten, der Honorarzone in Nummer 1.4.3 und der Honorartafel in Nummer 1.4.8.
(2) Die Verrechnungseinheiten können sich aus der Größe der aufzunehmenden Flächen und deren Punktdichte berechnen. Die Punktdichte beschreibt die durchschnittliche Anzahl der für die Erfassung der planungsrelevanten Daten je Hektar zu messenden Punkte.	(2) Die Verrechnungseinheiten berechnen sich aus der Größe der aufzunehmenden Flächen und deren Punktdichte. Die Punktdichte beschreibt die durchschnittliche Anzahl der für die Erfassung der planungsrelevanten Daten je Hektar zu messenden Punkte.
(3) Abhängig von der Punktdichte können die Flächen den nachstehenden Verrechnungseinheiten (VE) je Hektar (ha) zugeordnet werden: sehr geringe Punktdichte (ca. 70 Punkte/ha) 50 VE geringe Punktdichte (ca. 150 Punkte/ha) 70 VE durchschnittliche Punktdichte (ca. 250 Punkte/ha) 100 VE hohe Punktdichte (ca. 350 Punkte/ha) 130 VE sehr hohe Punktdichte (ca. 500 Punkte/ha) 150 VE	(3) Abhängig von der Punktdichte werden die Flächen den nachstehenden Verrechnungseinheiten (VE) je Hektar (ha) zugeordnet: Flächenklasse 1 (bis 50 Punkte/ha) 40 VE Flächenklasse 2 (51–73 Punkte/ha) 50 VE Flächenklasse 3 (74–100 Punkte/ha) 60 VE Flächenklasse 4 (101–131 Punkte/ha) 70 VE Flächenklasse 5 (132–166 Punkte/ha) 80 VE Flächenklasse 6 (167–203 Punkte/ha) 90 VE Flächenklasse 7 (204–244 Punkte/ha) 100 VE Flächenklasse 8 (245–335 Punkte/ha) 120 VE Flächenklasse 9 (336–494 Punkte/ha) 150 VE Flächenklasse 10 (495–815 Punkte/ha) 200 VE Flächenklasse 11 (816–1 650 Punkte/ha) 300 VE Flächenklasse 12 (1 651–4 000 Punkte/ha) 500 VE Flächenklasse 13 (4 001–9 000 Punkte/ha) 800 VE.
(4) Umfasst ein Auftrag Vermessungen für mehrere Objekte, so können die Honorare für die Vermessung jedes Objekts getrennt berechnet werden.	(4) Umfasst ein Auftrag Vermessungen für mehrere Objekte, so werden die Honorare für die Vermessung jedes Objekts getrennt berechnet.

Amtliche Begründung

Zu Nummer 30

Zu Buchstabe n

Zu Doppelbuchstabe aa[158]

Siehe die Begründung zu Nummer 30 Buchstabe b Doppelbuchstabe aa.

Zu Doppelbuchstabe bb[159]

Siehe die Begründung zu Nummer 30 Buchstabe b Doppelbuchstabe aa.

Zu Doppelbuchstabe cc[160]

In Anlage 1.4.2 werden künftig die Punktdichten zu Verrechnungseinheiten differenzierter in einer Umrechnungstabelle, abgestimmt auf die zugehörige Honorartafel (Nummer 1.4.8 Absatz 1), zugeordnet. Die Umrechnungstabelle wurde aufgrund empirischer Untersuchungen im Rahmen des Reformverfahrens zur Neufassung der HOAI im Jahr 2013 entwickelt und bildet aufgrund der höheren Punktdichte die Wirklichkeit gerade im dicht besiedelten Bereich oder stark strukturierten Gelände eher ab.

Zu Doppelbuchstabe dd[161]

Siehe die Begründung zu Nummer 30 Buchstabe b Doppelbuchstabe aa.

Kurzkommentar

Auffällig ist die Änderung der Regelungen in Anlage 1, Nummer 1.4.2 Abs. 3 deswegen, weil nur an dieser einen Stelle inhaltlich in die Berechnungssystematik des Honorars für ein bestimmtes Leistungsbild eingegriffen wurde, während für andere Leistungsbilder sinnvolle und teilweise dringend notwendige Korrekturen unterblieben sind. Es bleibt abzuwarten, ob und wann die HOAI eine neuerliche, auch inhaltliche Überarbeitung in allen Leistungsbildern erhält. Auch als „Orientierungshilfe“ sollte sie insgesamt hinreichend klar sein, um genug Orientierung bieten zu können.

---

158 Änderung in Nummer 1.4.2 Abs. 1 HOAI 2021

159 Änderung in Nummer 1.4.2 Abs. 2 HOAI 2021

160 Änderung in Nummer 1.4.2 Abs. 3 HOAI 2021

161 Änderung in Nummer 1.4.2 Abs. 4 HOAI 2021

1.4.3 Honorarzonen für Grundleistungen bei der Planungsbegleitenden Vermessung 2013	1.4.3 Honorarzonen für Grundleistungen bei der Planungsbegleitenden Vermessung 2021
(1) Die Honorarzone kann bei der Planungsbegleitenden Vermessung aufgrund folgender Bewertungsmerkmale ermittelt werden: […]	(1) Die Honorarzone wird bei der Planungsbegleitenden Vermessung aufgrund folgender Bewertungsmerkmale ermittelt: […]
(2) Die Honorarzone kann sich aus der Summe der Bewertungspunkte wie folgt ergeben: […]	(2) Die Honorarzone ergibt sich aus der Summe der Bewertungspunkte wie folgt: […]

Amtliche Begründung

Zu Nummer 30

Zu Buchstabe n

Zu Doppelbuchstabe ee

Zu Dreifachbuchstabe aaa[162]

Siehe die Begründung zu Nummer 30 Buchstabe b Doppelbuchstabe aa.

Zu Dreifachbuchstabe bbb[163]

Siehe die Begründung zu Nummer 30 Buchstabe b Doppelbuchstabe aa.

162 Änderung in Nummer 1.4.3 Abs. 1 HOAI 2021

163 Änderung in Nummer 1.4.3 Abs. 2 HOAI 2021

1.4.4 Leistungsbild Planungsbegleitende Vermessung 2013	1.4.4 Leistungsbild Planungsbegleitende Vermessung 2021
(1) Das Leistungsbild Planungsbegleitende Vermessung kann die Aufnahme planungsrelevanter Daten und die Darstellung in analoger und digitaler Form für die Planung und den Entwurf von Gebäuden, Ingenieurbauwerken, Verkehrsanlagen sowie für Flächenplanungen umfassen.	(1) Das Leistungsbild Planungsbegleitende Vermessung umfasst die Aufnahme planungsrelevanter Daten und die Darstellung in analoger und digitaler Form für die Planung und den Entwurf von Gebäuden, Ingenieurbauwerken, Verkehrsanlagen sowie für Flächenplanungen.
(2) Die Grundleistungen können in vier Leistungsphasen zusammengefasst und wie folgt in Prozentsätzen der Honorare der Nummer 1.4.8 Absatz 1 bewertet werden: [...]	(2) Die Grundleistungen sind in vier Leistungsphasen zusammengefasst und werden wie folgt in Prozentsätzen der Honorare der Nummer 1.4.8 Absatz 1 bewertet: [...]
(3) Das Leistungsbild kann sich wie folgt zusammensetzen: [...]	(3) Das Leistungsbild setzt sich wie folgt zusammen: [...]

Amtliche Begründung

Zu Nummer 30

Zu Buchstabe n

Zu Doppelbuchstabe ff

Zu Dreifachbuchstabe aaa[164]

Siehe die Begründung zu Nummer 30 Buchstabe b Doppelbuchstabe aa.

Zu Dreifachbuchstabe bbb[165]

Siehe die Begründung zu Nummer 30 Buchstabe b Doppelbuchstabe aa.

Zu Dreifachbuchstabe ccc[166]

Siehe die Begründung zu Nummer 30 Buchstabe b Doppelbuchstabe aa.

164 Änderung in Nummer 1.4.4 Abs. 1 HOAI 2021

165 Änderung in Nummer 1.4.4 Abs. 2 HOAI 2021

166 Änderung in Nummer 1.4.4 Abs. 3 HOAI 2021

1.4.5 Grundlagen des Honorars bei der Bauvermessung 2013	**1.4.5 Grundlagen des Honorars bei der Bauvermessung 2021**
(1) Das Honorar für Grundleistungen bei der Bauvermessung kann sich nach den anrechenbaren Kosten des Objekts, der Honorarzone in Nummer 1.4.6 und der Honorartafel in Nummer 1.4.8 Absatz 2 richten.	(1) Das Honorar für Grundleistungen bei der Bauvermessung richtet sich nach den anrechenbaren Kosten des Objekts, der Honorarzone in Nummer 1.4.6 und der Honorartafel in Nummer 1.4.8 Absatz 2.
(2) Anrechenbare Kosten können die Herstellungskosten des Objekts darstellen. Diese können entsprechend § 4 Absatz 1 und 1. bei Gebäuden entsprechend § 33, 2. bei Ingenieurbauwerken entsprechend § 42, 3. bei Verkehrsanlagen entsprechend § 46 ermittelt werden. Anrechenbar können bei Ingenieurbauwerken 100 Prozent, bei Gebäuden und Verkehrsanlagen 80 Prozent der ermittelten Kosten sein.	(2) Anrechenbare Kosten sind die Herstellungskosten des Objekts. Diese werden entsprechend § 4 Absatz 1 und 1. bei Gebäuden entsprechend § 33, 2. bei Ingenieurbauwerken entsprechend § 42, 3. bei Verkehrsanlagen entsprechend § 46 ermittelt. Anrechenbar sind bei Ingenieurbauwerken 100 Prozent, bei Gebäuden und Verkehrsanlagen 80 Prozent der ermittelten Kosten.
(3) Die Absätze 1 und 2 sowie die Nummer 1.4.6 und Nummer 1.4.7 finden keine Anwendung für vermessungstechnische Grundleistungen bei ober- und unterirdischen Leitungen, Tunnel-, Stollen- und Kavernenbauwerken, innerörtlichen Verkehrsanlagen mit überwiegend innerörtlichem Verkehr, bei Geh- und Radwegen sowie Gleis- und Bahnsteiganlagen. Das Honorar für die in Satz 1 genannten Objekte kann ergänzend frei vereinbart werden.	(3) Die Absätze 1 und 2 sowie die Nummer 1.4.6 und Nummer 1.4.7 finden keine Anwendung für vermessungstechnische Grundleistungen bei ober- und unterirdischen Leitungen, Tunnel-, Stollen- und Kavernenbauwerken, innerörtlichen Verkehrsanlagen mit überwiegend innerörtlichem Verkehr, bei Geh- und Radwegen sowie Gleis- und Bahnsteiganlagen.

Amtliche Begründung

Zu Nummer 30

Zu Buchstabe o

Zu Doppelbuchstabe aa[167]

Siehe die Begründung zu Nummer 30 Buchstabe b Doppelbuchstabe aa.

167 Änderung in Nummer 1.4.5 Abs. 1 HOAI 2021

Zu Doppelbuchstabe bb[168]

Siehe die Begründung zu Nummer 30 Buchstabe b Doppelbuchstabe aa.

Zu Doppelbuchstabe cc[169]

Folgeänderung.

1.4.6 Honorarzonen für Grundleistungen bei der Bauvermessung 2013	**1.4.6 Honorarzone für Grundleistungen bei der Bauvermessung 2021**
(1) Die Honorarzone kann bei der Bauvermessung aufgrund folgender Bewertungsmerkmale ermittelt werden: […]	(1) Die Honorarzone wird bei der Bauvermessung aufgrund folgender Bewertungsmerkmale ermittelt: […]
(2) Die Honorarzone kann sich aus der Summe der Bewertungspunkte wie folgt ergeben: […]	(2) Die Honorarzone ergibt sich aus der Summe der Bewertungspunkte wie folgt: […]

Amtliche Begründung

Zu Nummer 30

Zu Buchstabe p

Zu Doppelbuchstabe aa[170]

Siehe die Begründung zu Nummer 30 Buchstabe b Doppelbuchstabe aa.

Zu Doppelbuchstabe bb[171]

Siehe die Begründung zu Nummer 30 Buchstabe b Doppelbuchstabe aa.

168 Änderung in Nummer 1.4.5 Abs. 2 HOAI 2021

169 Änderung in Nummer 1.4.5 Abs. 3 HOAI 2021 (Aufhebung von Abs. 3 Satz 2)

170 Änderung in Nummer 1.4.6 Abs. 1 HOAI 2021

171 Änderung in Nummer 1.4.6 Abs. 2 HOAI 2021

1.4.7 Leistungsbild Bauvermessung 2013	1.4.7 Leistungsbild Bauvermessung 2021
(1) Das Leistungsbild Bauvermessung kann die Vermessungsleistungen für den Bau und die abschließende Bestandsdokumentation von Gebäuden, Ingenieurbauwerken und Verkehrsanlagen umfassen.	(1) Das Leistungsbild Bauvermessung umfasst die Vermessungsleistungen für den Bau und die abschließende Bestandsdokumentation von Gebäuden, Ingenieurbauwerken und Verkehrsanlagen.
(2) Die Grundleistungen können in fünf Leistungsphasen zusammengefasst und wie folgt in Prozentsätzen der Honorare der Nummer 1.4.8 Absatz 2 bewertet werden: […]	(2) Die Grundleistungen werden in fünf Leistungsphasen zusammengefasst und wie folgt in Prozentsätzen der Honorare der Nummer 1.4.8 Absatz 2 bewertet: […]
(3) Das Leistungsbild kann sich wie folgt zusammensetzen: […]	(3) Das Leistungsbild setzt sich wie folgt zusammen: […]

Amtliche Begründung

Zu Nummer 30

Zu Buchstabe q

Zu Doppelbuchstabe aa[172]

Siehe die Begründung zu Nummer 30 Buchstabe b Doppelbuchstabe aa.

Zu Doppelbuchstabe bb[173]

Siehe die Begründung zu Nummer 30 Buchstabe b Doppelbuchstabe aa.

Zu Doppelbuchstabe cc[174]

Siehe die Begründung zu Nummer 30 Buchstabe b Doppelbuchstabe aa.

172 Änderung in Nummer 1.4.7 Abs. 1 HOAI 2021

173 Änderung in Nummer 1.4.7 Abs. 2 HOAI 2021

174 Änderung in Nummer 1.4.7 Abs. 3 HOAI 2021

1.4.8 Honorare für Grundleistungen bei der Ingenieurvermessung 2013	1.4.8 Honorare für Grundleistungen bei der Ingenieurvermessung 2021
(1) Die Honorare für die in Nummer 1.4.4 Absatz 3 aufgeführten Grundleistungen der Planungsbegleitenden Vermessung können sich nach der folgenden Honorartafel richten: […]	(1) Für die in Nummer 1.4.4 Absatz 3 genannten Grundleistungen der Planungsbegleitenden Vermessung sind die in der nachstehenden Honorartafel aufgeführten Honorarspannen Orientierungswerte: […]
(2) Die Honorare für die in Nummer 1.4.7 Absatz 3 Grundleistungen der Bauvermessung können sich nach der folgenden Honorartafel richten: […]	(2) Für die in Nummer 1.4.7 Absatz 3 genannten Grundleistungen der Bauvermessung sind die in der nachstehenden Honorartafel aufgeführten Honorarspannen Orientierungswerte: […]

Amtliche Begründung

Zu Nummer 30

Zu Buchstabe r

Zu Doppelbuchstabe aa[175]

Siehe die Begründung zu Nummer 30 Buchstabe c Doppelbuchstabe aa.

Zu Doppelbuchstabe bb[176]

Siehe die Begründung zu Nummer 30 Buchstabe c Doppelbuchstabe aa.

1.4.9 Sonstige vermessungstechnische Leistungen 2013	1.4.9 Sonstige vermessungstechnische Leistungen 2021
Für sonstige vermessungstechnische Leistungen nach Nummer 1.4.1 kann ein Honorar ergänzend frei vereinbart werden.	Für sonstige vermessungstechnische Leistungen nach Nummer 1.4.1 kann ein Honorar abweichend von den Grundsätzen gemäß Nummer 1.4 vereinbart werden.

Amtliche Begründung

Zu Nummer 30

Zu Buchstabe s

Anpassung an entsprechende Regelungen bei den übrigen Grundleistungen (vgl. auch Nummer 14 Buchstabe b).

175 Änderung in Nummer 1.4.8 Abs. 1 HOAI 2021

176 Änderung in Nummer 1.4.8 Abs. 2 HOAI 2021

D Honorar- und Musterrechnungen

1 Hinweise zur Rechnungserstellung

Bevor eine aus Sicht der Autoren „mustergültige" Rechnung vorgestellt wird, soll zunächst kompakt dargelegt werden, was unabhängig vom verwendeten Rechnungsmuster bei der Aufstellung einer Honorarrechnung zu beachten ist, und wie die Werte der einzelnen Honorarberechnungsparameter inhaltlich zutreffend ermittelt werden.

1.1 Fälligkeit der Honorarrechnung

Eine **Schlussrechnung** kann erst gestellt werden, wenn der Architekt bzw. Ingenieur seine Verpflichtungen voll erfüllt, d. h. den werkvertraglich geschuldeten Erfolg herbeigeführt hat.[177] Dies bedeutet, insbesondere für den Fall der Vollbeauftragung in Anlehnung an § 34 HOAI mit den Leistungsphasen 1 bis 9, dass die Leistungen erst dann als vertragsgemäß erbracht angesehen werden können, wenn alle Gewährleistungsfristen der am Bau Beteiligten abgelaufen sind und der Architekt bzw. Ingenieur die in diesem Zeitraum angefallenen Mängel fachlich bewertet und bei der Freigabe der Sicherheitsleistungen mitgewirkt hat.

Das **BGB** stellt klar, dass die Vergütung fällig wird, wenn das Werk erbracht und abgenommen ist:

> **Zitat:**
> **§ 641 BGB Fälligkeit der Vergütung**
> (1) Die Vergütung ist bei der Abnahme des Werkes zu entrichten. [...]

Zur Fälligkeit einer Honorarrechnung verweist die **HOAI** in § 15 auf § 650g Abs. 4 BGB:

> **Zitat:**
> **§ 15 HOAI Fälligkeit des Honorars, Abschlagszahlungen**
> Für die Fälligkeit der Honorare für die von dieser Verordnung erfassten Leistungen gilt § 650g Absatz 4 des Bürgerlichen Gesetzbuchs entsprechend. [...]

§ 650g Abs. 4 BGB besagt:

> **Zitat:**
> **§ 650g BGB Zustandsfeststellung bei Verweigerung der Abnahme; Schlussrechnung**
> (4) Die Vergütung ist zu entrichten, wenn
> 1. der Besteller das Werk abgenommen hat oder die Abnahme nach § 641 Abs. 2 entbehrlich ist und
> 2. der Unternehmer dem Besteller eine prüffähige Schlussrechnung erteilt hat.
>
> Die Schlussrechnung ist prüffähig, wenn sie eine übersichtliche Aufstellung der erbrachten Leistungen enthält und für den Besteller nachvollziehbar ist. Sie gilt als prüffähig, wenn der Besteller nicht innerhalb von 30 Tagen nach Zugang der Schlussrechnung begründete Einwendungen gegen ihre Prüffähigkeit erhoben hat.

---

177 Ist eine stufenweise Beauftragung erfolgt, so kann dies unter Umständen auch nach Erfüllung der jeweiligen separat beauftragten Stufe der Fall sein.

Da die Abnahme nach § 640 BGB voraussetzt, dass das Werk vertragsgemäß hergestellt ist, gilt auch bei Architekten- und Ingenieurverträgen, dass das Werk, das dem Bauherrn übergeben wird, im Sinne des § 633 BGB frei von Sach- und Rechtsmängeln sein muss, wenn der Honoraranspruch fällig gestellt werden soll.

> **Zitat:**
> **§ 633 BGB Sach- und Rechtsmängel**
> (1) Der Unternehmer hat dem Besteller das Werk frei von Sach- und Rechtsmängeln zu verschaffen [...]

Bei Rechnungen, die vor der Schlussrechnungsreife gestellt werden, handelt es sich immer um Abschlagszahlungsanforderungen im Sinne des § 15 Satz 2 HOAI. Eine Abschlagszahlungsanforderung ist auf der Grundlage des § 15 Satz 2 HOAI, welcher auf § 632a BGB verweist, jederzeit möglich:

> **Zitat:**
> **§ 15 HOAI Fälligkeit des Honorars, Abschlagszahlungen**
> [...] Für das Recht, Abschlagszahlungen zu verlangen, gilt § 632a des Bürgerlichen Gesetzbuchs entsprechend.

§ 632a Abs. 1 BGB besagt:

> **Zitat:**
> **§ 632a BGB Abschlagszahlungen:**
> (1) Der Unternehmer kann von dem Besteller eine Abschlagszahlung in Höhe des Wertes der von ihm erbrachten und nach dem Vertrag geschuldeten Leistungen verlangen. Sind die erbrachten Leistungen nicht vertragsgemäß, kann der Besteller die Zahlung eines angemessenen Teils des Abschlags verweigern. [...] Die Leistungen sind durch eine Aufstellung nachzuweisen, die eine rasche und sichere Beurteilung der Leistungen ermöglichen muss. [...]

1.2 Prüffähigkeit der Honorarrechnung

1.2.1 Prüffähigkeit allgemein

Die Nichtprüffähigkeit einer Honorarrechnung ist der häufigste Grund für einen aus Sicht des Planers schlecht laufenden Honorarprozess.

Prüffähigkeit bedeutet, dass in der Rechnung alle einzelnen Honorarberechnungsparameter detailliert aufgeschlüsselt sein müssen, sodass auch ein fachlich unkundiger Rechnungsempfänger die Berechtigung der Honorarforderung voll und ganz nachvollziehen und überprüfen kann.

Einer detaillierten Aufschlüsselung der HOAI-gemäßen Berechnungsparameter bedarf es im Hinblick auf die Prüffähigkeit dann nicht, wenn die Vertragsparteien z. B. eine Honorarpauschale ohne Bezug zu den einzelnen Berechnungsparametern der HOAI in Textform[178] frei vereinbart haben.

Eine schriftliche Vereinbarung bei Auftragserteilung, also sofort bei Abschluss des Architekten- oder Ingenieurvertrags,[179] wie sie im bisherigen Geltungszeitraum bis zur HOAI 2013 zu treffen war, ist für die Wirksamkeit der ab dem 01.01.2021 getroffenen Honorarvereinbarungen indes nicht mehr erforderlich. Eine Honorarvereinbarung kann in Zukunft auch noch zu einem späteren Zeitpunkt wirksam getroffen werden.

---

178 Zur Textform im Sinne des § 126b BGB vgl. Teil A „Einführung in die HOAI 2021“, Kapitel 5.2.3.

179 Der Architekten- oder Ingenieurvertrag selbst kann auch mündlich oder durch schlüssiges Verhalten wirksam zustande kommen, ist also keiner Form unterworfen. Lediglich für die Wirksamkeit der Honorarvereinbarung sind die hier geschilderten formalen Einschränkungen zu beachten.

Gleichwohl bedarf es jedoch im Hinblick auf die Prüfbarkeit der Schlussrechnung auch bei einer pauschalen Honorarvereinbarung u. a. einer übersichtlichen und für den Besteller nachvollziehbaren Aufstellung der erbrachten Leistungen und einer nachvollziehbaren Darstellung des abzurechnenden Honorars bzw. Honoraranteils.

Vor Erstellung der Schlussrechnung hat der Architekt bzw. Ingenieur bei einer in Textform getroffenen Honorarvereinbarung, die die Abrechnung nach der Systematik der HOAI vorsieht, weiterhin zu überprüfen, aus wie vielen Objekten, also Abrechnungseinheiten, das von ihm bearbeitete Projekt besteht, da er diese ggf. gemäß § 11 Abs. 1 HOAI

> **Zitat:**
> **§ 11 HOAI Honorarvereinbarungen**
> (1) Umfasst ein Auftrag mehrere Objekte, so sind die Honorare [...] für jedes Objekt getrennt zu berechnen.

kumuliert oder jeweils getrennt abzurechnen hat, wobei die Regelungen der Absätze 2 bis 4 der Vorschrift, nach denen unter Umständen eine Honorarreduzierung berücksichtigt werden muss, zu beachten sind.[180]

Wurden z. B. neben Planungsleistungen für Gebäude auch solche für Freianlagen erbracht, so ist zunächst zu überprüfen, ob eine separate Abrechnung der Grundleistungen für Freianlagen neben denen für Gebäude vorzunehmen ist. Maßgeblich dafür ist gemäß § 37 Abs. 1 HOAI die Höhe der anrechenbaren Kosten. Liegen diese bei getrennter Abrechnung für ein Objekt unter **7.500 €**, so werden diese den anrechenbaren Kosten für Grundleistungen für Gebäude zugeschlagen. Die Grundleistungen für Freianlagen werden dann zusammen mit denen für Gebäude abgerechnet. Bei anrechenbaren Kosten ab **7.500 €** hingegen besteht nach § 11 Abs. 1 HOAI die Verpflichtung, die Grundleistungen für Freianlagen getrennt abzurechnen.

1.2.2 Prüffähigkeit im Einzelnen

Nach über 30-jähriger Erfahrung des Autors der Vorauflagen dieser Textausgabe vor rund 145 verschiedenen Gerichten bei ca. 950 Honorarprozessen muss aus seiner Sicht gesagt werden, dass eine **im Sinne der HOAI** prüffähige Rechnung Aussagen und Hinweise zu folgenden Punkten enthalten muss, und zwar

1. **zur Anspruchsgrundlage,**
   da erkennbar sein muss, auf welche vertraglichen Grundlagen der Architekt bzw. Ingenieur seine Forderung stützt. Überdies ist es von Bedeutung, **wann** das Vertragsverhältnis begann und welche Fassung der HOAI letztlich ggf. anwendbar ist. Für die **älteren HOAI-Fassungen** kann überdies von Bedeutung sein, ob es ein mündliches, konkludent zustande gekommenes oder ein schriftliches Vertragsverhältnis ist. Denn nur dann ist erkennbar, ob gewisse Honorarvereinbarungsparameter, die z. B. nach der HOAI 2013 noch der Schriftform bei Auftragserteilung bedürfen, um rechtswirksam zu sein, rechtzeitig getroffen worden sind. Der Rechnungsempfänger kann nur so nachvollziehen, ob ein vom Mindestsatz abweichender Honorarsatz rechtsgültig vereinbart wurde. Für die Neufassung der HOAI 2021 sind diese Formerfordernisse gegenüber der HOAI 2013 und den Vorgängerfassungen abgeschwächt, da unabhängig vom Zeitpunkt der Vereinbarung nur noch die Textform gefordert wird. Sie können aber gleichwohl eine Rolle spielen.

---

180 Für die Fachplanung der technischen Ausrüstung ist hinsichtlich der Abrechnungseinheiten die Regelung des § 54 Abs. 1 bis 3 zu beachten.

2. **zur Honorarberechnungsgrundlage,**
da für den Auftraggeber erkennbar sein muss, welche HOAI-Fassung er bei der Überprüfung der Honorarrechnung heranziehen muss. Denn es gilt in der Regel die HOAI-Fassung, die zum Zeitpunkt des Vertragsabschlusses Gültigkeit hatte.

Zitat:
§ 57 HOAI Übergangsvorschrift
(1) Diese Verordnung ist nicht auf Grundleistungen anzuwenden, die vor dem 17. Juli 2013 vertraglich vereinbart wurden; insoweit bleiben die bisherigen Vorschriften anwendbar.
(2) Die durch die Erste Verordnung zur Änderung der Honorarordnung für Architekten und Ingenieure vom 2. Dezember 2020 (BGBl. I S. 2636) geänderten Vorschriften sind erst auf diejenigen Vertragsverhältnisse anzuwenden, die nach Ablauf des 31. Dezember 2020 begründet worden sind.

3. **zum Leistungsbild,**
da für den Auftraggeber erkennbar sein muss, welche Leistungsbilder und Maßnahmen (z. B. Erweiterung, Umbau, Modernisierung, Instandsetzung usw.) beauftragt wurden und abgerechnet werden dürfen. Hiervon ist abhängig, welcher Teil, ggf. auch welche Teile der HOAI zur Honorarberechnung herangezogen werden muss/müssen.

4. **zu den Abrechnungseinheiten,**
da für den Auftraggeber erkennbar sein muss, ob bei einer Beauftragung, die mehrere Objekte umfasste, gemäß § 11 HOAI ggf. die Objekte kumuliert oder getrennt abgerechnet oder ob Wiederholungsfaktoren berücksichtigt werden müssen.

5. **zum erbrachten und ggf. noch nicht erbrachten Leistungsumfang,**
da für den Auftraggeber erkennbar sein muss, welche Leistungen der Auftragnehmer abrechnen will. Im Fall einer Kündigung ist der bis dahin erbrachte und der noch nicht erbrachte Leistungsumfang getrennt darzustellen. Das anteilige Honorar für den nicht erbrachten Leistungsumfang ist ggf. nach § 648 Satz 2 BGB um ersparte Aufwendungen und/oder anderweitigen Erwerb zu reduzieren und ohne Umsatzsteueranteile abzurechnen, da nach dem derzeitigen Stand der Rechtsprechung insoweit kein umsatzsteuerpflichtiges Austauschgeschäft zustande gekommen ist.[181]

6. **zu den den Herstellungskosten zugewiesenen Kostengruppen der DIN 276 (2008),**
da für den Auftraggeber erkennbar sein muss, ob die Kosten aus der Kostenberechnung korrekt im Sinne des § 4 Abs. 1 HOAI in die Honorarbemessungsgrundlage eingestellt worden sind und ob ggf. Kosten gemäß § 4 Abs. 2 oder Abs. 3 HOAI 2021 einbezogen werden dürfen.

Zitat:
§ 4 HOAI Anrechenbare Kosten
(1) Anrechenbare Kosten sind Teil der Kosten für die Herstellung, den Umbau, die Modernisierung, Instandhaltung oder Instandsetzung von Objekten sowie für die damit zusammenhängenden Aufwendungen. [...] Wird in dieser Verordnung im Zusammenhang mit der Kostenermittlung die DIN 276 in Bezug genommen, so ist die Fassung vom Dezember 2008 [...] bei der Ermittlung der anrechenbaren Kosten zugrunde zu legen.[...].
(2) Die anrechenbaren Kosten richten sich nach den ortsüblichen Preisen, wenn der Auftraggeber
   1. selbst Lieferungen oder Leistungen übernimmt,
   2. von bauausführenden Unternehmen oder von Lieferanten sonst nicht übliche Vergünstigungen erhält,
   3. Lieferungen oder Leistungen in Gegenrechnung ausführt oder
   4. vorhandene oder vorbeschaffte Baustoffe oder Bauteile einbauen lässt.

---

181 Grundlage ist das Urteil des Bundesgerichtshofs vom 22.11.2007 – VII ZR 83/05. Dieses wird allerdings derzeit durch ein (im Januar 2021 noch nicht rechtskräftiges) Urteil des FG Niedersachsen vom 28.02.2019 – 5 K 214/18 in Frage gestellt. Eine abschließende Entscheidung hierzu könnte in dem im Januar 2021 noch anhängigen Verfahren des Bundesfinanzhofs – V R 13/19 fallen.

(3) Der Umfang der mitzuverarbeitenden Bausubstanz im Sinne des § 2 Absatz 7 ist bei den anrechenbaren Kosten angemessen zu berücksichtigen. Umfang und Wert der mitzuverarbeitenden Bausubstanz sind zum Zeitpunkt der Kostenberechnung oder, sofern keine Kostenberechnung vorliegt, zum Zeitpunkt der Kostenschätzung objektbezogen zu ermitteln und in Textform zu vereinbaren.

7. **zur Honorarzone,**
da für den Auftraggeber erkennbar sein muss, in welcher Spalte der Honorartafel die Interpolation der Honorarberechnung nachzuvollziehen ist.

8. **zum Honorarsatz,**
da für den Auftraggeber erkennbar sein muss, ob der Auftragnehmer nach dem Basishonorarsatz (HOAI 2021) bzw. dem Mindestsatz (bis zur HOAI 2013) abrechnet oder ob er berechtigterweise einen höheren Honorarsatz ansetzen darf.

9. **zu den vereinbarten oder den aus der Verordnung sich ergebenden Zuschlägen,**
da für den Auftraggeber erkennbar sein muss, ob zu Recht und wenn ja in welcher Höhe honorarerhöhende Zuschläge berechnet werden dürfen.

10. **zum Umsatzsteuersatz,**
da für den Auftraggeber erkennbar sein muss, ob der Rechnungssteller den korrekten Umsatzsteuersatz angesetzt hat. Dabei ist nicht derjenige Satz zu berechnen, der zum Zeitpunkt der Rechnungslegung, sondern derjenige, der zum Zeitpunkt der Vertragserfüllung gesetzlich gültig war.

11. **zur Gesamtforderung,**
da für den Auftraggeber erkennbar sein muss, was ihm insgesamt im Rahmen des Vertragsverhältnisses, auch an Nebenkosten, in Rechnung gestellt wird.

12. **zu den bisher erhaltenen Abschlagszahlungen,**
da für den Auftraggeber erkennbar sein muss, ob die in der Rechnung berücksichtigten Zahlungseingänge sich mit denen seiner Buchhaltungsdaten decken.

13. **zur Restforderung,**
da für den Auftraggeber erkennbar sein muss, welcher Betrag zur Überweisung noch ansteht.

1.3 Honorarberechnungsparameter

Die nachfolgenden Ausführungen gelten für eine Rechnungslegung nach der HOAI-Systematik bzw. sofern in Textform eine Honorarberechnung nach den Berechnungsparametern der HOAI vereinbart wurde.

1.3.1 Leistungsumfang

Der Leistungsumfang ergibt sich regelmäßig aus der vertraglichen Vereinbarung, in der der werkvertraglich geschuldete Erfolg in der Regel definiert ist. Die vertragliche Vereinbarung ist ggf. mit den in der HOAI aufgestellten Leistungsbildern abzugleichen und ein entsprechender Prozentsatz in die Honorarberechnung einzustellen.

Beispiel 1:
Wurden im Leistungsbild Gebäude die Leistungen für die **Planung** und die **Objektüberwachung** in Auftrag gegeben, wobei die **Nachsorgeleistungen** analog der Objektbetreuung **nicht** beauftragt wurden, hat sich der Architekt, an **§ 34 HOAI** abgeglichen und auf einen vollen Architektenvertrag bezogen, zu einem **Leistungsumfang von 98 %** verpflichtet. Dies ist der Maßstab seiner Honorierung, der sich wie folgt darstellt:

Leistungsphasen		**laut § 34 HOAI**	**beauftragt**
1	Grundlagenermittlung:	2 %	2 %
2	Vorplanung:	7 %	7 %
3	Entwurfsplanung:	15 %	15 %
4	Genehmigungsplanung:	3 %	3 %
5	Ausführungsplanung:	25 %	25 %
6	Vorbereitung der Vergabe:	10 %	10 %
7	Mitwirkung bei der Vergabe:	4 %	4 %
8	Objektüberwachung:	32 %	32 %
9	Objektbetreuung:	2 %	0 %
1–9	**Gesamt:**	**100 %**	**98 %**

Beispiel 2:
Wurden im Leistungsbild Gebäude die Planungsleistungen, z. B. bei einem Wettbewerbsverfahren, auf drei Architekten verteilt, sodass der
Architekt A, der Wettbewerbsgewinner, seinen Wettbewerbsentwurf komplett durcharbeiten und diesen zur Genehmigung einreichen,
Architekt B, ein dem Auftraggeber bestens bekannter Detaillierungs- und Ausschreibungsspezialist, die gesamte Realisierungsplanung, d. h. die Ausführungsplanung, die Ausschreibungen und die vorbereitenden Arbeiten für alle Vergaben übernehmen und
Architekt C, der ortsansässige Architekt, die Bauleitung und die nach der Abnahme des Gebäudes zur erledigenden Nachsorgeleistungen übernehmen soll, so ergibt sich aus dem Abgleich mit § 34 HOAI, dass

Architekt A ein Leistungspaket

Leistungsphasen		**laut § 34 HOAI**	**beauftragt**
1	Grundlagenermittlung:	2 %	2 %
2	Vorplanung:	7 %	7 %
3	Entwurfsplanung:	15 %	15 %
4	Genehmigungsplanung:	3 %	3 %

Leistungsphasen		laut § 34 HOAI	beauftragt
5	Ausführungsplanung:	25 %	0 %
6	Vorbereitung der Vergabe:	10 %	0 %
7	Mitwirkung bei der Vergabe:	4 %	0 %
8	Objektüberwachung:	32 %	0 %
9	Objektbetreuung:	2 %	0 %
1–9	**Gesamt:**	**100 %**	**27 %**

in Höhe von **27 %** eines vollen Architektenvertrags,

Architekt B ein Leistungspaket

Leistungsphasen		laut § 34 HOAI	beauftragt
1	Grundlagenermittlung:	2 %	0 %
2	Vorplanung:	7 %	0 %
3	Entwurfsplanung:	15 %	0 %
4	Genehmigungsplanung:	3 %	0 %
5	Ausführungsplanung:	25 %	25 %
6	Vorbereitung der Vergabe:	10 %	10 %
7	Mitwirkung bei der Vergabe:	4 %	4 %
8	Objektüberwachung:	32 %	0 %
9	Objektbetreuung:	2 %	0 %
1–9	**Gesamt:**	**100 %**	**39 %**

in Höhe von **39 %** eines vollen Architektenvertrags und

Architekt C ein Leistungspaket

Leistungsphasen		laut § 34 HOAI	beauftragt
1	Grundlagenermittlung:	2 %	0 %
2	Vorplanung:	7 %	0 %
3	Entwurfsplanung:	15 %	0 %
4	Genehmigungsplanung:	3 %	0 %
5	Ausführungsplanung:	25 %	0 %
6	Vorbereitung der Vergabe:	10 %	0 %
7	Mitwirkung bei der Vergabe:	4 %	0 %
8	Objektüberwachung:	32 %	32 %
9	Objektbetreuung:	2 %	2 %
1–9	**Gesamt:**	**100 %**	**34 %**

in Höhe von **34 %** eines vollen Architektenvertrags übernommen hat.

Der Auftraggeber hat somit insgesamt die vollständigen Planungs-, Ausführungsvorbereitungs- und Bauüberwachungsleistungen beauftragt. Er hat diese aber, anders als im typischen Vollauftrag, in drei Vertragsverhältnisse mit unterschiedlichen Auftragnehmern aufgeteilt. Hierbei müssen sich die drei Planer verpflichten, aufeinander abgestimmt, gemeinsam das bestellte Gebäude entstehen zu lassen. Das Honorar, das den Lohn für das geschaffene Werk darstellt, wird in diesem Fall – vorausgesetzt, es ist nach der Systematik der HOAI zu bemessen und nichts davon Abweichendes vereinbart worden – unter den drei Architekten aufgeteilt, und zwar in den Relationen, wie sie durch die HOAI festgelegt werden.

Das bedeutet im vorliegenden Beispiel 2, dass

Architekt A einen Honoraranteil von	**27 %,**
Architekt B einen Honoraranteil von	**39 %,**
Architekt C einen Honoraranteil von	**34 %,**
erhält und **die Architekten gemeinsam**	**100 %**

erhalten, insofern jeder seinen Vertrag ordnungsgemäß erfüllt hat.

Bei einer solchen Fallgestaltung sollte aber schon bei der Auftragserteilung bedacht werden, dass der jeweils nachfolgende Architekt sich grundsätzlich in das von seinem Vorgänger bzw. von seinen Vorgängern schon Geschaffene einzuarbeiten hat, bevor er mit seiner Tätigkeit beginnen kann. Dies, um gewährleisten zu können, dass das vom Auftraggeber letztendlich gewünschte Werk entstehen kann. Diese vom Auftraggeber geschaffene Auftragssituation generiert eine Mehrarbeit, die bei einer einheitlichen Vergabe an einen Planer nicht entsteht. Die HOAI sieht das Honorar als Werklohn, als Gegenwert für den eingetretenen versprochenen Erfolg, das mangelfreie und funktionstüchtige Werk. Sie teilt somit das Gesamthonorar konsequent auf die drei beteiligten Planer auf:

> **Zitat:**
> **§ 8 Berechnung des Honorars in besonderen Fällen**[182]
> (1) Werden dem Auftragnehmer nicht alle Leistungsphasen eines Leistungsbildes übertragen, so dürfen nur die für die übertragenen Phasen vorgesehenen Prozentsätze berechnet und vereinbart werden. [...]

Der durch die vom Auftraggeber gewollte Vertragsteilung entstehende Mehraufwand, der über die werkvertragliche Verpflichtung der Nachfolgeplaner hinausgeht, ist – bei Anwendung der HOAI-Systematik in Reinform – zusätzlich außerhalb der von § 8 HOAI angesprochenen Prozentpunkte angemessen zu vergüten. Die HOAI 2021 sieht dies ausdrücklich vor:

> **Zitat:**
> **§ 8 Berechnung des Honorars in besonderen Fällen**
> (3) Die **gesonderte Vergütung eines zusätzlichen Koordinierungs- oder Einarbeitungsaufwands** ist in Textform zu vereinbaren.

Sie regelt jedoch nicht die Höhe dieser Vergütung. Diese ist wiederum frei vereinbar.

1.3.2 Anrechenbare Kosten

Die HOAI 2021 sieht vor, dass die Herstellungskosten einen unter mehreren Honorarberechnungsparametern darstellen,

> **Zitat:**
> **§ 6 Grundlagen des Honorars**
> (1) [...] Zusätzlich zu den Grundlagen nach Satz 1 ermittelt sich das Honorar
> 1. [...]
> 2. für die Leistungsbilder der Teile 3 und 4 und der Anlage 1 Nummer 1.2, 1.3 und 1.4.5 nach den anrechenbaren Kosten des Objekts auf der Grundlage der Kostenberechnung oder, sofern keine Kostenberechnung vorliegt, auf der Grundlage der Kostenschätzung,
> 3. [...]

[182] Die in § 8 HOAI – auch in der Fassung von 2021 – enthaltene Aussage, wonach nur die auf die beauftragten Leistungen entfallenden Prozentpunkte vereinbart werden dürfen, hätte bei der Neufassung an und für sich gestrichen werden müssen. Denn wenn sämtliches Honorar frei verhandelt werden kann, entspricht es diesem Leitbild gleichzeitig nicht, dass für bestimmte Vereinbarungen dann doch Beschränkungen vorgesehen sein sollen.

bestimmt aber, dass es je nach Art und Größe der Maßnahme aus den Herstellungskosten eines Objekts Kostenanteile (**A** bis **F**) geben soll, die beim Leistungsbild Gebäude

A: **immer** und immer **voll** anrechenbar sind,
B: **immer**, aber ggf. **voll**, ggf. **gemindert** anrechenbar sind,
C: **bedingt** anrechenbar sind, aber wenn ja, dann **voll**,
D: **unter bestimmten Voraussetzungen voll** oder **nicht** anrechenbar sind,
E: nicht direkt anfallen, aber **als fiktive Kosten** anrechenbar sind, und
F: grundsätzlich **nicht** anrechenbar sind.

Um aus den Herstellungskosten diese anrechenbaren Kosten objektbezogen ausweisen zu können, verlangt die HOAI 2021 in § 4 Abs. 1 eine Darstellung aller Kosten nach einem bestimmten Ordnungssystem, der DIN 276 in der Fassung von Dezember 2008:

Zitat:
§ 4 Anrechenbare Kosten
(1) [...] Wird in dieser Verordnung im Zusammenhang mit der Kostenermittlung die DIN 276 in Bezug genommen, so ist die Fassung vom Dezember 2008 (DIN 276-1:2008-12) bei der Ermittlung der anrechenbaren Kosten zugrunde zu legen. [...]

und legt fest, dass bei der Gebäudeplanung die

- **A** – Kosten der Baukonstruktionen immer anrechenbar sind,

Zitat:
§ 33 Besondere Grundlagen des Honorars
(1) Für Grundleistungen bei Gebäuden und Innenräumen sind die Kosten der **Baukonstruktion** anrechenbar.

- **B** – Kosten der Technischen Anlagen ggf. verringert anrechenbar sind,

Zitat:
§ 33 Besondere Grundlagen des Honorars
(2) Für Grundleistungen bei Gebäuden und Innenräumen sind auch die Kosten für **Technische Anlagen**, die der Auftragnehmer nicht fachlich plant oder deren Ausführung er nicht fachlich überwacht,
1. **vollständig** anrechenbar bis zu einem Betrag von 25 Prozent der sonstigen anrechenbaren Kosten und
2. **zur Hälfte** anrechenbar mit dem Betrag, der 25 Prozent der sonstigen anrechenbaren Kosten übersteigt.

- **C** – Kosten des Herrichtens des Grundstucks, der nicht öffentlichen Erschließung, der Ausstattung und der Kunstwerke bedingt anrechenbar sind,

Zitat:
§ 33 Besondere Grundlagen des Honorars
(3) **Nicht anrechenbar** sind insbesondere die Kosten für das Herrichten, für die nichtöffentliche Erschließung sowie für Leistungen zur Ausstattung und zu Kunstwerken, **soweit** der Auftragnehmer die Leistungen weder plant noch bei der Beschaffung mitwirkt oder ihre Ausführung oder ihren Einbau fachlich überwacht.

- **D** – Kosten für Freianlagen unter Umständen, wenn der Auftragnehmer auch mit der Planung der Freianlagen beauftragt ist und die anrechenbaren Kosten der Freianlagen weniger als 7.500 € betragen, voll anrechenbar sind.

Zitat:
§ 11 Auftrag für mehrere Objekte
(1) Umfasst ein Auftrag mehrere Objekte, so sind die Honorare vorbehaltlich der folgenden Absätze für jedes Objekt getrennt zu berechnen.

§ 37 Aufträge für Gebäude und Freianlagen oder für Gebäude und Innenräume
(1) **§ 11 Absatz 1 ist nicht anzuwenden,** wenn die getrennte Berechnung der Honorare **für Freianlagen weniger als 7.500 Euro** anrechenbare Kosten ergeben würde.

Somit ist indirekt festgeschrieben, dass alle hier nicht genannten Herstellungskosten als Kosten der Kategorie **F** nicht in die Honorarbemessungsgrundlage als anrechenbare Kosten eingestellt werden.

Da die anrechenbaren Kosten als Honorarberechnungsgrundlage gemäß § 6 Abs. 1 Satz 2 Nr. 2 HOAI 2021 aus der Kostenberechnung zu ermitteln sind, die Kostenberechnung gemäß § 2 Abs. 11 HOAI bzw. nach der DIN 276-1:2008-12 aber keinen höheren Genauigkeitsgrad als bis zur zweiten Stelle der jeweiligen Kostengruppennummer verlangt, können nach der folgenden Tabelle alle für die Honorarberechnung für die **Gebäudeplanung** relevanten Kosten in die **Kategorien A bis F** eingeordnet und bestimmt werden:

DIN 276	Bezeichnung	§ HOAI	K[183]	Anrechenbarkeit
100	Grundstück		F	grundsätzlich nicht
210	Herrichten	§ 33 (3)	C	bedingt, aber wenn ja, dann voll
220	Öffentliche Erschließung		F	grundsätzlich nicht
230	Nichtöffentliche Erschließung	§ 33 (3)	C	bedingt, aber wenn ja, dann voll
240	Ausgleichsabgaben		F	grundsätzlich nicht
250	Übergangsmaßnahmen		F	grundsätzlich nicht
300	Baukonstruktion	§ 33 (1)	A	immer und immer voll
400	Technische Anlagen	§ 33 (2)	B	immer, aber ggf. voll, ggf. gemindert
500	Außenanlagen	§ 37 (1)	D	< 7.500 €: ja, ≥ 7.500 €: nein
610	Ausstattung	§ 33 (3)	C	bedingt, aber wenn ja, dann voll
620	Kunstwerke	§ 33 (3)	C	bedingt, aber wenn ja, dann voll
700	Baunebenkosten		F	grundsätzlich nicht
	Umsatzsteueranteile	§ 4 (1)	F	grundsätzlich nicht

Aus **§ 4 Abs. 2 HOAI** ergibt sich, dass **fiktive Kosten**, also solche, die nicht konkret oder aufgrund besonderer Umstände nur in verringerter Höhe anfallen, und somit vom Architekten im Rahmen der Planung anhand von Erfahrungswerten in ortsüblicher Höhe prognostiziert werden, unter bestimmten Umständen ebenfalls in die Bemessungsgrundlage für die Berechnung des Honorars für Leistungen bei Gebäuden mit einbezogen werden können (Kategorie **E**).

Zitat:
§ 4 Anrechenbare Kosten
(2) Die anrechenbaren Kosten richten sich nach den ortsüblichen Preisen, wenn der Auftraggeber
1. selbst Lieferungen oder Leistungen übernimmt,
2. von bauausführenden Unternehmen oder von Lieferanten nicht übliche Vergünstigungen erhält,
3. Lieferungen oder Leistungen in Gegenrechnung ausführt oder
4. vorhandene oder vorbeschaffte Baustoffe oder Bauteile einbauen lässt.

Somit kann die oben gezeigte Tabelle wie folgt ergänzt werden:

§ HOAI	Bezeichnung	K	Anrechenbarkeit
§ 4 (2) 1.	Eigenleistungen und -lieferungen des AG	E	zu ortsüblichen Preisen
§ 4 (2) 2.	nicht übliche Vergünstigungen gegenüber dem AG	E	zu ortsüblichen Preisen
§ 4 (2) 3.	Lieferungen und Leistungen in Gegenrechnung	E	zu ortsüblichen Preisen
§ 4 (2) 4.	Einbau vorhandener oder vorbeschaffter Baustoffe/Bauteile	E	zu ortsüblichen Preisen

Weiterhin enthält die **HOAI 2021** in § 4 Abs. 3 die Regelung, dass für vorhandene Bausubstanz, die der Auftragnehmer technisch oder gestalterisch mitverarbeitet, ebenfalls Kosten zu berück-

[183] K = Kategorie der Kosten (A bis F)

sichtigen sind, welche nach dem Umfang und Wert der mitzuverarbeitenden Bausubstanz objektbezogen ermittelt und ggf. zusätzlich in angemessener Höhe in die Honorarbemessungsgrundlage eingestellt werden können. Somit kann die Tabelle wie folgt erweitert werden:

§ HOAI	Bezeichnung	K	Anrechenbarkeit
§ 4 (3)	mitzuverarbeitende Bausubstanz	E	nach objektbezogener Ermittlung

Bei der **Freianlagenplanung** ergibt sich aus § 38 HOAI direkt und/oder indirekt, welche Kosten unter welchen Bedingungen **anrechenbar** sind. Es gibt Kostenanteile (**A** bis **D**), die im Leistungsbild Freianlagen

A: **immer** und immer **voll** anrechenbar sind,
B: **bedingt** anrechenbar sind, aber wenn ja, dann **voll**,
C: nicht direkt anfallen, aber **als fiktive Kosten** anrechenbar sind, und
D: grundsätzlich **nicht** anrechenbar sind.

Um aus den Herstellungskosten der Freianlagen diese anrechenbaren Kosten objektbezogen ausweisen zu können, verlangt die HOAI 2021 in § 4 Abs. 1 eine Darstellung aller Kosten nach dem Ordnungssystem der DIN 276-1:2008-12 und legt fest, dass bei der Freianlagenplanung die

- **A** – Kosten der Außenanlagen immer anrechenbar sind,

  Zitat:
  § 38 Besondere Grundlagen des Honorars
  (1) Für Grundleistungen bei Freianlagen sind die Kosten für **Außenanlagen** anrechenbar, [...]

- **B** – Kosten des Herrichtens des Grundstücks, der nicht öffentlichen Erschließung, der Ausstattung und der Kunstwerke bedingt anrechenbar sind, was aus dem Verweis auf die entsprechende Regelung im Leistungsbild Objektplanung für Gebäude folgt:

  Zitat:
  § 38 Besondere Grundlagen des Honorars
  (2) **Nicht anrechenbar** sind für Grundleistungen bei Freianlagen die Kosten für
  1. das Gebäude sowie die in § 33 Absatz 3 genannten Kosten und [...]

  § 33 Besondere Grundlagen des Honorars
  (3) **Nicht anrechenbar** sind insbesondere die Kosten für das Herrichten, für die nichtöffentliche Erschließung sowie für Leistungen zur Ausstattung und zu Kunstwerken, **soweit** der Auftragnehmer die Leistungen weder plant noch bei der Beschaffung mitwirkt oder ihre Ausführung oder ihren Einbau fachlich überwacht.

Ausdrücklich nicht anrechenbar sind die Herstellungskosten von Gebäuden[184] sowie indirekt alle in § 38 HOAI 2021 nicht genannten Herstellungskosten. Diese Kosten der Kategorie **D** können nicht in die Honorarbemessungsgrundlage als anrechenbare Kosten eingestellt werden.

184 Bis einschließlich der HOAI 2009 gab es in § 37 Abs. 3 HOAI 2009 eine zum Leistungsbild Gebäude spiegelbildliche „Bagatellgrenze". Wurde ein mit den Freianlagen beauftragter Planer auch mit der Planung eines Gebäudes mit anrechenbaren Kosten von unter 7.500 € beauftragt, mussten die Kosten dieses Gebäudes den anrechenbaren Kosten der Freianlagen zugeschlagen werden und das Gebäude durfte nicht separat abgerechnet werden. Diese Regelung ist in der HOAI 2013 im Wortlaut entfallen, obwohl der Verordnungsgeber gemäß amtlicher Begründung glaubte, sie sei deswegen nicht mehr erforderlich, weil sich die – nach wie vor gewollte – Rechtsfolge bereits aus dem neuen § 37 Abs. 1 HOAI ergeben würde. Die herrschende Meinung geht davon aus, dass die Regelung ersatzlos entfallen ist. Durch den weitgehenden Entfall der Verbindlichkeit der Honorare gemäß HOAI 2021 sowie die ohnehin schon immer freie Vereinbarkeit eines Honorars für Gebäude unter 25.000 € einerseits und die Seltenheit von Gebäuden mit Kosten unter 7.500 € andererseits hat diese Detailfrage allerdings nur wenig Relevanz.

Da die anrechenbaren Kosten als Honorarberechnungsgrundlage gemäß § 6 Abs. 1 Satz 2 Nr. 2 HOAI 2021 aus der Kostenberechnung zu ermitteln sind, die Kostenberechnung gemäß § 2 Abs. 11 HOAI bzw. nach der DIN 276-1:2008-12 aber keinen höheren Genauigkeitsgrad als bis zur zweiten Stelle der jeweiligen Kostengruppennummer verlangt, können nach der folgenden Tabelle alle für die Honorarberechnung für die **Freianlagenplanung** relevanten Kosten in die **Kategorien A, B und D** eingeordnet und bestimmt werden:

DIN 276	Bezeichnung	§ HOAI	K[185]	Anrechenbarkeit
100	Grundstück		**D**	grundsätzlich nicht
210	Herrichten	§ 38 (2)	**B**	bedingt, aber wenn ja, dann voll
220	Öffentliche Erschließung		**D**	grundsätzlich nicht
230	Nichtöffentliche Erschließung	§ 38 (2)	**B**	bedingt, aber wenn ja, dann voll
240	Ausgleichsabgaben		**D**	grundsätzlich nicht
250	Übergangsmaßnahmen		**D**	grundsätzlich nicht
300	Baukonstruktion	§ 38 (1)	**D**	grundsätzlich nicht (herrschende Meinung)
400	Technische Anlagen	§ 38 (1)	**D**	grundsätzlich nicht (herrschende Meinung)
500	Außenanlagen	§ 38 (1)	**A**	immer voll
610	Ausstattung	§ 38 (2)	**B**	bedingt, aber wenn ja, dann voll
620	Kunstwerke	§ 38 (2)	**B**	bedingt, aber wenn ja, dann voll
700	Baunebenkosten		**D**	grundsätzlich nicht
	Umsatzsteueranteile	§ 4 (1)	**D**	grundsätzlich nicht

Aus **§ 4 Abs. 2 HOAI** ergeben sich folgende **fiktiven Kostenpositionen**, die unter bestimmten Umständen ebenfalls in die Bemessungsgrundlage für die Berechnung des Honorars für Leistungen bei Freianlagen in ortsüblicher Kostenhöhe mit einbezogen werden können (Kategorie **C**). Somit kann die oben gezeigte Tabelle wie folgt ergänzt werden:

§ HOAI	Bezeichnung	K	Anrechenbarkeit
§ 4 (2) 1.	Eigenleistungen und -lieferungen des AG	**C**	zu ortsüblichen Preisen
§ 4 (2) 2.	nicht übliche Vergünstigungen gegenüber dem AG	**C**	zu ortsüblichen Preisen
§ 4 (2) 3.	Lieferungen und Leistungen in Gegenrechnung	**C**	zu ortsüblichen Preisen
§ 4 (2) 4.	Einbau vorhandener oder vorbeschaffter Baustoffe/Bauteile	**C**	zu ortsüblichen Preisen

In Bezug auf die Regelung in **§ 4 Abs. 3 HOAI 2021** zur angemessenen Berücksichtigung der **mitzuverarbeitenden Bausubstanz** bei den anrechenbaren Kosten kann die Tabelle auch bei der Freianlagenplanung wie folgt erweitert werden:

§ HOAI	Bezeichnung	K	Anrechenbarkeit
§ 4 (3)	mitzuverarbeitende Bausubstanz	**C**	nach objektbezogener Ermittlung

1.3.3 Honorarzone

Die HOAI 2021 hat den Honorarberechnungsparameter Honorarzone im Prinzip unverändert übernommen und bestimmt in § 5 Abs. 2:

[185] K = Kategorie der Kosten (A bis D)

Zitat:
§ 5 Honorarzonen
(2) Die Honorarzonen sind anhand der Bewertungsmerkmale in den Honorarregelungen der jeweiligen Leistungsbilder der Teile 2 bis 4 und der Anlage 1 zu ermitteln. Die Zurechnung zu den einzelnen Honorarzonen ist nach Maßgabe der Bewertungsmerkmale und gegebenenfalls der Bewertungspunkte sowie unter Berücksichtigung der Regelbeispiele in den Objektlisten der Anlagen dieser Verordnung vorzunehmen.

Sofern eine Honorarzone vertraglich vereinbart worden ist, dürfte diese im Normalfall weitgehend feststehen und nur noch in Ausnahmefällen von den Vertragsparteien in Frage gestellt werden können, beispielsweise dann, wenn sich die Aufgabenstellung des Planers und deren Schwierigkeitsgrad seit dem Vertragsschluss maßgeblich geändert hat. Denn aufgrund des Umstands, dass die HOAI 2021 nur noch Orientierungswerte ausweist, wird eine nachträgliche Anpassung einer vertraglich vereinbarten Honorarzone mit dem Argument der andernfalls eintretenden Mindestsatzunterschreitung nicht mehr möglich sein.

Zur Ermittlung der Honorarzone im Vorfeld der vertraglichen Vereinbarung (oder bei Anwendung der HOAI mangels Honorarvereinbarung in Textform) ist es z. B. bei der Gebäudeplanung sinnvoll, zunächst die Objektliste, Anlage 10.2 für Gebäude, einzusehen und nachzusehen, ob das zu planende Gebäude in vergleichbarer Form hierin beschrieben ist. Wird ein vergleichbarer Gebäudetyp nur einmal in einer Honorarzone genannt, so kann im Prinzip davon ausgegangen werden, dass hiermit die Honorarzone klar genug bestimmt ist. Kommt dieser vergleichbare Gebäudetyp aber in mehreren Honorarzonen vor, so ist es sinnvoll, eine **Grobbewertung** nach **§ 5 Abs. 1** und **Abs. 2** und **§ 35 HOAI** vorzunehmen. Bei **Umbaumaßnahmen** sind gemäß § 6 Abs. 2 Nr. 2 HOAI die Bewertungsmerkmale auf die konkrete Umbaumaßnahme zu beziehen und **sinngemäß** anzuwenden.

Die Grobbewertung bei der **Gebäudeplanung** kann wie folgt aussehen:

Bewertungsmerkmale nach Planungsanforderungen:	Bewertung der Planungsanforderungen nach Schwierigkeitsgrad:				
	sehr gering	gering	durchschnittlich	hoch	sehr hoch
Einbindung in die Umgebung		X			
Anzahl der Funktionsbereiche				X	
Gestalterische Anforderungen			X		
Konstruktive Anforderungen				X	
Technische Gebäudeausrüstung				X	
Ausbau				X	
	I	II	III	IV	V
	HONORARZONE: II, III oder IV				

Kann mit einer Grobbewertung, wie im vorliegenden Fall beispielhaft aufgezeigt, nicht eindeutig eine Honorarzone bestimmt werden, ist eine **Feinbewertung (Punktebewertung)** nach **§ 35 Abs. 2, 4 und 6 HOAI** vorzunehmen. Nach dem hier verwendeten Bewertungsschema (nach Eich/Eich)[186] kann sich eine Zuordnung wie folgt ergeben:

---

186 Eich/Eich: Architektenvertragshandbuch Gebäudeplanung, 4. Aufl., Köln: Bundesanzeiger Verlag, 2018

Bewertungsmerkmale nach Planungsanforderungen:	Bewertung der Planungsanforderungen nach Schwierigkeitsgrad:					Punkte
	sehr gering	gering	durchschnittlich	hoch	sehr hoch	
Einbindung in die Umgebung	1	**2**	3 4	5	6	**2**
Anzahl der Funktionsbereiche	1 2	3 4	5	**6 7**	8 9	**6,5**
Gestalterische Anforderungen	1 2	3 4	**5**	6 7	8 9	**5**
Konstruktive Anforderungen	1	2	3 4	**5**	6	**5**
Technische Gebäudeausrüstung	1	2	3 4	**5**	6	**5**
Ausbau	1	2	3 4	**5**	6	**5**
Gesamtpunktzahl:	**28,5**					**28,5**
	1 bis 10	11 bis 18	19 bis 26	**27 bis 34**	35 bis 42	
	I	**II**	**III**	**IV**	**V**	
	HONORARZONE: IV					

Die Feinbewertung ergibt hier beispielsweise 28,5 Punkte, liegt somit zwischen 27 und 34 Punkten. Es kann hiernach für die **Gebäudeplanung** nach **§ 35 Abs. 6 HOAI** die **Honorarzone IV** vereinbart werden.

Bei der **Freianlagenplanung** kann zur Ermittlung der Honorarzone entsprechend vorgegangen werden. Die Objektliste für Freianlagen findet sich in Anlage 11.2 HOAI. Kommt der vergleichbare Freianlagentyp aber in mehreren Honorarzonen vor, so ist es sinnvoll, eine **Grobbewertung** nach **§ 5 Abs. 1 und 2** sowie **§ 40 HOAI** vorzunehmen.

Die Grobbewertung bei der **Freianlagenplanung** kann beispielhaft wie folgt aussehen:

Bewertungsmerkmale nach Planungsanforderungen:	Bewertung der Planungsanforderungen nach Schwierigkeitsgrad:				
	sehr gering	gering	durchschnittlich	hoch	sehr hoch
Einbindung in die Umgebung		**X**			
Schutz, Pflege u. Entwicklung v. Natur ...			**X**		
Anzahl der Funktionsbereiche			**X**		
Gestalterische Anforderungen			**X**		
Ver- und Entsorgungseinrichtungen				**X**	
	I	**II**	**III**	**IV**	**V**
	HONORARZONE: II, III oder IV				

Kann mit einer Grobbewertung, wie im vorliegenden Fall beispielhaft aufgezeigt, nicht eindeutig eine Honorarzone bestimmt werden, ist eine **Feinbewertung (Punktebewertung)** nach **§ 40 Abs. 2 bis 4 HOAI** vorzunehmen. Nach dem hier verwendeten Bewertungsschema (nach Eich/Eich)[187] kann sich eine Zuordnung wie folgt ergeben:

Bewertungsmerkmale nach Planungsanforderungen:	Bewertung der Planungsanforderungen nach Schwierigkeitsgrad:								Punkte
	sehr gering	gering		durchschnittlich		hoch		sehr hoch	
Einbindung in die Umgebung	1	**2**	**3**	4	5	6	7	8	**2,5**
Schutz, Pflege u. Entwicklung v. Natur …	1	2	3	**4**	**5**	6	7	8	**4,5**
Anzahl der Funktionsbereiche	1	2		**3**	**4**	5		6	**3,5**
Gestalterische Anforderungen	1	2	3	**4**	**5**	6	7	8	**4,5**
Ver- und Entsorgungseinrichtungen	1	2		3	4	**5**		6	**5,0**
Gesamtpunktzahl:	**20,0**								**20,0**
	1 bis 8	9 bis 15		**16 bis 22**		23 bis 29		30 bis 36	
	I	**II**		**III**		IV		**V**	
	HONORARZONE: III								

Die Feinbewertung ergibt hier beispielsweise 20 Punkte, liegt somit zwischen 16 und 22 Punkten. Es kann hiernach für die Freianlagenplanung nach **§ 40 Abs. 4 HOAI** die **Honorarzone III** vereinbart werden.

1.3.4 Honorarsatz

Die HOAI 2021 sieht einen Rahmen zwischen Mindest- und Höchstsätzen, der von den Vertragsparteien einzuhalten ist, nicht mehr vor. Die in der HOAI ausgewiesenen Honorare können jedoch bei der vertraglichen Vereinbarung als Orientierungshilfe dienen. Der bisherige „Mindestsatz" heißt nun „Basishonorarsatz", aus dem bisherigen „Höchstsatz" wurde begrifflich der „obere Honorarsatz".

Fehlt es an einer Honorarvereinbarung in Textform, kann nur der Basishonorarsatz verlangt werden. Handelt es sich beim Auftraggeber um einen Verbraucher und wurde dieser nicht oder nicht rechtzeitig darüber informiert, dass eine Honorarvereinbarung auch von den in der HOAI ausgewiesenen Werten nach oben oder unten abweichend vereinbart werden kann, kann selbst dann nur der Basishonorarsatz geltend gemacht werden, wenn die Parteien vertraglich ein höheres Honorar vereinbart hatten. Eine niedrigere Honorarvereinbarung in Textform bleibt allerdings wirksam.

---

[187] Eich/Eich: Architektenvertragshandbuch Freianlagenplanung, 3. Aufl., Köln: Bundesanzeiger Verlag, 2017

1.3.5 Zuschläge

Die Honorartafeln – und das gesamte System der HOAI – sind ihrem Ursprung nach auf Neubauten ausgerichtet. Der in der Regel höhere Planungsaufwand beim Bauen im Bestand, insbesondere bei Umbauten und Modernisierungen, soll über pauschale Zuschläge ausgeglichen bzw. berücksichtigt werden.

Die Definition des Begriffs „Umbau" setzt auch nach der HOAI 2021 eine Umgestaltung voraus, die mit wesentlichen Eingriffen in Konstruktion oder Bestand verbunden ist:

> **Zitat:**
> **§ 2 Begriffsbestimmungen**
> (5) Umbauten sind Umgestaltungen eines vorhandenen Objekts mit wesentlichen Eingriffen in Konstruktion oder Bestand.

Zur Höhe des Zuschlags bei Umbauten und Modernisierungen von Gebäuden ist in § 36 Abs. 1 HOAI geregelt:

> **Zitat:**
> **§ 36 Umbauten und Modernisierungen von Gebäuden und Innenräumen**
> (1) Für Umbauten und Modernisierungen von Gebäuden kann bei einem durchschnittlichen Schwierigkeitsgrad ein Zuschlag gemäß § 6 Absatz 2 Satz 3 bis 33 Prozent auf das ermittelte Honorar in Textform vereinbart werden.

Bei Freianlagen gilt § 36 Abs. 1 HOAI entsprechend:

> **Zitat:**
> **§ 40 Honorare für Grundleistungen bei Freianlagen**
> (6) § 36 Absatz 1 ist für Freianlagen entsprechend anzuwenden.

Wie bereits bisher kann eine wirksame Vereinbarung zum Zuschlag auch noch nachträglich und im Projektverlauf geschlossen werden. Auch eine Vereinbarung von 0 % Zuschlag ist möglich. Nur dann, wenn bis zur Abrechnung keine Vereinbarung in Textform getroffen wurde und mindestens durchschnittliche Planungsanforderungen vorliegen, gilt gemäß § 6 Abs. 2 Satz 4 HOAI ein Zuschlag von 20 % als vereinbart.

2 Musterrechnung

Nachfolgend wird am Beispiel einer Beauftragung mit Leistungen der Leistungsbilder
- **Gebäude** nach **§ 34** HOAI und
- **Freianlagen** nach **§ 39** HOAI

anhand einer Musterrechnung beschrieben, wie die Honorarberechnungsparameter bei Vorliegen einer entsprechenden Honorarvereinbarung nach der HOAI-Systematik im Einzelnen zu ermitteln und in einer prüffähigen Rechnung darzustellen sind.

Sämtliche individuellen und daher bei der Rechnungsstellung am konkreten Fall orientiert anzupassenden Rechnungsparameter und Zahlenwerte sind in blauer Schriftfarbe markiert.

Fallbeispiel

Folgende Vertragsvereinbarungen werden angenommen:

- **Vertragsgegenstand:**
  Umbau eines **Wohn-** und **Geschäftshauses** mit **Tiefgarage** in ABC-Stadt, XYZ-Straße 123, und **Umbau** der dazu gehörenden **Freianlagen**.

- **Anspruchsgrundlage:**
  Das Vertragsverhältnis wurde am **11.01.2021** durch einen **schriftlichen Architektenvertrag** und somit **in Textform** begründet.

- **Honorarberechnungsgrundlage:**
  Das Vertragsverhältnis wurde am 11.01.2021 geschlossen und liegt somit im Geltungszeitraum der **HOAI 2021**. Der Schriftvertrag nimmt ausdrücklich Bezug auf die einzelnen Honorarberechnungsparameter der HOAI und es wurde ein Honorar nach den Honorartafeln zu § 35 Abs. 1 HOAI und zu § 40 Abs. 1 HOAI vereinbart.

- **Leistungsbild:**
  - **Objektplanung für Gebäude** nach **§ 34 HOAI**, **Umbau,** und
  - **Objektplanung für Freianlagen** nach **§ 39 HOAI**, **Umbau**.

- **Umfang der Leistungsverpflichtung** des Architekten nach folgenden Vereinbarungen:
  - **Gebäude:**
    das Ergebnis aus den für diese Aufgabenstellung notwendigen Arbeitsschritten entsprechend § 34 Abs. 3 HOAI, Leistungsphasen **1** bis **8**; die Nachsorgeleistungen entsprechend der Objektbetreuung wurden nicht beauftragt;
  - **Freianlagen:**
    das Ergebnis aus den für diese Aufgabenstellung notwendigen Arbeitsschritten entsprechend § 39 Abs. 3 HOAI, Leistungsphasen **1** bis **8**; die Nachsorgeleistungen entsprechend der Objektbetreuung wurden nicht beauftragt.

- **Vergütungsverpflichtung** des Bauherrn nach folgenden im Schriftvertrag vereinbarten Parametern der HOAI 2021:
  - Die **Honorarzone** wurde anhand von durchgeführten Punktebewertungen für
    - den **Umbau des Gebäudes** als hoch eingestuft und somit im Schriftvertrag die Honorarzone **IV** vereinbart und
    - den **Umbau der Freianlagen** als durchschnittlich eingestuft und somit im Schriftvertrag die Honorarzone **III** vereinbart.
  - Der **Honorarsatz** wurde aufgrund aufwandsbezogener Einflussgrößen, die bereits zum Zeitpunkt der Auftragserteilung bekannt waren, im Schriftvertrag festgelegt bei
    - dem Gebäude als **Mittelsatz** und bei
    - den Freianlagen als **Viertelsatz**.
  - Im Schriftvertrag wurde festgelegt, dass die **anrechenbaren Kosten** bei
    - dem Gebäude entsprechend den §§ 4 und 6 HOAI nach der **Kostenberechnung gemäß DIN 276-1:2008-12** sowie nach **§ 33 HOAI** und bei
    - den Freianlagen entsprechend den §§ 4 und 6 HOAI nach der **Kostenberechnung gemäß DIN 276-1:2008-12** sowie nach **§ 38 HOAI**

    zu ermitteln sind.

  Die planungsbegleitende Kostenberechnung soll leistungsbezogen nach Gewerken und Bauleistungen aufgestellt und die einzelnen Kostenpositionen den Kostengruppen nach DIN 276-1:2008-12 zugeordnet werden.

  Der Wert der mitverarbeiteten vorhandenen Bausubstanz sowie die vorbeschafften und wiederverwendeten Bauteile sollen in der Kostenberechnung als separate Kostenpositionen ausgewiesen und bei den Anrechenbaren Kosten entsprechend berücksichtigt werden.

  Hierzu wurden im Schriftvertrag zwischen den Vertragsparteien folgende Vereinbarungen getroffen:

  1. Die bereits bekannten nicht üblichen Vergünstigungen durch Bauunternehmer, die Eigenleistungen des AG und der Einbau vorbeschaffter Bauteile haben einen Wert in folgender Höhe (brutto):

nicht übliche Vergünstigungen durch Bauunternehmer	5.000,00 €
Eigenleistungen des AG (Malerarbeiten an Innenwänden)	40.000,00 €
Einbau vorbeschaffter Innenwandvertäfelung	50.000,00 €

     Diese Kosten sollen bei der Ermittlung der anrechenbaren Kosten für das Gebäude berücksichtigt werden.

2. Die mitzuverarbeitende vorhandene Bausubstanz beim Gebäude wird in folgender Höhe (brutto) bewertet:

mitzuverarbeitende Bausubstanz der Baukonstruktionen	200.000,00 €
mitzuverarbeitende Bausubstanz der Technischen Anlagen	50.000,00 €
mitzuverarbeitende vorhandene Teile der Ausstattung	20.000,00 €

   Auch diese Kosten sollen bei der Ermittlung der anrechenbaren Kosten für das Gebäude berücksichtigt werden.

- Der **Umbauzuschlag** wurde aufgrund projektindividueller leistungserschwerender Kriterien im Schriftvertrag festgelegt
  - beim **Gebäude** mit **25 %** des Nettohonorars und
  - bei den **Freianlagen** mit **25 %** des Nettohonorars.
- Die **Nebenkosten** wurden im Schriftvertrag pauschal mit **5 %** des Nettohonorars vereinbart.

- **Der Vertrag wurde vollständig erfüllt, die Abnahme ist erfolgt.**

Die Honorarrechnung sollte wie folgt aufgestellt werden, damit sie als prüffähig angesehen werden kann:

Herrn
Dr. Peter Mustermann
Musterstraße 1
34567 Musterstadt

Honorarrechnung[188] **Gebäude- und Freianlagenplanung**

Rechnung:	lfd. Nr.	Projekt:	Ust-IdNr.:	Datum:	Signum:
XYZ	00004	B1638-1 (bei Überweisung mit angeben)	DE 184690529	TT.MM.JJ	XYZ

Projekt: **Umbau Wohn- und Geschäftshaus ABC-Stadt, XYZ-Straße 123 und Umbau der Freianlagen zu diesem Objekt**

Sehr geehrter **Herr Dr. Mustermann**,

nach Erfüllung unseres Vertrags vom **11.01.2021** am **TT.MM.JJJJ** überreichen wir Ihnen beiliegende Rechnung. Zur besseren Nachvollziehbarkeit unserer Rechnungslegung sind alle Honorarberechnungsparameter in beiliegender Anlage erläutert.

Honorar netto:		
Gebäudeplanung	=	**450.533,80 €**
Freianlagenplanung	=	**32.555,39 €**
Zwischensumme (netto):	=	**483.089,19 €**
zzgl. 5 % Nebenkosten:	=	**24.154,46 €**
Gesamtanspruch (netto):	=	**507.243,65 €**
abzgl. Abschlagszahlung Nr. 1 vom TT.MM.JJJJ netto		– 168.067,23 €
abzgl. Abschlagszahlung Nr. 2 vom TT.MM.JJJJ netto		– 168.067,23 €
abzgl. Abschlagszahlung Nr. 3 vom TT.MM.JJJJ netto		– 10.000,00 €
Restanspruch (netto):	=	**161.109,19 €**
zuzüglich 19 % Umsatzsteuer[189] **in Höhe von**	=	**30.610,75 €**
Restanspruch (brutto):	=	**191.719,94 €**

188 In diesem Rechnungsmuster sind alle von den Autoren eingesetzten Angaben, wie Rechnungsnummer, Projektnummer, Datum, Postleitzahlen, Umsatzsteueridentifikationsnummer und variable Honorarberechnungsparameter, individuell zu ändern.

189 Es wird angenommen, dass zum Zeitpunkt der Vertragserfüllung, dem TT.MM.JJJJ, 19 % MwSt. Gültigkeit hatten und sämtliche Abschlagszahlungen ebenfalls mit einem Umsatzsteueranteil von 19 % entrichtet wurden.

Es wird gebeten, den Rechnungsbetrag von:	**191.719,94 €**
unter Bezug auf die Rechnungsnummer (lfd. Nr.-Projekt):	**00004-B1638-1**
auf unser Konto:	
Bank:	**Volksbank Musterhofen**
IBAN:	**XXX**
bis zum:	**TT.MM.JJJJ**
zu überweisen.	

Mit freundlichem Gruß

Architekt **Musterplaner**

Hat der Rechnungsempfänger die hier abgerechneten Leistungen nicht als Unternehmer bzw. außerhalb seines unternehmerischen Bereichs beauftragt, ist er gemäß § 14b Abs. 1 UStG verpflichtet, die Rechnung zwei Jahre aufzubewahren. Diese Frist beginnt mit Ablauf des Kalenderjahrs, in dem die Rechnung ausgestellt wurde.

Die beiliegende Anlage erläutert alle Honorarberechnungsparameter.

Anlage zur Honorarrechnung

1 Honorarermittlungen

1.1 Objektplanung für Gebäude (Umbau)

Anspruchsgrundlage:		**Schriftvertrag vom 11.01.2021**
Honorarberechnungsgrundlage:		**HOAI 2021**
Leistungsbild:		**Objektplanung für Gebäude (Umbau)**
Leistungsumfang:	Leistungsphasen 1–8	**98 %**
Honorarzone:		**IV**
Honorarsatz:		**Mittelsatz**
anrechenbare Kosten:	gem. Kostenberechnung vom TT.MM.JJJJ	**2.687.499,99 €**
Umbauzuschlag:		**25 % des Nettohonorars**
Nebenkosten:		**5 % des Nettohonorars**

Honorarberechnung:

(nach der Honorartafel des **§ 35 Abs. 1 HOAI** unter Berücksichtigung von § 13 HOAI Interpolation):

bei	2.000.000,00 €	= (267.034 + 300.714) : 2	=	283.874,00 €	
bei	3.000.000,00 €	= (381.843 + 430.003) : 2	=	405.923,00 €	
bei	2.687.499,99 €		=		283.874,00 €

$$+ \frac{(405.923,00 - 283.874,00) \times (2.687.499,99 - 2.000.000,00)}{(3.000.000,00 - 2.000.000,00)} = 83.908,69\ €$$

Honorar:	100 %	=	367.782,69 €
hiervon Leistungsumfang:	98 %	=	360.427,04 €
zuzüglich Umbauzuschlag:	25 %	=	90.106,76 €
Honorarsumme Gebäude netto:		**=**	**450.533,80 €**
zuzüglich Nebenkosten:	5 %	=	22.526,69 €
Honorar Gebäude inkl. Nebenkosten netto:		**=**	**473.060,49 €**

1.2 Objektplanung für Freianlagen (Umbau)

Anspruchsgrundlage:		**Schriftvertrag vom 11.01.2021**
Honorarberechnungsgrundlage:		**HOAI 2021**
Leistungsbild:		**Objektplanung für Freianlagen (Umbau)**
Leistungsumfang:	Leistungsphasen 1–8	**98,00 %**
Honorarzone:		**III**
Honorarsatz:		**Viertelsatz**
anrechenbare Kosten:	gem. Kostenberechnung vom TT.MM.JJJJ	**126.050,42 €**
Umbauzuschlag:		**25 % des Nettohonorars**
Nebenkosten:		**5 % des Nettohonorars**

Honorarberechnung:

(nach der Honorartafel des **§ 40 Abs. 1 HOAI** unter Berücksichtigung von § 13 HOAI Interpolation):

bei	125.000,00 € = 24.855 + (30.999–24.855) × 25 %	=	26.391,00 €	
bei	150.000,00 € = 28.998 + (36.166–28.998) × 25 %	=	30.790,00 €	
bei	126.050,42 €	=		26.391,00 €
	+ (30.790,00 – 26.391,00) × (126.050,42 – 125.000,00) / (150.000,00 – 125.000,00)	=		184,83 €
Honorar:	100 %	=		26.575,83 €
hiervon Leistungsumfang:	98 %	=		26.044,31 €
zuzüglich Umbauzuschlag:	25 %	=		6.511,08 €
Honorarsumme Freianlagen netto:		**=**		**32.555,39 €**
zuzüglich Nebenkosten:	5 %	=		1.627,77 €
Honorar Freianlagen inkl. Nebenkosten netto:		**=**		**34.183,16 €**

2 Erläuterungen[190] zu den Honorarermittlungen

2.1 Anspruchsgrundlage

Anspruchsgrundlage für die vorliegende Honorarforderung ist der schriftliche Architektenvertrag, der am **11.01.2021** geschlossen worden ist.

2.2 Honorarberechnungsgrundlage

Im Schriftvertrag vom 11.01.2021 wurde die Honorarermittlung für sämtliche beauftragten Leistungen nach den **Berechnungsparametern und Honorartafeln der HOAI 2021** vereinbart.

2.3 Honorarberechnungsparameter

2.3.1 Leistungsumfang

Der Leistungsumfang ergibt sich aus der vertraglichen Vereinbarung, in der der werkvertraglich geschuldete Erfolg definiert wurde.

Objektplanung für Gebäude:

Aus dem Leistungsbild der Objektplanung für Gebäude wurden im Architektenvertrag vom 11.01.2021 die Leistungen bis einschließlich der Objektüberwachung in Auftrag gegeben. Die Nachsorgeleistungen der Objektbetreuung wurden nicht beauftragt. Gemäß § 34 Abs. 3 HOAI wurde hierfür ein Leistungsumfang von 98 % bewertet und vereinbart, der sich wie folgt darstellt:

Leistungsphasen		laut § 34 HOAI	beauftragt	erbracht
1	Grundlagenermittlung	2 %	2 %	2 %
2	Vorplanung	7 %	7 %	7 %
3	Entwurfsplanung	15 %	15 %	15 %
4	Genehmigungsplanung	3 %	3 %	3 %
5	Ausführungsplanung	25 %	25 %	25 %
6	Vorbereitung der Vergabe	10 %	10 %	10 %
7	Mitwirkung bei der Vergabe	4 %	4 %	4 %
8	Objektüberwachung	32 %	32 %	32 %
9	Objektbetreuung	2 %	0 %	0 %
1–9	**Gesamt:**	**100 %**	**98 %**	**98 %**

[190] Es lohnt sich, sich die Mühe zu machen, alle Daten, die zur Rechnungserstellung notwendig sind, in dieser Art aufzubereiten und dem Auftraggeber mit der Rechnung zu übergeben, damit die Prüffähigkeit der Honorarrechnung gewährleistet ist.

Objektplanung für Freianlagen:

Aus dem Leistungsbild der Objektplanung für Freianlagen wurden im Architektenvertrag vom 11.01.2021 die Leistungen bis einschließlich der Objektüberwachung in Auftrag gegeben. Die Nachsorgeleistungen der Objektbetreuung wurden nicht beauftragt. Gemäß § 39 Abs. 3 HOAI wurde hierfür ein Leistungsumfang von 98 % bewertet und vereinbart, der sich wie folgt darstellt:

Leistungsphasen		laut § 39 HOAI	beauftragt	erbracht
1	Grundlagenermittlung	3 %	3 %	3 %
2	Vorplanung	10 %	10 %	10 %
3	Entwurfsplanung	16 %	16 %	16 %
4	Genehmigungsplanung	4 %	4 %	4 %
5	Ausführungsplanung	25 %	25 %	25 %
6	Vorbereitung der Vergabe	7 %	7 %	7 %
7	Mitwirkung bei der Vergabe	3 %	3 %	3 %
8	Objektüberwachung	30 %	30 %	30 %
9	Objektbetreuung	2 %	0 %	0 %
1–9	**Gesamt:**	**100 %**	**98 %**	**98 %**

2.3.2 Honorarzone

Gebäude:

Im schriftlichen Architektenvertrag vom 11.01.2021 wurde für den **Umbau des Gebäudes** die **Honorarzone IV** vereinbart, die der Honorarberechnung zugrunde gelegt wird.

Freianlagen:

Im schriftlichen Architektenvertrag vom 11.01.2021 wurde für den **Umbau der Freianlagen** die **Honorarzone III** vereinbart, die der Honorarberechnung zugrunde gelegt wird.

2.3.3 Honorarsatz

Gebäude:

Im schriftlichen Architektenvertrag vom 11.01.2021 wurde für das **Gebäude** der **Mittelsatz** der sich aus der **Honorartafel zu § 35 Abs. 1 HOAI** ergebenden Tafelwerte vereinbart.

Freianlagen:

Im schriftlichen Architektenvertrag vom 11.01.2021 wurde für die **Freianlagen** der **Viertelsatz** der sich aus der **Honorartafel zu § 40 Abs. 1 HOAI** ergebenden Tafelwerte vereinbart.

2.3.4 Anrechenbare Kosten

Nach den Vereinbarungen im Architektenvertrag vom 11.01.2021 sind die anrechenbaren Kosten entsprechend den §§ 4 und 6 HOAI für sämtliche beauftragten Leistungen auf der Grundlage der Kostenberechnung nach DIN 276-1:2008-12 zu ermitteln.

Hierfür sind zunächst die in der nach Gewerken, Bauleistungen und Grobelementen auf der Grundlage der Entwurfsplanung aufgestellten Kostenberechnung vom xx.xx.xxxx ausgewiesenen Herstellungskosten den entsprechenden Kostengruppen (KG) nach DIN 276-1:2008-12 zuzuordnen:

Gewerk/Bauleistung/Grobelement	**Herstellungs-kosten in € brutto**	**KG nach DIN 276**
Sicherungsmaßnahmen für vorhandene Bauwerksteile	20.000,00	211
Abbruch von vorhandenen Bauwerksteilen	40.000,00	212
Sanieren kontaminierter Böden	10.000,00	213
Baugrubenaushub und Baugrubenumschließung	60.000,00	311
Baugrubenwasserhaltungsmaßnahmen	10.000,00	313
Flachgründungsmaßnahmen	10.000,00	322
Bodenplatte	50.000,00	324
Bauwerksabdichtung	20.000,00	326
Drainagen	30.000,00	327
Außenwände, tragend, inkl. Außen- und Innenverkleidungen	500.000,00	331
Außenwände, nicht tragend, inkl. Verkleidungen	200.000,00	332
Innenwände	250.000,00	342
Innentüren	80.000,00	344
Innenwandverkleidungen	150.000,00	345
Deckenbeläge	100.000,00	352
Deckenbekleidungen	200.000,00	353
Dachfenster	100.000,00	362
Dachbeläge	140.000,00	363
Einbauküchen und Einbauregale	100.000,00	371
Abwasserleitungen	80.000,00	411
Wasserleitungen und Sanitärobjekte	40.000,00	412
Heizleitungen	80.000,00	422
Heizkörper	120.000,00	423
Lüftungsanlagen	40.000,00	431
Elektrokabel	80.000,00	444
Einbauleuchten	60.000,00	445
Blitzschutz	20.000,00	446
Türsprechanlage	50.000,00	452
Fernsehanlagen	20.000,00	455
Brandschutzanlagen	10.000,00	456
Personenaufzug	40.000,00	461
Anlage zur Getränkezubereitung	40.000,00	471
Sprinkleranlagen	60.000,00	475
Abfallentsorgungsanlagen	40.000,00	478
Staubsauganlagen	20.000,00	478

Gewerk/Bauleistung/Grobelement	Herstellungs-kosten in € brutto	KG nach DIN 276
Geländeflächenab- und -auftrag	30.000,00	512
Zufahrten	40.000,00	521
Stellflächen	30.000,00	524
Einfriedungen	10.000,00	531
Spielteich	10.000,00	538
Zufahrtsrampenheizung	15.000,00	544
Kinderspielgeräte und Fahrradständer	10.000,00	551
Pflanzung von Büschen und Raseneinsaat	5.000,00	562
Möbel, Geräte und Vorhänge	40.000,00	611
Schilder und Wegweiser	10.000,00	619
künstlerische Glasarbeiten im Eingangsbereich	30.000,00	622
Summe der Kosten nach Kostenberechnung vom xx.xx.xxxx	**3.100.000,00**	

Im Architektenvertrag vom 11.01.2021 wurde vereinbart, gemäß § 4 Abs. 2 und 3 HOAI folgende weiteren Kostenpositionen bei den anrechenbaren Kosten zu berücksichtigen, die ebenfalls zunächst den maßgeblichen Kostengruppen (KG) nach DIN 276-1:2008-12 wie folgt zuzuordnen sind:

Gewerk/Bauleistung/Grobelement	Kosten-ansatz in € brutto	KG nach DIN 276
nicht übliche Vergünstigungen durch Bauunternehmer	5.000,00	336
Eigenleistungen des AG (Malerarbeiten an Innenwänden)	40.000,00	345
Einbau vorbeschaffter Innenwandvertäfelung	50.000,00	345
mitverarbeitete vorh. Bausubstanz der Baukonstruktionen	200.000,00	399
mitverarbeitete vorh. Bausubstanz der Technischen Anlagen	50.000,00	499
mitverarbeitete vorh. Teile der Ausstattung	20.000,00	699
Summe zusätzliche Kostenpositionen gem. § 4 Abs. 2 u. 3 HOAI	**365.000,00**	

Nach der Kostengliederungssystematik der DIN 276-1:2008-12 stellen sich die Herstellungskosten nach der leistungsorientierten Kostenberechnung vom xx.xx.xxxx und die zusätzlichen Kostenpositionen gemäß § 4 Abs. 2 und 3 HOAI bereinigt um die Umsatzsteueranteile (USt) von 19 % wie folgt dar:

KG DIN 276/'08	Bezeichnung	brutto €	abzgl. USt.-Anteile in €	netto €
100	**Grundstück**			
110	**Grundstückswert**			
120	**Grundstücksnebenkosten**			
130	**Freimachen**			
∑ 100	**Gesamtsumme Kostengruppe 100**			

KG DIN 276/'08	Bezeichnung	brutto €	abzgl. USt.-Anteile in €	netto €
200	**Herrichten und Erschließen**			
210	**Herrichten**			
211	Sicherungsmaßnahmen	20.000,00	3.193,28	16.806,72
212	Abbruchmaßnahmen	40.000,00	6.386,56	33.613,44
213	Altlastenbeseitigung	10.000,00	1.596,64	8.403,36
∑ 210	**Herrichten**	**70.000,00**	**11.176,48**	**58.823,52**
220	**Öffentliche Erschließung**			
230	**Nicht öffentliche Erschließung**			
240	**Ausgleichsabgaben**			
250	**Übergangsmaßnahmen**			
∑ 200	**Gesamtsumme Kostengruppe 200**	**70.000,00**	**11.176,48**	**58.823,52**
300	**Bauwerk – Baukonstruktionen**			
310	**Baugrube**			
311	Baugrubenaushub und -umschließung	60.000,00	9.579,83	50.420,17
313	Baugrubenwasserhaltungsmaßnahmen	10.000,00	1.596,64	8.403,36
∑ 310	**Baugrube**	**70.000,00**	**11.176,47**	**58.823,53**
320	**Gründung**			
322	Flachgründungsmaßnahmen	10.000,00	1.596,64	8.403,36
324	Bodenplatte	50.000,00	7.983,19	42.016,81
326	Bauwerksabdichtung	20.000,00	3.193,28	16.806,72
327	Drainagen	30.000,00	4.789,92	25.210,08
∑ 320	**Gründung**	**110.000,00**	**17.563,03**	**92.436,97**
330	**Außenwände**			
331	Tragende Außenwände, inkl. Verkleidungen	500.000,00	79.831,93	420168,07
332	Nicht tragende Außenwände, inkl. Verkleidung	200.000,00	31.932,77	168.067,23
336	Nicht übliche Vergünstigungen bei Außenwandarbeiten	5.000,00	798,32	4.201,68
∑ 330	**Außenwände**	**705.000,00**	**112.563,03**	**592.436,97**
340	**Innenwände**			
342	Innenwände	250.000,00	39.915,97	210.084,03
344	Innentüren	80.000,00	12.773,11	67.226,89
345	Innenwandverkleidungen	150.000,00	23.949,58	126.050,42
345	Einbau vorbeschaffter Innenwandvertäfelung	50.000,00	7983,19	42.016,81
345	Eigenleistung Malerarbeiten an Innenwänden	40.000,00	6.386,55	33.613,45
∑ 340	**Innenwände**	**570.000,00**	**91.008,40**	**478.991,60**
350	**Decken**			
352	Deckenbeläge	100.000,00	15.966,39	84.033,61
353	Deckenbekleidungen	200.000,00	31.932,77	168.067,23
∑ 350	**Decken**	**300.000,00**	**47.899,16**	**252.100,84**
360	**Dächer**			
362	Dachfenster	100.000,00	15.966,39	84.033,61
363	Dachbeläge	140.000,00	22.352,94	117.647,06
∑ 360	**Dächer**	**240.000,00**	**38.319,33**	**201.680,67**
370	**Baukonstruktive Einbauten**			
371	Einbauküchen und Einbauregale	100.000,00	15.966,39	84.033,61
∑ 370	**Baukonstruktive Einbauten**	**100.000,00**	**15.966,39**	**84.033,61**
390	**Sonst. Maßnahmen für Baukonstruktionen**			
399	Mitverarbeitete vorh. Bausubstanz	200.000,00	31.932,77	168.067,23
∑ 390	**Sonst. Maßnahmen für Baukonstruktionen**	**200.000,00**	**31.932,77**	**168.067,23**
∑ 300	**Gesamtsumme Kostengruppe 300**	**2.295.000,00**	**366.428,57**	**1.928.571,43**

KG DIN 276/'08	Bezeichnung	brutto €	abzgl. USt.-Anteile in €	netto €
400	**Bauwerk – Technische Anlagen**			
410	**Abwasser-, Wasser-, Gasanlagen**			
411	Abwasserleitungen	80.000,00	12.773,11	67.226,89
412	Wasserleitungen und Sanitärobjekte	40.000,00	6.386,56	33.613,44
∑ 410	**Abwasser-, Wasser-, Gasanlagen**	**120.000,00**	**19.159,67**	**100.840,33**
420	**Wärmeversorgungsanlagen**			
422	Heizleitungen	80.000,00	12.773,11	67.226,89
423	Heizkörper	120.000,00	19.159,66	100.840,34
∑ 420	**Wärmeversorgungsanlagen**	**200.000,00**	**31.932,77**	**168.067,23**
430	**Lufttechnische Anlagen**			
431	Lüftungsanlagen	40.000,00	6.386,56	33.613,44
∑ 430	**Lufttechnische Anlagen**	**40.000,00**	**6.386,56**	**33.613,44**
440	**Starkstromanlagen**			
444	Elektrokabel	80.000,00	12.773,11	67.226,89
445	Einbauleuchten	60.000,00	9.579,83	50.420,17
446	Blitzschutz	20.000,00	3.193,28	16.806,72
∑ 440	**Starkstromanlagen**	**160.000,00**	**25.546,22**	**134.453,78**
450	**Fernmelde- u. informationstechnische Anlagen**			
452	Türsprechanlage	50.000,00	7.983,19	42.016,81
455	Fernsehanlagen	20.000,00	3.193,28	16.806,72
456	Brandschutzanlage	10.000,00	1.596,64	8.403,36
∑ 450	**Fernmelde- u. informationstechnische Anlagen**	**80.000,00**	**12.773,11**	**67.226,89**
460	**Förderanlagen**			
461	Personenaufzug	40.000,00	6.386,56	33.613,44
∑ 460	**Förderanlagen**	**40.000,00**	**6.386,56**	**33.613,44**
470	**Nutzungsspezifische Anlagen**			
471	Anlage zur Getränkezubereitung	40.000,00	6.386,56	33.613,44
475	Sprinkleranlage	60.000,00	9.579,83	50.420,17
478	Abfallentsorgungsanlage	40.000,00	6.386,56	33.613,44
478	Staubsauganlage	20.000,00	3.193,28	16.806,72
∑ 470	**Nutzungsspezifische Anlagen**	**160.000,00**	**25.546,23**	**134.453,77**
480	**Gebäudeautomation**			
490	**Sonst. Maßnahmen für technische Anlagen**			
499	Mitverarbeitete Bausubstanz der technischen Anlagen	50.000,00	7.983,19	42.016,81
∑ 490	**Sonst. Maßnahmen für technische Anlagen**	**50.000,00**	**7.983,19**	**42.016,81**
∑ 400	**Gesamtsumme Kostengruppe 400**	**850.000,00**	**135.714,29**	**714.285,71**
500	**Außenanlagen**			
510	**Geländeflächen**			
512	Geländeflächenab- und -auftrag	30.000,00	4.789,92	25.210,08
∑ 510	**Geländeflächen**	**30.000,00**	**4.789,92**	**25.210,08**
520	**Befestigte Flächen**			
521	Zufahrten	40.000,00	6.386,56	33.613,44
524	Stellflächen	30.000,00	4.789,92	25.210,08
∑ 520	**Befestigte Flächen**	**70.000,00**	**11.176,48**	**58.823,52**
530	**Baukonstruktionen in Außenanlagen**			
531	Einfriedungen	10.000,00	1.596,64	8.403,36
538	Spielteich	10.000,00	1.596,64	8.403,36
∑ 530	**Baukonstruktionen in Außenanlagen**	**20.000,00**	**3.193,28**	**16.806,72**
540	**Technische Anlagen in Außenanlagen**			
544	Zufahrtsrampenheizung	15.000,00	2.394,96	12.605,04
∑ 540	**Technische Anlagen in Außenanlagen**	**15.000,00**	**2.394,96**	**12.605,04**
550	**Einbauten in Außenanlagen**			
551	Kinderspielgeräte und Fahrradständer	10.000,00	1.596,64	8.403,36
∑ 550	**Einbauten in Außenanlagen**	**10.000,00**	**1.596,64**	**8.403,36**

KG DIN 276/'08	Bezeichnung	brutto €	abzgl. USt.-Anteile in €	netto €
560	**Wasserflächen**			
562	Pflanzung von Büschen und Raseneinsaat	5.000,00	798,32	4.201,68
∑ 560	**Wasserflächen**	**5.000,00**	**798,32**	**4.201,68**
570	**Pflanz- und Saatflächen**			
590	**Sonstige Maßnahmen für Außenanlagen**			
∑ 500	**Gesamtsumme Kostengruppe 500**	**150.000,00**	**23.949,58**	**126.050,42**
600	**Ausstattung und Kunstwerke**			
610	**Ausstattung**			
611	Möbel, Geräte und Vorhänge	40.000,00	6.386,56	33.613,44
619	Schilder und Wegweiser	10.000,00	1.596,64	8.403,36
∑ 610	**Ausstattung**	**50.000,00**	**7.983,20**	**42.016,80**
620	**Kunstwerke**			
622	Künstlerische Glasarbeiten im Eingangsbereich	30.000,00	4.789,92	25.210,08
∑ 620	**Kunstwerke**	**30.000,00**	**4.789,92**	**25.210,08**
690	**Sonstige Maßnahmen der Ausstattung**			
699	Mitverarbeitete vorhandene Teile der Ausstattung	20.000,00	3.193,28	16.806,72
∑ 690	**Sonstige Maßnahmen der Ausstattung**	**20.000,00**	**3.193,28**	**16.806,72**
∑ 600	**Gesamtsumme Kostengruppe 600**	**100.000,00**	**15.966,39**	**84.033,61**
700	**Baunebenkosten**			
710	Bauherrenaufgaben			
720	Vorbereitung der Objektplanung			
730	Architekten- und Ingenieurleistungen			
740	Gutachten und Beratung			
750	Kunst			
760	Finanzierung			
770	Allgemeine Baunebenkosten			
790	Sonstige Baunebenkosten			
∑ 700	**Gesamtsumme Kostengruppe 700**			
∑	**Kostengruppen 100 bis 700**	**3.465.000,00**	**553.235,31**	**2.911.764,70**

Gebäude:

Aus § 33 HOAI ergibt sich direkt und/oder indirekt, welche Kosten unter welchen Bedingungen als Bemessungsgrundlage für das Honorar für die Gebäudeplanung **anrechenbar** sind. Dabei sind verschiedene Kosten auf unterschiedliche Art und Weise anrechenbar. Es gibt Kosten, die

A: **immer** und **immer voll** anrechenbar sind,
B: **immer**, aber **nicht immer voll**, sondern **ggf. gemindert** anrechenbar sind,
C: **leistungsabhängig bedingt** anrechenbar sind, aber wenn ja, dann **voll**,
D: **unter bestimmten Voraussetzungen voll** oder **nicht** anrechenbar sind,
E: nicht direkt anfallen, aber unter Umständen **als fiktive Kosten** anrechenbar sind, und
F: **grundsätzlich nicht** anrechenbar sind,

und die sich, bezogen auf die Kostengruppen der DIN 276-1:2008-12, wie folgt darstellen lassen:

HOAI		KG	Bezeichnung	wie anrechenbar
	F	100	Grundstück	grundsätzlich nicht
§ 33 Abs. 3	C	210	Herrichten	bedingt, aber wenn ja, dann voll
	F	220	Öffentliche Erschließung	grundsätzlich nicht
§ 33 Abs. 3	C	230	Nichtöffentliche Erschließung	leistungsabhängig bedingt, aber wenn ja, voll
	F	240	Ausgleichsabgaben	grundsätzlich nicht
	F	250	Übergangsmaßnahmen	grundsätzlich nicht
§ 33 Abs. 1	A	300	Baukonstruktion	immer, und immer: voll
§ 33 Abs. 2	B	400	Technische Anlagen	immer, aber ggf. voll, ggf. gemindert
§ 37 Abs. 1	D	500	Außenanlagen	wenn < 7.500 €: ja, wenn ≥ 7.500 €: nein
§ 33 Abs. 3	C	610	Ausstattung	bedingt, aber wenn ja, dann voll
§ 33 Abs. 3	C	620	Kunstwerke	bedingt, aber wenn ja, dann voll
	F	700	Baunebenkosten	grundsätzlich nicht
§ 4 Abs. 1	F		Umsatzsteueranteile	grundsätzlich nicht

Aus § 4 Abs. 2 und 3 HOAI ergibt sich, dass **ortsübliche Preise bzw. objektbezogen ermittelte Kosten** u. U. in die Bemessungsgrundlage des Architektenhonorars einzubeziehen sind, sofern

§ 4 Abs. 2 Satz 1	E	der Auftraggeber selbst Lieferungen oder Leistungen übernimmt,
§ 4 Abs. 2 Satz 2	E	der Auftraggeber von bauausführenden Unternehmen/Lieferanten sonst nicht übliche Vergünstigungen erhält,
§ 4 Abs. 2 Satz 3	E	der Auftraggeber Lieferungen und Leistungen in Gegenrechnung ausführt,
§ 4 Abs. 2 Satz 4	E	der Auftraggeber vorhandene oder vorbeschaffte Baustoffe oder Bauteile einbauen lässt oder
§ 4 Abs. 3	E	vorhandene Bausubstanz mitzuverarbeiten ist.

Somit sind im vorliegenden Fall folgende Kosten für die Honorarbemessung für die **Gebäudeplanung** anrechenbar:

KG	anrechenbar	Kostenbeträge in € netto	anrechenbare Kosten in € netto
A + E	**voll anrechenbar** i. S. d. § 33 Abs. 1 HOAI		
300	**Baukonstruktionen**		
300	Baukonstruktionen	1.680.672,40	
336	Nicht übliche Vergünstigungen bei Außenwandarbeiten	4.201,68	
345	Einbau vorbeschaffter Innenwandvertäfelung	42.016,81	
345	Eigenleistung Malerarbeiten an Innenwänden	33.613,45	
399	Mitverarbeitete vorh. Bausubstanz der Baukonstruktionen	168.067,23	
∑ 300		**1.928.571,43**	**1.928.571,43**
C + E	**bedingt anrechenbar** i. S. d. § 33 Abs. 3 HOAI		
210	**Herrichten**		
211	Sicherungsmaßnahmen: geplant, voll	16.806,72	
212	Abbruchmaßnahmen: Ausführung überwacht, voll	33.613,44	
213	Altlastenbeseitigung: Ausführung überwacht, voll	8.403,36	
∑ 210		**58.823,52**	**58.823,52**
230	**Nichtöffentliche Erschließung**		
∑ 230		0,00	
600	**Ausstattung und Kunstwerke**		
610	Ausstattung neu: bei Beschaffung mitgewirkt, voll	42.016,81	
620	Kunstwerke neu: Einbau fachlich überwacht, voll	25.210,08	
690	Mitverarbeitete vorhandene Teile der Ausstattung, voll	16.806,72	
∑ 600		**84.033,61**	**84.033,61**
D	**u. U. anrechenbar** i. S. d. § 37 Abs. 1 HOAI		
500	**Außenanlagen**		
500	Außenanlagen	126.050,42	
∑ 500		**126.050,42**	
	hier **nicht anrechenbar** gemäß § 37 Abs. 1 HOAI, da die Außenanlagenkosten mit 126.050,42 € den Kostenwert von 7.500 € übersteigen		
∑ A, C, D, E	**sonstige anrechenbare Kosten** i. S. d. § 33 Abs. 2 HOAI		**2.071.428,56**
B + E	**ggf. vermindert anrechenbar** i. S. d. § 33 Abs. 2 HOAI		
400	**Technische Anlagen**		
400	Technische Anlagen	672.268,90	
499	Mitverarbeitete vorh. Bausubstanz der technischen Anlagen	42.016,81	
∑ 400		**714.285,71**	
	gemindert anrechenbar gemäß § 33 Abs. 2 HOAI, da die Summe von 714.285,71 € die 25-%-Marke der sonstigen anrechenbaren Kosten in Höhe von 2.071.428,56 € übersteigt; somit erfolgt folgende Minderung: voll anrechenbar bis 25 % von 2.071.428,56 € = zzgl. 50 % des übersteigenden Betrags, berechnet wie folgt: 714.285,71 € – 517.857,14 € = 196.428,57 € × 50 % =		**517.857,14** **98.214,29**
∑ B + E	**geminderte anrechenbare Kosten** i. S. d. § 33 Abs. 2 HOAI		**616.071,43**
∑ A–E	**anrechenbare Kosten Gebäude**		**2.687.499,99**

Freianlagen:

Bei der **Freianlagenplanung** ergibt sich aus § 38 HOAI direkt und/oder indirekt, welche Kosten unter welchen Bedingungen **anrechenbar** sind. Es gibt Kosten, die

A: **immer** und immer **voll** anrechenbar sind,
B: **bedingt** anrechenbar sind, aber wenn ja, dann **voll**,
C: nicht direkt anfallen, aber **als fiktive Kosten** anrechenbar sind, und
D: grundsätzlich **nicht** anrechenbar sind,

und die sich, bezogen auf die Kostengruppen der DIN 276-1:2008-12, wie folgt darstellen lassen:

HOAI		KG	Bezeichnung	wie anrechenbar
	D	100	Grundstück	grundsätzlich nicht
§ 38 Abs. 2	B	210	Herrichten	bedingt, aber wenn ja, dann voll
	D	220	Öffentliche Erschließung	grundsätzlich nicht
§ 38 Abs. 2	B	230	Nichtöffentliche Erschließung	bedingt, aber wenn ja, voll
	D	240	Ausgleichsabgaben	grundsätzlich nicht
	D	250	Übergangsmaßnahmen	grundsätzlich nicht
§ 38 Abs. 1	D	300	Baukonstruktion	grundsätzlich nicht (herrschende Meinung)
§ 38 Abs. 1	D	400	Technische Anlagen	grundsätzlich nicht (herrschende Meinung)
§ 38 Abs. 1	A	500	Außenanlagen	immer voll
§ 38 Abs. 2	B	610	Ausstattung	bedingt, aber wenn ja, dann voll
§ 38 Abs. 2	B	620	Kunstwerke	bedingt, aber wenn ja, dann voll
	D	700	Baunebenkosten	grundsätzlich nicht
§ 4 Abs. 1	D		Umsatzsteueranteile	grundsätzlich nicht

Aus § 4 Abs. 2 und 3 HOAI ergibt sich, dass **ortsübliche Preise bzw. objektbezogen ermittelte Kosten** u. U. in die Bemessungsgrundlage des Architektenhonorars einzubeziehen sind, sofern

§ 4 Abs. 2 Satz 1	C	der Auftraggeber selbst Lieferungen oder Leistungen übernimmt,
§ 4 Abs. 2 Satz 2	C	der Auftraggeber von bauausführenden Unternehmen/Lieferanten sonst nicht übliche Vergünstigungen erhält,
§ 4 Abs. 2 Satz 3	C	der Auftraggeber Lieferungen und Leistungen in Gegenrechnung ausführt,
§ 4 Abs. 2 Satz 4	C	der Auftraggeber vorhandene oder vorbeschaffte Baustoffe oder Bauteile einbauen lässt oder
§ 4 Abs. 3	C	vorhandene Bausubstanz mitzuverarbeiten ist.

Somit sind im vorliegenden Fall folgende Kosten für die Honorarbemessung für die **Freianlagenplanung** anrechenbar:

KG	anrechenbar	Kostenbeträge in € netto	anrechenbare Kosten in € netto
A + C	**voll anrechenbar** i. S. d. § 38 Abs. 1 HOAI		
500	**Außenanlagen**		
500	Außenanlagen	126.050,42	
∑ 500		**126.050,42**	**126.050,42**
B + C	**bedingt anrechenbar** i. S. d. § 38 Abs. 2 HOAI		
210	**Herrichten**		
∑ 210			
230	**Nichtöffentliche Erschließung**		
∑ 230			
600	**Ausstattung und Kunstwerke**		
610	Ausstattung		
620	Kunstwerke		
∑ 600			
∑ A–C	**Anrechenbare Kosten Freianlagen**		**126.050,42**

2.4 Umbauzuschlag

Vorliegend wurde im schriftlichen Architektenvertrag vom 11.01.2021 ein Umbauzuschlag für das **Gebäude** und für die **Freianlagen** von jeweils **25 %** des Nettohonorars vereinbart.

2.5 Nebenkosten

Vorliegend wurde im schriftlichen Architektenvertrag vom 11.01.2021 eine Nebenkostenpauschale in Höhe von **5 %** des Nettohonorars vereinbart.

2.6 Umsatzsteuer

Gemäß § 16 Abs. 1 HOAI hat der Auftragnehmer Anspruch auf Ersatz der gesetzlich geschuldeten Umsatzsteuer.

Die Höhe des zu berücksichtigenden Umsatzsteuersatzes hängt von dem Zeitpunkt der Leistungserbringung ab, d. h. dem Zeitpunkt der frühestmöglichen Rechnungsstellung, unabhängig von dem Zeitpunkt der tatsächlichen Rechnungsstellung. Dieser Zeitpunkt ist bei einem Werkvertrag grundsätzlich erst mit der vollständigen Erfüllung der vertraglich geschuldeten Leistung oder bei der Beendigung des Vertragsverhältnisses gegeben. Der derzeit geltende Umsatzsteuersatz liegt bei **19 %**.

3 Honorarberechnung und Interpolation

Gebäude:

Die Honorartafel des § 35 HOAI weist für anrechenbare Kosten zwischen 25.000,00 € und 25.000.000,00 € für die fünf Honorarzonen jeweils den Basishonorarsatz und den oberen Honorarsatz als Orientierungswerte für einen Vollauftrag aus.

Das Honorar für den **Mittelsatz** ergibt sich wie folgt:

Basishonorarsatz + 50 % aus der Differenz von oberem Honorarsatz und Basishonorarsatz.

So ergeben sich aus den Tafelwerten in § 35 Abs. 1 HOAI bei der Honorarzone IV und anrechenbaren Kosten von 2.000.000,00 € bzw. 3.000.000,00 € jeweils Mittelsätze in Höhe von:

anrechenbare Kosten	Berechnung des Mittelsatzhonorars
2.000.000,00 €	267.034,00 € + (300.714,00 € – 267.034,00 €) × 50 % = **283.874,00 €**
3.000.000,00 €	381.843,00 € + (430.003,00 € – 381.843,00 €) × 50 % = **405.923,00 €**

Das Honorar für Zwischenstufen der Tabellenwerte der anrechenbaren Kosten errechnet sich durch Interpolation wie folgt:

? € = a + (b × c) : d

? € = gesuchtes Honorar

a = Honorar des nächstniedrigeren Wertes der anrechenbaren Kosten

b = Differenz der Honorare für die nächsthöheren und nächstniedrigeren anrechenbaren Kosten

c = Differenz zwischen den tatsächlich anrechenbaren Kosten und dem nächstniedrigeren Wert der anrechenbaren Kosten

d = Differenz der in der Tabelle nacheinander genannten anrechenbaren Kosten

Demnach ergibt sich die in der Rechnung dargestellte Honorarberechnung für anrechenbare Kosten nach der Kostenberechnung vom xx.xx.xxxx in Höhe von **2.687.499,99 €** wie folgt:

$$\underbrace{283.874,00}_{a} + \frac{\underbrace{(405.923,00 - 283.874,00)}_{b} \times \underbrace{(2.687.499,99 - 2.000.000,00)}_{c}}{\underbrace{3.000.000,00 - 2.000.000,00}_{d}} = \underbrace{367.782,69\ €}_{?\ €}$$

Freianlagen:

Die Honorartafel des § 40 HOAI weist für anrechenbare Kosten zwischen 20.000,00 € und 1.500.000,00 € für die fünf Honorarzonen jeweils den Basishonorarsatz und den oberen Honorarsatz als Orientierungswerte für einen Vollauftrag aus.

Das Honorar für den **Viertelsatz** ergibt sich wie folgt:

Basishonorarsatz + 25 % aus der Differenz von oberem Honorarsatz und Basishonorarsatz.

So ergeben sich aus den Tafelwerten in § 40 Abs. 1 HOAI bei der Honorarzone III und anrechenbaren Kosten von 125.000,00 € bzw. 150.000,00 € jeweils Viertelsätze in Höhe von:

anrechenbare Kosten	**Berechnung des Viertelsatzhonorars**
125.000,00 €	24.855,00 € + (30.999,00 € – 24.855,00 €) × 25 % = **26.391,00 €**
150.000,00 €	28.998,00 € + (36.166,00 € – 28.998,00 €) × 25 % = **30.790,00 €**

Demnach ergibt sich die in der Rechnung dargestellte Honorarberechnung für anrechenbare Kosten nach der Kostenberechnung vom xx.xx.xxxx in Höhe von **126.050,42 €** wie folgt:

$$\overbrace{26.391{,}00}^{a} + \frac{\overbrace{(30.790{,}00 - 26.790{,}00)}^{b} \times \overbrace{(126.050{,}42 - 125.000{,}00)}^{c}}{\underbrace{150.000{,}00 - 125.000{,}00}_{d}} = \overbrace{26.575{,}84\ €}^{?\ €}$$